国際的に見る教育のイノベーション

日本の学校の未来を俯瞰する

恒吉僚子・藤村宣之

keiso shobo

はしがき

世界中で似てくる。空港の話ではない。教育改革の語られ方の話である。熾烈な受験社会として知られる東アジアの国々でも、北欧のフィンランドでも、実は「できる」よりも「わかる」こと、特定の公式や解法パターンを覚えて効率的に問題を解くことよりも、自分で考えて問題の本質を理解すること、他の人と協働して答えが決まっていない課題に取り組む力をつけることこそ大切であると言及されるようになってきた。「問題解決能力」「協働性」「探究」……同じ言葉が自国の教育改革の中身を象徴するものとして、国境を越えて散見される。

そして、それは従来の、教科に限定された、あるいは、狭い意味での学校の「勉強」、「認知的スキル」だけでなく、「社会性」や「協働性」、「やる気」や「持続力」等を含めたものであるべきだという理解が、国際的に共有されつつある。「子ども全体」(total child, whole child)、「社会情動的学び」(social and emotional learning) の重要性が、国際機関の文書でも、各国の教育改革でも、洋の東西を問わず声高に唱えられるようになっている。新型コロナウイルスの流行は、この国際的傾向をさらに後押しした。

しかし、こうした心地よい用語群でコーティングされた表面を破って中身を透かすと、つまり、抽象度の高い教育改革の国際機関や政府文書等から、ミクロな実践と子どもの理解にまで降りると、耳障りのよいレトリックで語られる教育は、実際はそれぞれの社会の社会・文化的文脈を映し出して、教育者の意図していることと逆の結果をもたらしているように見えたり、他国の教育モデルから学ぼうとする政策決定に左右されたりもする。

本書では、社会学、認知心理学的視点から、東京大学教育学研究科で行った国際共同研究等を発展させながら、政策や実践と子どもの理解をつなげて日本の教育の「今」を考える。

恒吉　僚子

国際的に見る教育のイノベーション――日本の学校の未来を俯瞰する／目次

目　次

序　章　学校の未来を見据えて

恒吉　僚子

1　教育への多様な期待

世界的に教育改革ばやりである。急速な変化の中で、未知の問題に立ち向かい、考える力、協働的に問題解決ができる力、主体的に考える力等を育てるように自国の教育の方向性が転換されなければ、その国は厳しいグローバル競争の時代に対応できない。また次々と人類が直面する、地球温暖化、格差拡大、民族共生、感染症流行等の共通課題にも対応できないことが、いわば「国際的常識」として通用している。一方では、国連や経済協力開発機構（OECD：Organisation for Economic

Co-operation and Development）等を舞台に、世界的に新しい時代に必要な能力や資質とは何かが問われ、それぞれの国の中では教育改革が続けられている。想定されているのは、既存の知識を吸収し、適用できる従来型の「秀才」ではなく、自己反省的に考えながら変化に柔軟に対応し、異質な人々の中でもコミュニケーション能力を発揮して、問題解決に向けて協働していくような柔軟性と創造性を持った人間像である。

だが、情報技術が高度化したグローバル時代においては、そうした「創造的」人間がどのような価値観を抱いているかによって、その人の生み出すものは人々にとって世界的規模での恩恵にもなれば、たやすく害にもなる怖さを秘めている。ツールは価値観や社会的ヴィジョンの代わりにはならない。そこで価値の教育やどのような社会ヴィジョンを求めるのかを含む、幅広い射程を持つ教育のあり方が問われているのである。

教育改革を進めようとする国の前には矛盾に満ちた現実がある。一方で、情報技術の高度化は、それまで大企業や政府に対して泣き寝入りするしかなかった弱い一個人が、インターネットを通して言葉や動画で訴えれば、それが世界中の聞き手に届く新しいエンパワーメントの形を示している。と同時に、個人情報の流出のように、情報が悪用された時には、制御困難に陥っているインターネットの世界では、それは民主主義に対する脅威となることも示されてきた。テロリストによってSNS上で暴力場面が拡散された（例：二〇一九年三月、ニュージーランドのモスクで行われたイスラム教徒に対する無差別殺人の映像）例は、それを顕著に物語っている。フェイスブック、YouTube等、国境を越えたコミュニケーションや国際親善にも活用できるツール（第九章）が、使い方によっては、暴力と憎しみを拡散する凶器にもなりうることが示された（Timberg, Harwell, Shaban, Hamza, Ba Tran & Fung 2019）。

さらに、二〇二〇年に世界中を震撼させた新型コロナウイルスの脅威は、グローバル化によって人やモノの往来が盛んになった世界において、一地域で発症した感染症が、またたく間に人の移動と共に世界に広がってゆくことを実感させるものとなった。国民をパンデミックから守るという大義名分のもと、「監視」や違反者への「罰則」も各国で実施された。民主主義とは何か、個人の自由と責任、国際化・グローバル化とは何なのか……改めて多くの人々は考えさせられたのである。

こうした中、学校はますます多様な役割を求められるようになっている。

二〇二〇年の新型コロナウイルス流行によって、世界的規模で臨時休校が進められた。そこで各国においては、教科学習の遅れだけでなく、オンラインでは学校が本来果たすことを期待される、感情的サポート、ケアを、それをもっとも必要としている子どもたちが受けられなくなるのではないかとの懸念の声があげられた（Cerna 2020）。さらに、オンラインへのアクセスが、南と北の国々とで格差があると同時に、同じ国の中でも階層や人種・民族、地域による格差があり、教育が社会的格差解消、教育への機会均等、より公平な世界に向けて、どのような子どもを育てるべきかがグローバルな文脈でいっそう意識されるようになった。公立学校では教育を主として教科学習と見なしてきたアメリカのような国でも、一九九〇年代以降、社会情動的な学習（social and emotional learning）が注目されるようになり、国際的にも教育の射程は狭義の教科教育から全人的な、「ホリスティック」（holistic）な教育枠組みへと移行している。

国際的に提唱されている二一世紀型の教育は射程が広い。受験社会として知られ、国際学力テストで高得点を誇ってきた東アジア諸国においても、「受験的」に、決まった知識を吸収、応用するだけでなく、知識を再構築したり、背景の違う人々と協力をしたり、二一世紀型能力や資質、学力を育てることを目指した改革が自覚的に進められてきた。そこでは、教科知識だけでなく、価値も、人格形成も、多面的で全面的、全人的な教育が求められている。

だが、実際は、二一世紀型の教育で重要だとされる思考力も協働性も、選抜の機能を併せ持つ学校的文脈で求められる「測定」や「評価」等にはなかなか馴染まない（Griffin, McGaw, & Care eds. 2011）。こうした二一世紀型の資質能力はどのようなものでどのように評価するのか、各国で模索が続いている。そして、世界的規模で目指すべき人間像とそれを育てるべき教育像の転換が進む中、日本の教育の強さと弱さ、進むべき方向性やそれを支える教育実践はどのようなものかについて、本書は日本を起点として国際的文脈の中で考えようとするものである。

2　本書の背景

本書は、二〇〇二年に東京大学教育学研究科の21世紀ＣＯＥプログラム（「基礎学力育成システムの再構築」(1)において、日本、中国、シンガポールとアメリカにおける二一世紀型の学力を比較する共同研究を行ったのが始まりである（基礎学力研究開発センター 2007）。それ以後、筆者や他のメンバーはそれぞれの領域で研究を積み重ねながら、二一世紀における教育の姿について考えてきた。本プロジェクトが開始された二〇年前、今日見られる教育の転換を求める国際的潮流が力を蓄えつつあった。グローバル時代の教育を象徴する国際学力テストについても、既にこの頃には、各国で猛威を振るっていた。国際教育到達度評価学会（ＩＥＡ）の国際数学・理科教育動向調査（TIMSS）、ＯＥＣＤの学習到達度調査（Programme for International Student Assessment, PISA）等の国際学力テストを通して、各国はグローバルにランキングされ、その結果が各国の教育政策を左右するようになっていたのである。

二〇〇〇年ＰＩＳＡの点数が予想を下回ったドイツでは「ＰＩＳＡショック」が起き、日本でも二〇〇三年の順位低下が学力低下論争で重要な役割を果たした。一方、ＰＩＳＡで一位となったフィンランドが急に世界的に注目され（Ministry of Education and Culture, Finland 2010）、日本の書店にも「フィンランド式」教育の本が並んだ。それから二〇年後、フィンランド・ブームは終わったと言われる一方、シンガポールは継続的に上位で、国際的なモデル国となっている。

「教育モデルのグローバル借用マス化時代」。いつの時代もその時代に先進的だとされる国の教育は他国によって参照され、借用されてきた。植民地支配の結果として強制的に宗主国から植民地に教育モデルが「移植」される（例えば、教授用語、進学試験）場合もあれば、自発的に近代化の過程で「先進的」だとされるモデルが採用されることもあった。だが、今日、グローバル競争の激化や国境を越えた人や情報の移動の増加、ＰＩＳＡ等の国際学力テストの台頭の中で、教育モデルの借用も新しい局面を迎えた。国際学力テストの高得点国は優れた教育政策の結果であり、模範として他国によって参照されるべきものであるという論理は、高得点国の教育を借用する動機づけをかつてないほど後押ししてきた（Liu 2016, p.87）。

シンガポールや日本は、ともに国際学力テストで得点上位国として知られ、本書の著者たちが共同研究を始めた二〇〇二年当時でも既に国際的に参照されていた。アメリカで次々と教育改革案が頻出された一九八〇年代、最も影響力のあった提言、『危機に立つ国家』（National Commission on Excellence in Education 1983）では、ドイツや日本等のアメリカの貿易相手国に比して、アメリカの教育改革の緊急性が訴えられた。

その後、シンガポールと日本はアジアにしては珍しく、国名と結びついた国際教育モデルを提供することになる。シンガポール数学のモデルや、日本の授業研究、「レッスン・スタディ」（Lesson Study）、それ以後の全人的な教育モデル、いわゆる「日本型」教育の一つとしてのトッカツ（Tokkatsu）である（第四章参照）。

本書の執筆者たちはこの過程に個人的に関わってきた。例えば、いまや国際的に通用する「日本型」教育の代表格、授業研究（レッスン・スタディ）は、執筆者たちが共同研究を始めたあたりでは、ほとんど国際的には知られず、見向きもされない一国内のモデルから、世界的規模の国際学会を持つ国際モデルへと成長していった。前述の二一世紀プロジェクトの時に、共同研究者として東京大学の教育学研究科に客員教授として招聘した二人の海外協力者が、今日、世界的なレッスン・スタディ（授業研究）の広がりの中で、レッスン・スタディの海外での第一人者となったC・ルイスと、このプロジェクトを通して初めて日本の授業研究と出合い、世界へと発信していった、長年、世界の授業研究の学会であるWALS（World Association of Lesson Studies）の会長となったシンガポールのC・リーであることは、これを象徴している。さらに、今日では同じく日本発の教育モデルとして、第Ⅰ部に見る全人的な人間形成に関わるトッカツ（Tokkatsu）モデルの国際化が進行しているが、その過程にも本書の執筆者（恒吉）や二〇二二年現在世界授業研究学会の会長であるC・ルイスがその形成期から関わってきた。

本書では、国際的にダイナミックに展開している二一世紀型の教育に関わる論点を追いながら、日本を起点としつつ国際的文脈の中で考えてゆく。

本書は三部構成となっている。第Ⅰ部（恒吉）では、日本の教育の特徴とは何なのか、国際的に見た強さと課題を視野に入れながら、枠組みを考える。

各国の二一世紀型能力や資質をめぐる議論は、名称は異なるものの、レトリックのレベルでは驚くほど似ている。同時に、レトリックは類似しているが、実際の実践を見ると、それぞれの国の社会・文化的文脈レベルでは実質的な違いがある。グローバル化によって一見収斂してゆくかのように見える各国の教育。レトリックの類似性はそうした画一化の幻想を抱かせる。だが、実際に様々なアクターが関係して文化的空間の中で織りなされる教育はこうしたレトリックレベルで見えてくるものとは乖離している。グローバルな教育借用、グローバルなテスト基準（ＰＩＳＡ）の影響力の拡大等を背景に、一方では世界的収斂を唱える声があり、他方では各国の文化的固有性を主張する立場とがあり、両者の間で着地点を見つけようとする模索が続いている（Takayama 2012; Liu 2016）。

しかも、二一世紀型の教育が求めるものは、生徒にとっての意味づけ、それぞれの生徒の背景や経験を生かした指導、生徒と教師の学びのプロセスを重視する、というような、教育の場でしかできないボトムアップ的な性格をもっている。つまり、レトリックが収斂してゆく反面、多様な各国の教育の場の文脈に即した改革が求められるという、複雑な状況が認められるのである。

このように、一見したものと実質とが違い、二一世紀型の教育は、多面的側面をもっている。

第Ⅱ部（藤村）では、子どもの理解レベルにまで降りて二一世紀型教育のあり方を分析している。ＰＩＳＡ等の国際学力テストで測定された二一世紀型の非定型型《ひていけいがた》学力に関連して、正答だけでなく、日本の子どもがいかに問題を解くのかを、認知心理学的な視点、国際比較の視点から取り上げて分析している。国際的な学力調査では、前述のように、日本の子どもの算数・数学学力は高い水準を保ってきたことで知られている。だが、実は問題レベルにまで降りて検討した場合、日本の子どもの学力は、小学校から高校に至るまで、一貫して手続き的知識・スキルを用いて定型的な問題を解決する能力（できる学力）の高さに対して、第Ⅰ部で見たような教育改革が目指した概念的理解にもとづいて思考を構成し、非定型的な問題を解決する学力（わかる学力）に課題があることが指摘されている。また、第Ⅰ部でも比較した中国、シンガポール等の国際学力テスト高得点国と比較すると、日本の子どもの理解の仕方の特徴はさらにわかりやすい。こうして浮き彫りにされる子どもたちの思考プロセスは、各国の国において展開されている政策や教育実践（第Ⅰ部・第Ⅲ部）と傾向が基本的に類似し、教育改革のマクロなレベルと、教育実践を経た子どもの理解というミクロなレベルとを「つなぐ」役割を果たしている（Fujimura 2007）。

授業実践を通しての二一世紀型の能力や資質の育成は、従来の、定型的な知識を指導することに比べて、子どもの様々な発問をつないだり、新しい状況を問題解決的にさぐっていくことを要請する。そうした非定型的な発問を再構成しながら授業を成立させるにあたって、教師の自己反省的な学習能力や、同僚性の上に成り立つ相互的な授業改善能力、協働性が前提となる。

こうした二一世紀的な能力が何であり、それをどのように教育の実践の中で育ててゆくかは各国で模索が続けられている。第Ⅲ部においては、第Ⅰ部で問題提起された二一世紀型教育を、日本の教育モデルを採用した国における実践を通して、別の角度から見ようとしている。

二一世紀型の能力や資質の育成は、未だ形成途上である。そうであるからこそ、つまり、プロセスであり、試行錯誤であるからこそ、そこには対話、コラボレーション、文脈に沿った改革が時代のニーズとして求められていると言えよう。

国際的な文脈に日本の教育を位置づけながら、その特徴とそこからくる長所や方向性、求められる子どもの資質や能力のあり方から見える課題、さらには、教師の学びと教育実践という、異なる次元をつなぎ、世界における日本の二一世紀型の教育の方向性について問題提起することが、本書の目的である。

第Ⅰ部　国際的に見る日本の教育の特性と課題

恒吉　僚子

第一章　教育改革を考える

1　学校に一体、何ができるのか？

「学校に一体、何ができるのか？」。本章の冒頭では、学校を研究する者にとって、この実に根本的な問いと向き合うことから始める。むろん、教育は「学校」に限られたものではない。生涯にわたる教育の大切さが唱えられる我々の時代に、教育は従来、学校と呼ばれてきたものの枠内に限定されるものでもなければ、特定の年齢に制約されるものでもない。それでもここであえて「学校」という言葉を使うには意味がある。それは、多くの社会において、「学校」は国民教育の場として国家的な色彩を持ち、最も網羅的に学齢期の子どもを集団として特定の目的をもって方向づけているからである。

今日我々が知っている近代学校は、意図的に組織された社会化の機関である。そこに込められた思いは「誰が」「何を」意図しているかによってその姿を変える。国家の観点から見たならば、それは国家繁栄のための人材育成や国民形成の装置であるかもしれないし、経済界から見たならば、職業へとつなげる過程かもしれない。ＰＩＳＡ等の国際学力テストで国別順位が華々しく各国で報道され、自国の順位が「上がった」、「下がった」と一喜一憂する報道がなされているが、これは国際学力テストの得点と、その国の人材育成能力、国の経済的発展とが、暗に重ね合わされて理解されているからである。

同時に、学校に、より民主主義的で公正な社会の実現に向けての平等化の装置としての役割を求める人々もいる。ここでは、学校は、開かれた教育機会、まだ実現していない公正な社会の実現へと導く変革的な機能を期待される。

また、それぞれの家族や生徒にとっては、学校は社会的上昇への道であったり、時には単に行くことを求められて行ったり、居場所探しをする場であったりする。

学校は、こうした様々な思いの交差点にあって、それらを束ね、日々の業務を遂行することを求められているのである。政策文書では抽象的な表現でしか表されていない概念が（例えば、生きる力）、実践の場に降りてくると、現実の制約やそれぞれの「思い」が交差する中で、政策の意図とズレたり、変容したりする。その意味では、多様な「思い」が行き交う教育の場は、同時に多様な「ズレ」が顕在化する場でもある。こうしたズレと、それが特定の学校や社会の文脈の中で現れる様を、以下の章では垣間見ていく（第三章、第八章）。

自ずから教育にジレンマはつきものである。本書の各章の根底に流れる思い、「学校に一体、何ができるのか」は、こうしたジレンマに声を与えることをも意味する。

2　「連結」の教育改革

異なる次元をつなぐ

「学校に一体、何ができるのか？」は、視点を変えると、誰にとって、誰の目からみて、「学校は何ができていないのか？」の問いと結びついている。

教育の実践で行われることは、学校のカリキュラムや教育政策の中身やそれらがどのように実践の場と影響しあうかを方向づける社会の制度・仕組み、どのような担い手が決定権を握っているのか、彼らの間の力関係や外部条件によっても変わってくる。そして、後述するように、教育改革の言説や内容もたやすく国境を越える今日では、それは日本一国だけを見ていてわかることでもない。レトリックのレベルでは驚くほど似ていることが多いからである。

いずれにせよ、教育は複雑な営みであり、マクロな政策や教育議論で言われていることが、ミクロな教室の営みにそのまま反映されているわけではない。両者を結ぶのは難しく、マクロな研究は政策や制度のレベルでの考察に焦点を合わせて、いわば、学校の「入口」に入ることなく止まり、それが具体的に実践とどう関わるのかはブラックボックス化する傾向がある（Karabel & Halsey 1977）。逆に、教室内の詳細なやりとりや生徒の理解に注目した研究は、なかなかそのミクロなやりとりを左右している、より大きな枠組みへと視点を移すのが難しい。

だが、本来、教育の営みにおいてマクロとミクロがつながらない限り、全体像は見えてこない。ある社会の構造（例：階層や民族・人種による職業構造）やシステム、それらの背後にあるイデオロギーは、実践の場の多様な要因や生徒の理解、教育実践そのものと「つながって」ゆくことによって、初めておぼろげながらも全体像へとつながってゆくからである。本書が制度や改革、生徒の理解、教育実践、を意識してつなごうとした一つの意図はここにある。

研究と実践とをつなぐ

前節では、教育改革において、異なる次元のつながりを意識することの大切さに触れた。しかし、つなぐことが重要なのはミクロとマクロの次元だけではない。同時に、教室についての研究と、実際に教室で何が行われ、生徒がどう理解するかをつなぐことをなくしては、実際にはいずれも効力を持ちえない。

教育研究者が、教育の実践やそれを取り巻く状況を知らずに教育改革に対して、上から目線で

「指導・助言」する時代は終わった。研究と実践とをつなぐことは、今日これまで以上に求められているのである。しかし、そのつなぎ方は一通りではない。

例えば、直接、教師と児童生徒、保護者に接触しながら教育実践や学校運営のアドヴァイスをしたり、改革モデルを提示してその実施に関わったり、生徒のカウンセリング等に携わる場合がある。ここでは、実践に直接貢献できる知識、スキルや経験が求められる。このような「直接関与型」の関わり方の中でも、自分が実践者的立場で関わるような参加型のもの、アクション・リサーチ的なものもあれば、もっと教育の場と距離をとりながら助言する場合もある。

こうした直接当事者と関わりながら実践とつながる、「直接関与型」アプローチ以外にも、「間接関与」する場合もありうる。例えば、学校で用いるテストや教材の開発のように、ツール（道具）を使って実践と関わる「媒介型」の関わり方、アンケート等のデータ結果をフィードバックする「データ提示型」の場合である。「データ提示型」の関与の仕方においても、政策に関連した大型の調査を通して問題提起をする場合（Coleman et al. 1966、苅谷 2001）もあれば、いくつかの学校での小規模なフィールドワークの結果を、学校における不平等な教育実践（例：トラッキング）の批判、そして、それへの反対運動（脱トラッキング）につなげていった場合もある（Oakes 1985）。また、通常の学問的ステップを踏んだデータを提示するのではなく、より思索的に教育問題を告発ことによって問題提起を試みる「論客型」の間接関与の仕方もありうる（Kozol 1992）。

今日では、一見、実践とは関係ないように見える理論的な研究をする研究者でも、研究と実践とをつなぐことを意識させられる時代状況がある。例えば、批判的教育研究の理論家として知られるM・アップルでも、「批判的で民主主義的な教育の成功のためには」、批判理論が単なる大学の場での知的分野に留まらずに、具体的かつ現実的な教育政策や実践に結びつかなくてはいけないと主張している。そして、学校改革に成功した人々がどのようにそれを成し遂げたかの語り（Apple & Beane eds. 1995）を示すことによって、実践に問題提起を試みている（Apple 2011, p.24）。

教育には実践の場がある。実践の場がある学問として、どのような研究スタンスであろうとも、現実とつながることが求められるようになっている。第Ⅱ部の執筆者（藤村）の分野である心理学のように、教育実践に従来から一定の影響力をもってきた分野はもとより、教育実践からは遠いとされてきた筆者の分野である社会学のような分野でも、そうである。

例えば、より公正な関係作りに寄与しうる方法として協働的な学習を推進したコーエンらの複合的指導（complex instruction）モデルは、「課題の性質、生徒や教師の役割、そして相互作用のパターン」（Cohen 1997, p.3）等の教室の構造に関する社会学理論を、学力が異質な生徒の学習場面に応用しようとした。コーエンらは小グループで協力する生徒間に、社会学で重視されてきたステイタス、つまり、社会的地位の違いがあることに注目し、地位の格差が小集団活動で誰の声が重視されるのか等、社会的公正の問題と絡んでいる点に注目した。そして例えば、人種的なマイノリティ（の地位にある）子どもに対して周囲が社会的偏見を持つ結果、その子に対する期待値を低めるが（例：マイノリティの生徒の達成可能レベルが低いというステレオタイプを形成する）、これを教師の介入法や生徒の規範を変えることによって戦略的に方向転換させることが求められているとした（Cohen, Lotan, & Leechor 1989; Cohen 1994, 1997; Cohen & Lotan 1997）。応用社会学、臨床社会学等、日本でも実践といかにつながるかは様々な領域の研究者の共通した関心となっている（ASA 2003、大村・野口 2000、酒井 2007）。

本書の執筆者は両者とも学校の実践と関わったアクション・リサーチやフィールドワークをしてきた研究者である。研究と実践を「つなぐ」、これも本書で意識したつながりの一つであった。

学校の入口を入り、国を越えてつなぐ

さて、「学校は一体、何ができるのか」という問いから、本書の意図する国際比較、政策・教育システム（第Ⅰ部）、生徒の理解（第Ⅱ部）、教育のトランスファーと教育実践（第Ⅲ部）、そして研究と実践とをつなぐことの意義について思いをめぐらせてきた。

学校を遠巻きに見るのではなく、教室の入口を通って中を見渡そうとすることは、よくも悪くも「個」が見えるということである。目の前の子どもは「一般論」ではない。

むろん、学業成績が階層の高低と関係が深いことは、筆者の領域である社会学では社会を越えて「常識」となっている（Coleman et al. 1966; Kozol 1992; Lareau 2000, 2003; Bourdieu & Passeron 1990=1970; Bourdieu 1977）。しかし、学業成績と階層との間に相関関係があると言われたところで、実践の場ではそれに反する例もいくらでも思い起こされ、個々の教師の力量によって児童生徒の様

子が全く異なってくることも学級を見てきた人は実感として感じている。

学校はその成り立ちからして非常に国家的な営みであると同時に、末端の教室においては、「人」と「人」との組み合わせによって全く違う学校経験が生み出される、非常にパーソナルな営みでもある。教室の研究は、こうした「個」が見えることによって、それぞれの多様な動きが多彩に折り重なり合うために、かえって大きな傾向を捉えにくくなる時もある。しかし、同時に、初めて見えてくるものもある。

明らかに、学校は様々な制約の中で動いている。公立学校の門をどのような子どもがくぐってくるかは、教師が統制できるものではなく、与えられた条件である。小学校でも中学校でも、どのような児童生徒の組み合わせとどのような教師の組み合わせにある時点でなっているかで、同じ学校でもその中身が大きく変わる。

その中には、制度的に方向づけられたものもある。例えば、観察していると、学級を丸抱えにする日本の小学校では、担任が代われば、「問題」だとされていた子どもが人が変わったように「普通」になることがある。あるいは、中学校で同じ生徒が授業、つまり教えている教師によって態度を一変することもよくあることである。そして、こうした、制度と「個」とが相互作用する現象は、教室にこだわることによって初めて見えてくる。

だが、個に還元されない枠組みが必ずある。例えば、「個」の個性によって編成されているように見える学校の日常の風景でも、そこには、まぎれもなく日本の学校に共通した仕組み、制度的制約によって特徴づけられている情景が混在している。例えば、前記の例を挙げると、日本のような学級を丸抱えにする制度の下で保たれる初等教育の担任万能主義、そして、一斉に同じ活動を一緒に協調的にするという、筆者が一斉共同体主義と呼んだイデオロギーと仕組み（恒吉 1995）が、「日本的」な小学校教室風景を、階層差等にかかわらず基調として醸し出しているのである。同じような志向は、中学校にも続く。これは、異なる制度的背景を持つ諸外国の教室と比較するとすぐ気づくことである。

さらにマクロな次元を見ると、教育改革も、それを裏づける議論も、たやすく国境を越える今日、類似した改革手法や言説が国を越えて展開されている。それらの、そして、その結果醸し出される教室風景のどこが似通い、何が違い、そしてそれが意味することは何なのかを見ることを通して、我々はよりよくそこで示唆されていることを理解することができよう。

「学校に一体、何ができるのか」が問われる文脈は、多くの場合、特定の学校制度、国家の制度のもとでのことである。グローバル化の中で国民国家の枠組みが様々な形で挑戦されている今日においても、未だに教育は国家に依存した制度である。だが、同時に、グローバル化し、各国が直面する課題の多くが共有され、国の間の「教育トランスファー」がかつてないほどグローバルな次元で盛んな今日の我々の世界において、一国だけ見ていてはわからないものが多くなっている（第Ⅲ部）。教育・政策のトランスファーを、教育の実践、制度、政策、理念（一部分を含む）が、ある国・地域、特定の時と場所から、他へと移ることを意味していると考えると、今日、こうしたトランスファーはしばしば起きている。

もっとも、国の間の教育トランスファー自体は新しいことではない。例えば、植民地支配の過程において、宗主国はその教育モデルに沿うことを植民地（の少なくとも一定層）に求めてきた。いつの時代も、進んでいるとされる国の教育等のモデルを他の国々が学ぶという現象はあった。しかし、後述するように、今日の特徴は、「グローバル」な規模での教育トランスファーが新たな注目を浴びるようになっていることであろう（Steiner-Khamsi ed. 2004; Wiseman & Baker 2005）。

こうして、極めて国民国家的な制度でありながら、グローバルな競争に晒され、また、グローバル時代を担う人々を育成することを求められる教育に、国を越えた視点を適用することは今日では不可欠であろう。

前述したような色々な「つなぎ」の教育改革は容易ではない。例えば、教授法の国際比較の必要性が訴えられながらなされてこなかったのも、教室の中で行われることを、国際比較の枠組みから比較することが難しいからであろう（Alexander 2000）。

いかに異なる次元をつなぎ、国を越えてつなぐか。第Ⅰ部・第二章以降では、政策と教育システムの次元から考え教室へとつなぎ、第Ⅱ部は個人の理解から始まり、教室、社会へとつなぎ、第Ⅲ部は国を越えてトランスファーされた教育、コロナ禍という非常事態における教育を通してミクロとマクロをつなぎながら、国際的に見た日本の教育の方向性について考えていく。

第二章　国際比較の視点から日本の二一世紀型教育改革を考える

1　二一世紀型教育改革

国際学力テスト「勝利国」の猛省

教育はそれぞれの文化差を反映する極めて文化的な過程である。しかし、今日、教育がどのような能力や資質を児童生徒に育てるべきかをめぐる議論は少なくともレトリック・レベルでは実にグローバル化している。その中で、本章では日本の教育への示唆、という観点からこのグローバルなレトリックから考えてみる。

今日のグローバル社会はグローバル共生社会でもあり、グローバル競争社会でもある。後者は今日、各種の国別ランキングが国際的に流行っていることからもうかがわれる。学校教育に関係する領域では、国際教育到達度評価学会（IEA）の国際数学・理科教育動向調査（Trends in International Mathematics and Science Study, TIMSS）や経済協力開発機構（OECD）の生徒の国際学習到達度調査（Programme for International Student Assessment, PISA）等の代表的な国際学力テストにおける国別順位に各国の政府が一喜一憂する時代がここ数十年続いている。ドイツでは二〇〇〇年のOECDのPISAでの点数が思いのほか低かったことによっていわゆるPISAショックが起こり（長島 2003）、逆に高得点を取ったフィンランドが一躍有名になり、後に中国の上海が参加して一位を独占し、国際的に注目されたことは見た。

日本ではいわゆるゆとり教育が推進される中、一九九〇年代後半に学力低下論争が勃発し、それ以後、「PISA型読解力」等の国際学力テストから派生した用語が、紙面を賑わせたことも記憶に新しい。ここ何十年と日本で進められてきた、思考力、判断力、主体性等を推進する学力観は、抽象的な次元ではPISAのそれにも、各国で推進されている教育改革にも類似している。そしてそれは、今までの教育からの転換として捉えられてきた。だが、こうした従来の教育に対する反省に浸ってきたのは、日本だけではない。意外にも、国際学力テスト上位国、シンガポールや韓国、中国等も同じである。

世界的に見ると日本も、中国、韓国、台湾やシンガポール等と共に、国際学力テストで高得点を維持している国・地域であり、国際的評価は高い。二〇〇九年のＰＩＳＡでは上海が参入し、一位を独占したが、中国だけでなく、韓国、台湾等の東アジア地域とシンガポールは、世界的に見ると国際学力テテスト勝利者の集団なのである。にもかかわらず、皮肉にも勝利者集団はその「成功」とは裏腹に、猛省している。自分達の教育は確かに暗記したり、それを応用したり、勤勉な生徒を育てたりすることには成功したかもしれないが、これからはそれだけでは足りない。これからの世界における不確実で不透明、グローバルな知識基盤社会、情報社会では、創造性を発揮し、情報技術を駆使し、人とコミュニケーションをとりながらコラボレーションをし、起業家精神に富んだ人材を育成しないといけない。こうした認識のもと、改革が声高に叫ばれてきたのである。そして、これらの受験社会においては、目指すべき教育が、知識偏重、暗記主体、試験主導の固定化された知識を象徴する受験偏重教育のイメージと対置される傾向がある。

教育における定型型と非定型・再構築型の特徴

では、こうした二一世紀型の学力観、それに対応した教育内容や指導法はどのようなものなのか。以下の教育類型は、本書の執筆者を含めた国際共同研究(1)で、メンバーと議論して、授業、学習観の特徴を二つの型とした整理をもとにしている。両者は理念型であり、実際は連続し、混在しているが、二一世紀型の論議では、いずれかの型に記載されているような特徴が強調される傾向がある（恒吉他 2004, 2007）（注：もとの分類ではカノン（canon）準拠型、再構築型と呼んでいた）。

定型（教科準拠）型と非定型・再構築型教育の特徴

定型（教科準拠）型

従来のテストが測定しようとしてきた知識やスキルとそのスキルの応用に焦点がある。つまり、定型（教科準拠）型教育においては、あらかじめ設定された教科ごとの「基礎」（discipline-based）として、子どもが獲得するべき知識、資質、スキルが想定されている。子どもにとっての意味や理解のプロセス、「わかる」ようになることを強調しがちな非定型型、再構築型教育に対して、（従来のテストで測定して）「できる」ようになる学力を直につけることに力点が置かれる傾向がある。

習得すべきだとされる知識・スキル群がある以上、その「基礎」を効率的に伝達する、そして、適用・応用ができるように教えるのが教師の大きな役割となる。そのため、定型型が意図する基礎の習得は、教師による説明、間違いの訂正（例：作文指導における添削と内容の評価）と正解の提示等の教師の直接指導（direct instruction, didactic teaching）によって効率的に基礎を伝達していくような指導方法と結びつけられやすい。また、様々な教授法を探索することに価値を見出しがちな非定型・再構築型の授業に比べて、一斉指導（whole-class instruction）としばしば結びつけられてきた。

定型型における基礎は、それぞれの教科の中核となる知識やスキルの習得を意味する傾向がある。教科書は、そうした「基礎」を具現化したものとして、練習問題等も含めて忠実に教科書〝を〟教えるものとして理解されがちであり、詳細な教師用指導書に忠実に沿った指導をすることが、一つの典型的な実践となる。中核の知識内容やスキルが強調され、それを習得すべきものとして、文脈と離れて暗記したり、練習をする手法が、非定型・再構築型授業よりも好まれる傾向がある。特定の事実や事柄を暗記したり（例：基本的な語彙やことわざ等の暗記、漢字やスペリング）、暗記して適用したり（例：算数の公式を覚えてその手続きを正確に行えるようにする、社会科における歴史的事実、年号、重要だとされる歴史的文書や重要人物等の暗記、地理分野では地図の利用の仕方を覚える、日本の県やアメリカの州の特徴などを覚える）、一斉に暗唱したり（例：国語の音読、詩や古典の暗唱）、特定のスキルをターゲットにして習得を目指してドリルをしたり（例：計算ドリルを早く正確に）等が行われる。そして、こうした獲得すべきだとされる知識やスキルの習得度を測る漢字や単語（綴り）テストや知識を披露する競い合い（spelling bees, math competitions）等が活用される。定型型は、価値教育の面では、反復訓練をこなす勤勉さ、忍耐強さ、努力等の（伝統的）価値と整合性が高いと言えよう。

非定型・再構築型

従来のテストでは測定しにくい、問題解決能力、批判的思考、表現力、内発的動機づけ、メタ認知的な能力（meta-cognitive）等の育成を目指す場合が多い（人によって挙げる資質は変わってくる）。定型型に比べ、与えられた知識やスキルの体系の習得、「正しい」答えに到達することよりも、思考や理解するプロセスや、獲得される内容が子どもにとってどのような意味を持つのか、どのように関係づけられているのかを問題にする傾向がある（レリバレンス）。子どもの興味関心から出発し、部分的事実を個別的に扱うのではなく、「文脈」を強調し、子どもが既に持っている知識の活用や、個々の学習スタイルに違いがあることを前提にして、それらに「柔軟に」対応することに価値を見出す傾向がある。子どもにとって関心のあることを行うプロセスの中で、子どもが必要なスキルを獲得するようなアプローチが、そのスキルを「文脈」から分離して習得する（例：単語ドリル）ことよりも好まれる。知の総合化、教科を横断した学習を好む傾向もある（例：ある時代の歴史を、歴史の時間だけでなく、その当時の文学、音楽、美術等を教科横断的に学ぶ）。例えば、社会科（歴史の部分）を例にすると、習得すべき中核の知識やスキルを想定し、重要事件についての定説を覚えるよりも、それを批判的に見る方に力点がかかる（例：アメリカの例を挙げると、従来の「建国の父たち」(founding fathers）を中心とする建国の物語を批判的に見直し、それと、奴隷の側から見たアメリカ社会を示す資料を比較検討する）。知識（コンテンツ）の受容者、消費者としての子どもに対して、知の創造者としての子どもを強調する傾向がある。

伝統的なテストの点数だけでなく（あるいは、それに代わって）、書いたもの、プロジェクト、クラスメートへの発表、社会に直接関わる（real-world）ボランティア活動や環境保全への活動、劇のパフォーマンス等が使われる傾向がある。伝統的テストに対して、ポートフォリオ等による評価が好まれ、評価を学習のプロセスの一つとして位置づける傾向が強い。

探究的な活動、問題解決的な学習を好み、答えることが難しい大きな問いが考える材料として提起されたり、カリキュラムを現実社会の問題（real-world problems）や自分に引きつけた体験的学習（hands-on）に絡めて扱おうとする傾向（例：酸性雨が自分たちの生活にどのように関わっているか、社会科の勉強と関連して地域のお年寄りに戦時中の経験をインタビューする）、教室を越えた世界へと学習を広げようとする傾向（例：インターネットの活用、外部からの講師）、図書館や博物館を用いた調査や情報収集等の情報収集・処理能力の重視、二一世紀の社会で必要とされるようなコミュニケーション能力や多様な人々と共存してゆく能力や資質（例：協調性、交渉能力、国際理解）が模索される傾向がある。自ずから協働的作業、体験的作業が重視され、対話、プロジェクト、フィールドワーク等も好まれる傾向があり（例：協同学習、小集団やクラスメートの活用）、一斉指導に対して、様々な教授法の組み合わせが意識的に探索される傾向が強い。

自分が何を学んだか等の振り返り、生徒の自己評価をモニターするツール（例：達成度の基準となるルーブリック、日記等）が使用されたり、自己評価が学習の一環に組み込まれる傾向がある。発達や個々の子どもの学習スタイルの違い等に配慮した議論もしばしばなされる。

二つの型は、二律背反的なものではないものの、実際の教授法や学習観、子ども観、教師観をめぐる論争ではしばしば（暗黙のうちに）対置されてきた（例：行動主義 対 構築主義な学習観）。

グローバルとナショナルをつなぐ全人的枠組み

こうした非定型型はグローバル、知識基盤社会、情報社会というような世界的な潮流の結果必要とされる資質や能力、それを育てるのであろう教育内容や教授法に結びづけられ、国際的に通用するレトリックとなっている。そして、日本を含めた受験社会では、それが受験と対置されて理解される傾向がある。

つまり、国際学力テスト「勝利国」では、これからの世界がグローバルでＩＴ技術の重視につながるような社会を前提とし、先が見えない中で協働して問題解決してゆくことが求められるとして、国際的に評価されてきた今までの自国の教育の成果を守りつつも、受験偏重教育が求めるような試験のための教育から思考力、主体性等を育成する教育に転換すべきだというレトリックが用いられている。

さらに、これらの国において、グローバル化に対応できる人材を育成するという目標とセットで、自国への愛国心と国に寄与しようとする使命感、「○○人」としての国民的アイデンティティ等のナショナルな目標が進められている。こうした傾向は、何も東アジアやシンガポールに限られないが、ここでは、あえて日本の教育への示唆を考える上で論点を絞る意味で中国とシンガポールを中心に比較する。

日本を含めた東アジア諸国とシンガポールは、国際学力テスト上位国、受験社会であり、ひとくくりにされる場合もある（Marginson 2011）。その中でもシンガポールは各種のランキングで上位を占め、国際的な教育モデルとなっている。そこで、シンガポールを通し、次の章での日本の教育への視点へとつなげる。

2　シンガポールの教育改革例から論点を展開する

考える学校

シンガポールはここ何十年か、積極的に二一世紀型の教育を進めてきた。一九九七年、シンガポールの新時代対応教育として、国家ヴィジョン「考える学校、学ぶ国家」（Thinking Schools Learning Nation, TSLN）が打ち出された。当時の首相演説（Goh Chok Tong）によると、「我々の時代」は熾烈なグローバル競争への対応、絶え間ない知識の創造とイノベーション、急速な変化と不確実な未来に立ち向かっていくような人々が求められ、教育のパラダイム転換が求められていると言う。新ヴィジョンのもとで理想とされているのは、シンガポールが未来に「活気にあふれ成功」して行けるように、価値教育（当時は国家教育 National Education）を強化しながら、従来、国際学力テスト高得点アジア地域が強いとされてきた、試験でよい成績をおさめるために勉強するのではなく、学ぶことへの情熱に突き動かされ、生涯自律的な学習を行うことができる生徒を育てる「考える学校」を実現することである。そして、こうした自律的に考える生徒を支えるのは、絶えず新しく知識を自律的に取り入れていく教師である。(2)

こうした「考える学校」は、教育領域を越えた「考える国家」の縮図であるとされ、それを議論するにあたっては、他国（アメリカや日本）の例が参照されていた。今日の各国の教育改革は、技術の進歩によって他国の例をインターネットで情報を得たり、視察したりするのが以前よりも容易になっている。さらに、グローバル競争が熾烈だとされる時代状況にあっては、絶えず先進的、競争力があると思われている国々の事例や、経済協力開発機構（ＯＥＣＤ）やユネスコ等の国際機関が提示した枠組みを参照しながら、教育改革が進められているのである。

シンガポールではさらには、二〇〇四年には「考える学校、学ぶ国家」の延長上に首相（Lee Hsien Loong）が、(3)二〇〇五年には当時の教育大臣によって、「より少なく教え、より多くを学ぶ」（Teach Less, Learn More, TLLM）が推進された（Ministry of Education, Singapore. 2013）。二〇〇三年以降はその中でも「イノベーションと進取の精神」（Innovation & Enterprise）の考え方の育成に焦点が当てられた。杉本（2007, p.137）のまとめをかりると、批判的・創造的思考、ＩＴ活用、国民（市民性）教育、行政改革を柱とし、本章の言い方では、シンガポール版非定型・再構築型改革（例：シラバス内容を削減、考える力の指導、評価の仕方の再考、結果よりも過程の重視）を推進するものであった。これに対して、二〇一一年からは「生徒中心、価値を原動力とする」時期（Student-Centric, Values-Driven phase）に突入したとして、全人（whole person）を育成することが強調されている。(4)

グローバル化と価値教育

シンガポールのグローバル化、情報化等への対応は、価値教育と共に唱えられてきた。「シンガ

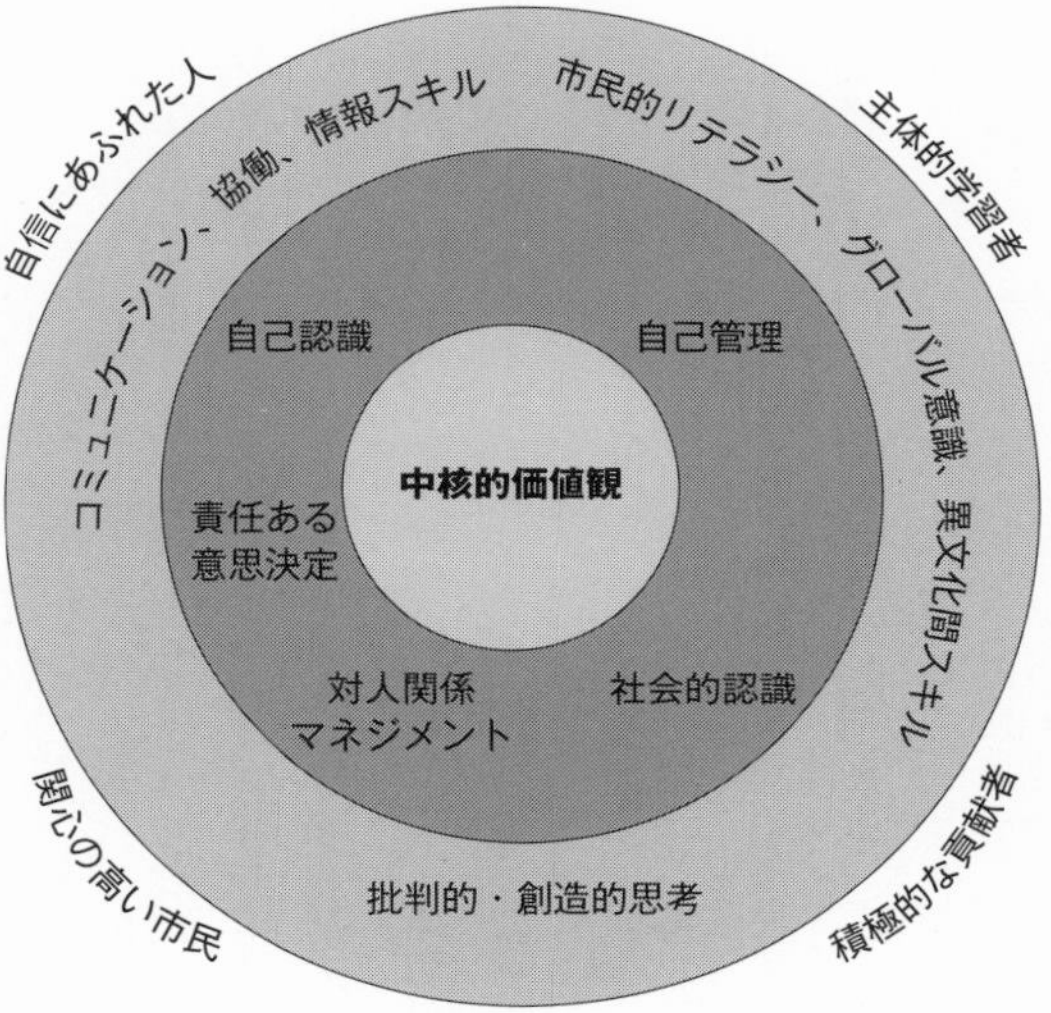

図２－１　シンガポールの21世紀コンピテンシーと生徒アウトカムフレームワーク

出典：Ministry of Education, Sing. 2021から日本語に翻訳。

ポール人」としてのアイデンティティやシンガポールが掲げる価値への共鳴を支持する市民性と道徳教育（Civics and Moral Education, CME 1992）、ナショナル教育（National Education, 1997）、社会情動的学習（SEL, 2005）、正規のカリキュラムと並行して行われる活動（Co-Curricular Activities, CCA）が進められ、やがて、二〇一四年には人格・市民性教育（Character and Citizenship Education、以後CCE）が登場する。

このCCEが中核となっている二一世紀コンピテンシーと生徒成果（アウトカム）（21st Century

Competencies and Student Outcomes）のフレームワーク（図２‐１）は、核となる価値、社会情動的コンピテンシー、市民的リテラシー（civic literacy）、グローバルな意識と異文化間スキルを、人格・市民性育成へと結びつけている（Ministry of Education, Singapore 2021）。

そして、二一世紀コンピテンシー、グローバル化、テクノロジーの発展や人口動態の変化等の中で、急速に変貌する社会に対応できる中核的な価値（core values）である、尊敬、責任感、ケア、レジリエンス、ハーモニー、誠実と、社会情動的なコンピテンシーである自覚，自己管理能力、責任ある意思決定、社会的意識、対人関係マネジメント、さらには、「市民的リテラシー、グローバル意識、異文化間スキル」他に関連して、活発なコミュニティ生活、グローバル意識、ナショナル及び文化的なアイデンティティが提唱されている（Ministry of Education, Singapore 2021 updated, homepage）。

こうして、シンガポールの教育改革は、非定型型の考える力に関係したスキル、ＩＣＴや語学等のスキルと共に、対人関係に関連したスキル、価値や態度、生き方に関連した要素を含んだ教育を、全人格的な枠組みの中に統合する形となっている。

3　二一世紀学力と価値

受験社会と非定型・再構築型教育

今までの段階で我々が引き出しうる示唆は何か。中国も、シンガポールも、日本も、受験社会である。いずれの国にあっても、受験的な教育は、非定型型の対抗イメージとして存在している。非定型型、再構築型の教育と、受験に有利な教育は、中核的な考え方・スキルにおいて異なるが、その大きな違いの一つが、「効率性」をどの程度重視するかであろう。

二一世紀型の能力や資質を育成するとされるような非定型型の教育実践は考えさせたり、試行錯誤や議論等を伴うものであり、どれも時間がかかるものである。試行錯誤の過程、体験を重視するため、学びのプロセスが意味を持ってくる。理解する、「わかる」ということに力点があり、安易に「答え」を求めない。

だが、日本を含む東アジアやシンガポールの受験社会の入試・進学試験の特徴は、筆記試験にウエイトがあり、回数も限られ、時間も限られた「ハイ・ステークス」(high-stakes) な試験であることであろう。ハイ・ステークス・テストは、それを落ちると卒業できないとか、資格をもらえないとか、受ける人達にとって極めて結果の重いテストのことを言うが、これらの受験社会の試験はまさにこれにあたる。そして、こうした試験の勉強では、やはり効率性が大事なのである。

例えば、習得すべき範囲が広い場合、膨大な勉強量がある中で、試験までの間に終わるようにするにはどの時期に何をしていなければならないのかとか、どの分野がどのような形で試験に出るとか、試験ごとの特徴（過去問分析）の把握とかが効率よく合格につながることになる。あるいは、当日の問題数が時間に比して多い場合は、一問にかける時間を区切ったり、どの問題を先に解けばよいのかの試験戦略を立てたり、限られた試験時間の中でいかに効率よく点数をとるかとかに頭を使うことになるのである。また、正解にたどり着かないといけないのであるなら、特に理数系では、計算間違いをせず、問題の意図を読み間違えないとか、検算をすばやくするとか、考え方はあっていたが間違えるようなことがないような正確性、効率性が求められる。塾や予備校が長けているような指導である。

そして、いずれも二一世紀型の能力や資質、本章で言うところの非定型型、再構築型教育のグローバルな言説が推奨する学習のあり方とはかなり性質が異なる。このため、これらの国では政策として二一世紀型教育を導入しようとしても、自国の選抜試験やそれを前提にした生徒、保護者の期待、教師の指導法をなかなか変えることができず、表向きの二一世紀型レトリックをよそに、実際の教育実践ではハイ・ステークスな試験に引っ張られた効率重視の教育を行うという経験を繰り返している（Gopinathan & Mardiana 2013, p.20, 代 2007, 2018）。

よって、これらの受験社会では、中国の応試教育に対する素質教育、シンガポールの「考える学校」のような、受験学力、受験的な学習と対置されて二一世紀型能力や資質が提起される傾向がある。日本も例外ではなく、「新学力観」、あるいは、試験勉強のような外発的な動機づけに対して、自ら進んで勉強するような内発的な「意欲」が強調された。ある意味では、国際的に目指すべきだとされているような非定型型の教育をイメージするにあたって、受験勉強の、特に暗記反復、外的動機づけ等の部分が、わかりやすい反面教師の役割を果たしているのかもしれない。

同時に、二一世紀型のコンピテンシーを測定しようとしたＯＥＣＤのＰＩＳＡでも筆記試験であり、皮肉にも前記の受験社会の国々の点数は高い。そして、そうした中で、東アジア・シンガポールは、国際学力テスト「勝利国」であり、シンガポールの例に見るように、非定型型教育を目指すことが、既存の教育の全否定ではないことにも注意する必要があろう。

東アジア的「全人」教育

中国、シンガポール、そして、日本においても、本書のテーマとの関連で、もう一つ注目すべき特徴がある。それは、これらの国においては、教科と価値等を統合した全人的な枠組みを推奨しているものの、そこで育つと期待されている価値や態度は、かなりの程度国民国家の枠組みと国益にかなうものが想定されているように見えるということである。

日本では、概して国家に寄与する使命感等を他のアジアに比べて表立って打ち出していないが、例えば、道徳に愛国心に関する徳目が位置づけられたり、グローバル人材育成推進会議（2011）の「グローバル人材」の定義では、「異文化に対する理解と日本人としてのアイデンティティー」とされたりしている（p.7）ように、同じタイプの思考構造が見られる。同時に、日本の場合は、道徳は日本の全人的な枠組みの教育を象徴する特別活動や総合的な学習の時間と切り離されているところに一つの特徴がある。

後述するように、全人的（holistic）枠組み、社会性や情動教育を推進すること自体は、今では国際的な潮流となっている。その意味では、感情や対人関係等に広がる全人的枠組み自体は、国際的に再評価されている。

全人的枠組みは、心の安定や感情の育成、対人関係の構築等を通して居場所としての所属感とか、家庭や地域の学習環境が厳しかったり、不利な条件を抱えたりする子どもたちのケアの視点にもつながりうる。勉強だけでなく、学校で活躍しうる領域が多面的であることを日常的に示すこともできる。全人的な枠組みを支える理念はいかにあるべきか、再度このテーマは後の章で取り上げる。

第三章　受験社会における非定型・再構築型教育

1　レトリックと実践の乖離

レトリックと実践

さて、第二章では、世界的に各国政策をも影響するまでに力をもつようになっている国際学力テストの「勝者」であるとしばしばみなされるシンガポール等の二一世紀型教育（非定型型）の改革を振り返った。その問題提起を受けて、ここではシンガポール、中国、日本という国際学力テスト「勝利国」が象徴するような、受験社会における非定型型の教育が直面する課題を考える。

前節でも触れたように、今日、国を越えて二一世紀型教育のレトリックは共有されている。第一部では非定型型、再構築型の教育と呼んでいたような特徴は、ヴァリエーションがあるが、二一世紀に必要な能力・資質として、各国で提唱されるようになっている。前述の例を挙げるならば、シンガポールの「二一世紀型コンピテンシー」のレトリックは、ある評者が言うように、「イギリスやオーストラリア」等の議論と「みごとに類似している」（Tan 2013, p.42）。さらに付け加えると、それは西欧諸国だけでなく、日本にも酷似しているのである。

こうして、国際的に非定型型教育が支持される中、前章までに取り上げてきた東アジアやシンガポールのレトリックは、受験偏重教育と非定型型教育とを対置するという共通性を持っている。しかしながら、教育改革のレトリックは、実際に授業で何が行われるかとは異なる。二一世紀に共有すべき資質や能力があり、それらを育成する特定の方法があることを、各国の教育改革の議論だけを聞いていれば国際的な合意があるように見えてしまう。しかし、実践レベルにまで下りると、その共通性は砕ける。マクロな理念や政策議論も、第Ⅱ部や第Ⅲ部で見るような生徒の理解や教育実践につながってゆかなければメッセージは伝わらない。

東アジア・シンガポール受験社会の中での授業を考える前に、そもそも、理念のレベルでの非定型・再構築型や定型型の教育と、実践においてそれが、教育の実践として具体化した時には、違ったものになってゆくことを確認することから始める。

アメリカの二一世紀型教育モデルを通して見えるもの

定型と非定型・再構築型のような概念のレベルでの議論と、実際に教室で何が行われているか、行いうるかは異なることを、アメリカの例を用いて考えてみよう。

定型と非定型型・再構築型の教育はいわば理念型であり、各国の教育改革はキーワード、例えば、非定型型であるならば、「問題解決的な学習」であるとか、「イノベーション」であるとかを用いながら、目指すべき教育を説明している。だが、レトリックの段階では共有されている教育内容は、具体的な教室場面で展開される実践となると、様々な要素に影響される。

ここで、参照され、「お手本」として模倣されるものとしてのモデルの次元で、同じ型でありながら、異なる実践になる例を、アメリカを例にして具体的に考えてみよう。アメリカでは、様々な教育モデルが並立しているが、中には、理念から実践までをセットにした形で全国（海外も）販売されているものがある。財団の形態で民間会社と連携して教材や指導書、補助教材等がセットで開発されたりする。そして、こうしたモデルは、背後の教育理念と実践とを統合的に理解するには好都合であるため、ここでは同じ定型型に属する二例を用いて、実践としていかに展開されるかを考えてみる（恒吉 2008、Berends, Bodilly & Kirby 2002）。

二つの定型型の教育モデルから

前節で言及したように、アメリカでは、教育モデルが理念、教材、映像等がセットになって開発されている場合がある。これらは、抽象度の高い理念を実践に具現化しようとしたものであり、非定型型、定型型の「型」に属した異なるモデルが実践に移された時にどのように展開されるかを考えるのに都合がよい素材となっている。

例えば、同じ定型（教科準拠）型に分類される二つのアメリカの実践モデル例として、知識の習得を強調するハーシュのコア知識カリキュラム（core knowledge curriculum）と、教師主導の効率的な内容習得を目指すイングルマンらの「ディレクト・インストラクション」（Direct Instruction）のモデルがある（前者、コア知識カリキュラム財団参照 https://www.coreknowledge.org、後者、全国ディレクト・インストラクション・インスティテュート参照、https://www.nifdi.org 参照）。

これらのモデルは、子どもは習得すべきだとされる「基礎」知識・スキルを「できる」ようになることが期待される等、いずれも定型型の特徴を持っている。

コア知識カリキュラムの方は、既存の系統的知識の習得に力を入れる。モデルの創設者であるヴァージニア州立大学の名誉教授ハーシュ（Hirsch）は、知識の習得を軽視する「ロマン主義」の弊害として、次のようなことを挙げている。ロマン主義は生徒の学習にとって最も大事なことは「学び方を学ぶ」ことであり、知識の習得を、「詰め込み」、単なる「暗記」であると考え、実生活（real life）に体験的（hands-on）につながっていなければ、学校での知識習得を批判するような誤った認識を生じさせた（Hirsch 2006, pp.1-2）。ハーシュによって批判されている特徴は全て前述の分類では非定型・再構築型の教育に属するものである。そして、ハーシュは、学校外で読解に必要な知識等を習得できない低所得者層の子どもこそ、「ロマン主義」ではなく、コア知識カリキュラムの方法から利するとしている。

では、ハーシュの教育モデルで習得されるべき「知識」とは何なのか。どのアメリカ人も文章を読んだりするのに必要としているような知識だとされるが、コア知識カリキュラムの批判者は、そこで扱われる知識が固定的で既存の支配体制を無自覚に追随するものであるとして、既存の知識を批判的に捉えなおす必要性を主張してきた。つまり、アメリカの支配的集団（特に支配的人種集団である白人）の視点に立つ内容を、無批判に「事実」として受け入れるために、それに対する批判的視点、変革へと結びつける視点を失うというのである（Woodhouse 1989）。いずれにせよ、前記のようなコア知識カリキュラムの枠組みは基本的に定型型であると言えよう。

では、コア・カリキュラムを別の定型型のモデル、「ディレクト・インストラクション」（Direct Instruction、以下ＤＩ）と比べてみよう。直訳すれば「直接指導」である。このＤＩ（直接指導）のモデルはそもそも明示的に教師が特定の教育内容を示してゆくような指導法として理解できるもの、ここではその中でもよく知られているＳ・イングルマン（Englemann）らによるモデルを取り上げる。ＤＩモデルは系統的な内容が細かく区切られ、教育内容をマニュアル化し、教師主導で明示的に教える。一定の必要だとされる知識やスキルを習得することを前提とし、効率的にそれを伝達する。定型型の特徴を持つＤＩは、前述のコア・カリキュラム同様、支持者によって低所得者層の家庭に有効だとされている（National Institute for Direct Instruction 2014）。

こうして見ると、両モデルとも定型（教科準拠）型の中心的特徴を持ち、一見双方に相性がよさそうである。しかし、実際の実践では両者は競合し、互いに排除をしている（Iver, Stringfield & McHugh 2000）。

なぜ対立が起きるのだろうか。まず、両者は教材が異なり、教員の研修内容も異なり、それぞれのモデルに基づいた商品を売ろうとしているという意味で、市場競争で利害が対立している。商品化している以上、このことは言うまでもない。だが、より実質的なポイントとして、両者は同じ定型型の教育として既存の社会で必要な系統的な「知識」（とスキル）があるという前提、教師が方向づける指導法等を共有するものの、授業実践の場面においては、かなり異なったものとして展開されていることに注目する必要があろう。

例えば、DIのモデルでは、国語の授業で教科の基礎とされる単語の綴り方、読み方等のスキルを習得させるにあたって、正しい発音を教師がしてみせ、生徒が声を合わせてすぐ繰り返す等の場面が見られ、細部までマニュアル化された内容で、授業を速く、効率的に進行させようとする。区切りを示すために教師が合図を使ったり、授業のスピード感が強調されたり、効率性が極めて重視されている。

一方、「コア知識」を重視したプログラムの方は、批判者からはDIモデル同様既存の社会的秩序を前提とした保守モデル（定型型）だとされているものである。しかし、「知識」を定着させようとするため、教師主導ではあってもそこから質疑応答をしながら知識の理解定着が行われる。

つまり、抽象度の高い次元ではこれらのプログラムは前記の類型で言えば、同じ定型型に入るのかもしれないが、実際の教室で行う実践風景はかなり違うのである。

2　アジアの受験社会のレトリックと実践

実践の社会・文化的文脈

同じ国、この場合はアメリカの中でさえ、同じ定型型の教育モデル同士であっても、レトリック・レベルでは共通していても、具体的に実践としては、教育内容、教授法等として具現化した時には、かなり異なりうることを見た。

同じ国の中でさえこうであるのだから、国や地域を越えた場合にはなおさらそうであることが予想される。非定型型・再構築型の教育レトリックは、日本同様、中国でもシンガポールでも基本的に共有されている。世界的に影響力を持つユネスコ等の国際機関によっても支持され、それはいわば、「国際スタンダード化」しているのである（第九章参照）。だが、当然、同じ非定型型でも日本と類似したアジアの受験社会においても、実践レベルにおいては違いが出てくることが予想される。どのようなところでレトリックから実践が乖離するのだろうか。日本の教育への示唆はあるのだろうか。

シンガポールも中国も、日本同様、非定型型の教育を語る時に、しばしば受験に偏った教育のイメージを対置させてきた。試験のための勉強ではなく、学びのための勉強、そうした訴えかけが、どの国でも説得力をもつのである。それは、これらの国において、受験に偏った教育が、非定型型の教育と異なる面が多いと理解されているからにほかならない。これは実は第九章のエジプトでも同じであり、西欧以外の国々では珍しいことでもない（第九章）。

本書の基となった、東京大学をベースにした授業比較が行われたのは二〇〇〇年の初頭であり、非定型型教育が中国、シンガポールで本格的に展開され始めていた。キーワードの次元ではほとんど違わないこれらの国と日本、アメリカ等の教育改革のレトリックが、それぞれの文化・社会的文脈の中で授業として具現化されるとどうなるのかを、本書の執筆者を含めた国際共同研究チームで検討していた。その際、一つの作業としては、各国の小学校で展開されていた非定型・再構築型の算数のモデル授業を選択、比較検討した（恒吉ほか 2004, 2007）。

二〇〇〇年前後は、中国、シンガポールでは教育が非定型型へと本格的に転換していった時期であった。シンガポールでは前述のように、一九九七年に「考える学校、学ぶ国家」、前年の首相のスピーチを受け、二〇〇五年には「より少なく教えて、より多く学ぶ」（Teach Less, Learn More）改革が進められた。中国でも一九九〇年代に受験偏重教育の弊害への反省から「素質教育」が登場し、二〇〇〇年代に入ると知識詰め込みの反省、探究、協働性等非定型型の教育を打ち出した『基礎教育課程改革綱要（試行）』（中華人民共和国教育部から二〇〇一年）が出された。教科を横断した「総合実践活動」（日本の総合的な学習の時間にあたる）もこの時に設置された。

日本では一九七〇年代の終わりには既に「ゆとりある」学校生活の実現に向けての学習指導要領の改訂が行われている。一九八九年の指導要領の改訂では、一方では非定型型の特徴としても挙げた体験的な活動、主体性等が推進され、「生活科」が設置され、価値教育の強化も図られ、道徳教育の充実が進められている。その後、一九九八から九九年改訂では、基礎・基本と自ら学び考える力等を含む「生きる力」が推進され、「総合的な学習の時間」が設置されている。二〇〇八年以降も、「生きる力」、思考力や判断力、表現力や創造力等の非定型型を、日本が強いとされてきた基礎・基本を行いながら推進する方針が続いている。

前記の国際共同研究者が集まったのは、国際学力テスト高得点国、東アジア諸国・シンガポールにおいて、先発国日本以外の主要国が非定型型の教育を大きく展開していった最中の二〇〇三から二〇〇七年である。さらに、アメリカは従来から非定型型の先進例として知られ、早くから非定型型への模索が続いてきた国として、比較対象に含めた。非定型型拡大期における中国、シンガポール、日本、アメリカの小学校のモデル授業例の比較によって、同じ非定型型が特定の社会的文脈で展開されている姿を見ることができる。そして、そこから日本の教育への示唆を得ることができると考えた。また、二〇〇〇年は前述のOECDの国際学力テスト、PISAの第一回目が行われた年でもある。今では「『グローバル教育ガバナンス』の新しいモードを確立した」(Gopinathan & Deng 2016, p.449) と言われるPISAの誕生である。

以下に取り上げる非定型型の小学校の算数のモデル授業を簡単に紹介すると、アメリカの授業は非定型型、再構築型の授業として意図的に開発されたものであり、ニューヨーク市を中心に用いられ続けている教員用の研修教材である。日本のビデオは日本の非定型・再構築型算数の推進者として知られた坪田耕三の「オープン・エンデッド」（つまり、答えがあらかじめ与えられていない）の研修授業を用いた。シンガポールはシンガポールの唯一の学士レベルの教員養成を行う機関として知られる国立教育学院（National Institute of Education）において、非定型型・再構築型の算数授業の実践モデルとして教員研修に用いられていた研修ビデオ、中国でも素質教育で先駆的な実践をしている上海における、華東師範大学が協力していたモデル校における素質教育のモデル授業を用いた。いずれも意識的にその国の文脈の中で非定型・再構築型なモデル授業として通用し、研修に用いられているものであった[5]。

それらは、図２－１の非定型・再構築型の特徴を意識的に具現化しようとした実践である点、研修に用いるモデル授業である点では共通している。しかし、授業風景として見た場合には明らかな違いがある。何が共有され、何が違い、それは何を意味するのか。ここから、アジアの受験社会における非定型型の教育のあり方や日本の教育について思いをめぐらす。

アメリカのモデル授業――自動販売機の中の缶

アメリカでは、教育モデルの発信が商業化し、非定型・再構築型に関しても、授業モデルとして販売しているものがいくつもある。ここでは、前述のように、ニューヨーク市を中心にした数学教

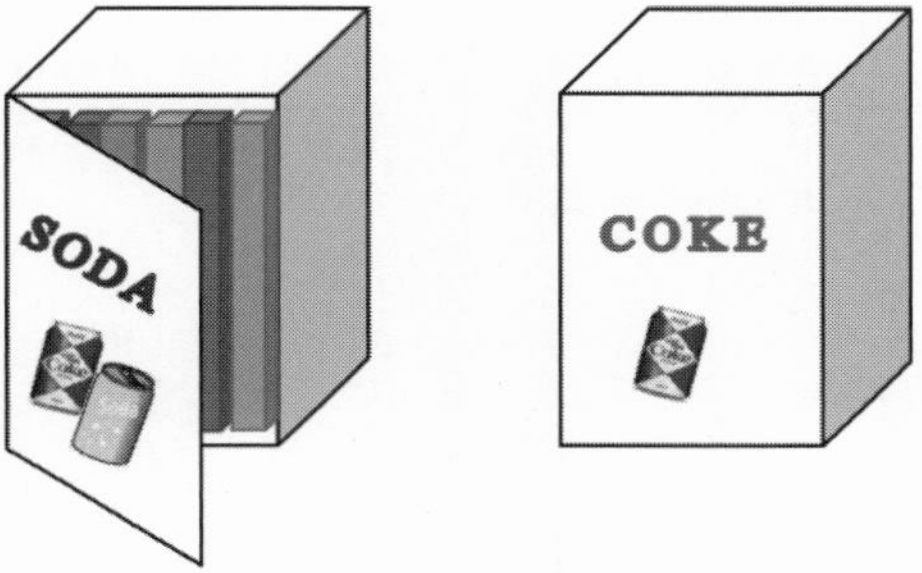

156 Sodas（ソーダが合計156本）
6 Flavors（ソーダは６種類）
How many of each flavor?
（１種類につき何本あるでしょう？）

156 Cokes（コーラが156本）
How many six-packs?
（６本セットが何セットあるでしょう？）

図３－１　ホワイトボードに書かれた二つの絵

育センター（Mathematics in the City）の非定型・再構築型の算数の小学校用教員研修ビデオを用いた。同センターは、一九九五年にニューヨーク市立大学（City College of New York）とオランダのフロイデンタール研究所とのコラボレーションで成立し、算数・数学教育研究に従事している。センター設立者、プログラムの開発者達（C. Fosnot 教授ほか）は非定型・再構築型のイデオロギーを支えてきた構築主義に依拠してプログラムを開発し、資金面では非定型・再構築型を支援してきた全米科学協会（National Science Foundation）等の研究助成を受けていた。それが本書の比較に用いた「活躍する若き数学者達」（Young Mathematicians at Work）の研修ビデオであり、二〇二二年現在も改良されて教材等の出版社、ハイネマン（Heinemann）から

販売されている。(6)

小学校用モデル授業の構成は意図的に非定型・再構築型的である。例えば、授業は、子どもにとって生活感のある問い（real-life question）からスタートし、子どもが思考、コミュニケートしながら問題解決へと進むように、教員室にある二つの自動販売機（共に一五六個の飲み物が入っている）を使って、日常的な問題から算数に接近しようとしている。ホワイトボードには二つの自動販売機の絵があり、一方にはコーラだけが六個入りパックで入っている。もう片方は六つの種類の違うソーダが入っている。これを比較しながら、割り算の考え方を日常的なレベルから引き出そうとするのが本授業の目的である。

思考力の強調、児童同士のコミュニケーション・スキルを使うような作業等、非定型・再構築型の特徴がいくつも意図的に用いられ、途中、ペアでアイデアを出し合い、互いに対話をすることを教員は促す。あるペアは具体物を使って、あるペアは絵を使って互いに意見を交換している。いくつもの違うアイデアを皆の前で発表し、そこからまた皆と知識をシェアしながら発展させようとしている。考えるプロセス、つまり、「わかる」プロセスを重視しているために、児童を急がせることなく、時間をかけ、自動販売機の中のソーダの分け方を考えるという比較的シンプルな概念的内容で二日間かけている。

日本のステッカーを使ったオープン・エンデッドな授業

日本の小学校段階での非定型型，再構築型の算数のモデル授業としては、日本の算数の問題解決的授業の研修用ビデオ（坪田耕三の授業）を選んだ。この授業は「オープン・エンデッド」な（つまり答えの決まっていない）問いから始まる。この授業の設定では、各児童がゲーム感覚でいくつかのサイコロを机の上の紙にちらし、その散らばったところにステッカーを貼っていき、ステッカーの散らばりをどのように表現できるかを通して算数的思考を育てていくのが目的である。児童が教室で次々と手を挙げて、各自のアイデアを出してゆく様が映し出されている。黒板に書かせるか教師が聞きながら黒板に書き、修正意見が出るとチョークで教師が書き加えていく。発表されたアイデアをクラスと共有し、他の人の意見を聞くことで自分の考えも変えたりしながら、子ども同士のやりとりの中での思考の深まりを黒板にも残し、共に考えを深めていくことが目指されている。そして、アメリカほどではないが、色々なアイデアを出し、「わかる」ようになる思考プロセスを重視するために、やはりペースがゆっくりとしている。途中でチャイムが鳴り、次の時間へと残りは持ち越しとなっている。アイデアを出す、考えるプロセスを重視するために、本授業もアメリカ同様、一定の時間で終結しようとしていない。むしろ、一区切りして、次回ここから出発するからと止めている。思考のプロセスを優先し、時間で区切らないところがアメリカと基本的に似ている。

速いことである。後に説明するシンガポールの授業も同じであった。日米のように児童のアイデアを黒板に書きながら、修正しながら考えるプロセスを残したり、児童―教師―児童―教師のやりとりを続けるために時間がかかったり、具体物を使ったり、自分で絵を描いたりしながら試行錯誤して考える時間が長く引き伸ばされることはなかった。様々な意見を出す、発表する、グループでコミュニケートするという非定型・再構築型授業で共通して見られる要素は取り入れながら、教師は、「○○分で相談して」のように時間をくぎって話し合わせていた。つまり、**考えるスピード、効率性**が要求されているのである。発表は代表の児童が視聴覚機器を使い、黒板に書く時間をとらずにＩＣＴ対応をし、発表し、それを教師がすぐ解説してまとめていくことが特徴である。そのため、**時間内で単元がきれいに終結している**。アメリカのように二日目にずれたり、日本の授業のように一時間におさまらずに、「キリ」のよいところで止めて次の時間に続いたりすることもない。きれいに一回の授業の中で終わっている。

中国の授業――三角形の内角の和を検証する

一方、中国の非定型・再構築型の算数のモデル授業でまず特徴的であったのは、**非常にペースが**

中国の授業は「三角形の三つの角を足すと何度になるかを考える」という、日本の問題解決型の授業ではそれだけでかなりの授業時間を使うような内容を、鋭角三角形の特徴、鈍角三角形の特徴等の定型型の基礎知識を応用しながら、その延長上に角の和の出し方に対する多様なアイデアの発表を要求している。その限りにおいては非定型・再構築型だが、中国の授業は前述の定義で言うと

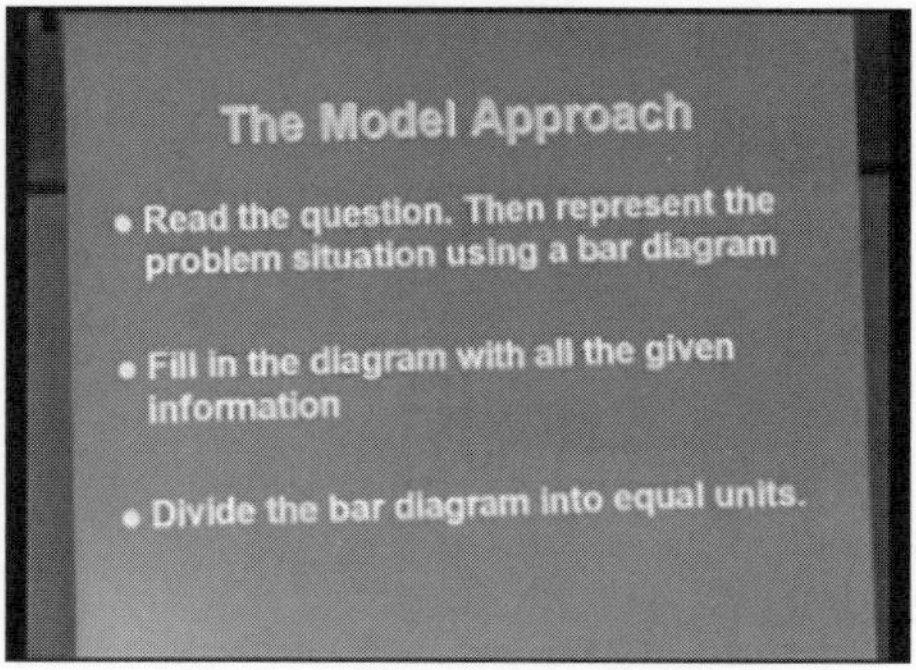

図３－２　モデルアプローチの手順（一部）をスクリーンにあげている

（注）日本語訳：モデルアプローチ
「質問を読んでください。それから、テープ図を用いて、問題状況を表してください」

「図に与えられた情報を全て書きいれてください」

「テープ図を均等なユニットに分けてください」とリストアップされている。


多分に定型型の特徴も持っている。例えば、「新しい」学力、二一世紀型の学力と対極的だとされがちな**効率性やスピードの大切さという「受験」的学力**が求められている。教師インタビューでは、色々な考え方を出すのはいいが、よりよい（＝効率的な）やり方があるのだという趣旨の発言がしばしばされている（代 2007）。こうした中国のモデル授業に反映される授業観は、いわば、「旧学力的新学力」「定型的な非定型・再構築型」教育であると言えよう。

シンガポールのモデル授業

シンガポールの非定型・再構築型の算数のモデル授業もまた、授業のペースが目立って日本やアメリカよりも**速い**。「考える」算数の代表的なモデル授業として選ばれたのは、棒状の図を使って文章題を考えさせる授業であった。シンガポールで「バー」（棒）を使って文章題を解くバー・モデル（bar model）の手法は、一九八〇年代に導入されて以来広まり、シンガポール人生徒の国際学力テストにおける高得点、考える算数を支えた方法として推進された（Cheong 2002）。海外でも広まっている「シンガポール算数」（Singapore math）の重要要素であるともされている（Hoven & Garelick 2007）。

シンガポールの教師養成機関、国立教育学院（National Institute of Education, NIE）の共同研究者がシンガポールの算数のモデル授業として選んだ研修教材で象徴的であったのは、このモデルを使った解法の**手順**を最初に復習していることであろう。その手順には、読み間違えないように「文章をよく読む」、そして、それを「バー・ダイアグラム」に置き換えていく、その置き換えからのステップ、確かめ算をする等の、文章題の基礎パターンを定着させ、ミスをせずに**正解にたどり着く**、**つまり**、**定型型の**「**できる**」ために必要だと思われている間違いポイントが書いてある。教室の前のモニターの画面には手順が映し出されていた（図3－2）。

とるべきステップを復習した後、児童はグループで話し合って**アイデア**を出し合い、その結果を**視聴覚機器を用いてグループの代表が皆の前で発表**するという他の国でも好まれていた非定型・再構築型授業的**形式**がここでも見られる。同時に、それは、最初に復習をしたステップを踏んで行うものである。また、中国同様、視聴覚機器を用いることによって、黒板に書く時間は短縮されると同時に、「グローバル」時代の要請としてICT利用を意識していた。

後半では、逆に条件を与えられてそれを文章題にする作業が入った。**話し合い**の時間は中国同様、「○○分で話し合ってください」という先生の指示に従って「考える」時間が**短く区切られ**、同じように児童は視聴覚機器を使用して正解を発表する形になっている。日本のオープン・エンデッドな授業のような、児童がアイデアを出して、それを聞いた他の児童の考えが変わったり、反論したりするプロセスが重視されているというよりも、色々な見方の中から完成度の高い答えを導いたり、それを皆の前で発表する力、確かめ算等の文章題を正確に解くためのステップを忘れずに解く力に力点がある。思考のプロセスとアイデアを出し合って対話的に共有していくことに力点を置いていた日米のモデル授業とは違う風景となっている。

図３－３　分度器を下に置き、三つの角をちぎって180度になることを示す中国の児童

さらに、中国のモデル授業では、児童が視聴覚機器で発表する際に、直線は一八〇度、三角形の和はそれと同じだから一八〇度であるというような説明をする等、三角形に関連した知識や公式を知っていて、そうした知識を使って、三角形の内角の和は一八〇度であるということを検証することを求められているように見えた（図３－３）。シンガポールの場合は、文章題

を中心に据え、考える作業、書き出す作業に重点を置いている。しかし、アイデアを発表し、互いに修正しあうこと自体を目指したアメリカや日本の授業とは異なり、文章題を解くという「考える」作業、自分の言葉で書き出すことは求めながらも、同時に「できる」こと、完成度の高い形での正解を発表することを求められているという意味で異なる。シンガポールの授業をいくつかの学校の日本の教師に見せてインタビューしたところ、「塾みたいだ」「一〇年前の我々」というような発言が多かったが、基本パターンを押さえた上で、計算ミスをせず、応用しながら、完成回答に辿り着くシンガポールのモデル授業は、「進学力的な新学力」ないし「進学力的な非定型・再構築型学力」であるように見える。

3　アジア受験社会における非定型・再構築型の変容

前節までに見てきた四か国のモデル授業を比べた場合、どれも、理念としては明らかに「非定型型・再構築型」のモデル授業を意識的に目指していた。例えば、コミュニケーション・スキル、コラボレーションが二一世紀には必要であるとの理解から、グループやペアで話し合う、発表する、意見を出し合う作業が含まれている。基本理念は共有されているのである。

この時に行った各国の教師インタビューにおいても、教師が非定型型・再構築型の授業を語る時のキーポイントは似ていた。例えば、コミュニケーション能力、思考力等と結びつけて、グループで話し合う、隣りの人と話し合うことが大切で、先生ばかりしゃべってはいけない等は、どの国の教師も非定型・再構築型と、そして、国が進んでいる方向と結びつけられていた。さらに、子どもの考えるプロセスを大切にすると考え、どの国の教師も、子どもがアイデアを発表することは望ましいとし、教師のしゃべりすぎは好ましくないものとしていた。

だが、各国のモデル授業の映像を他の国の教師に見せながらインタビューをすると、異なるリアクションが返ってくる。日本の教師を例にすると、アメリカのモデル授業はしばしば目指すべき方向を示しているとされていた。他方、シンガポールの授業には演習的な性格が強く「塾的」であるとの違和感を示すことが多かった。中国の授業についても、授業中、教師が子どもたちの答えに優劣をつけるような発言があったり（こちらの答えは「頭がいい答え」ですね）、ペースの速さ（速すぎる）、発見するよりも「検証する」内容に対して違和感を示す日本の教師が多かった。つまり、シンガポールや中国の「新しい」学力のモデル授業は、日本の教師の目からは、従来の教育に影響されながら、非定型型の授業をどのようにするのか、と試行錯誤していた、かつての自分達の実践と重なって見えていた。

ポイントを整理してみると、まず、既に指摘したようにスピードが違う。シンガポールと中国の授業は、グループで話し合う（形式としての非定型・再構築型）時間はとるものの、その時間が短く区切られ、単元が時間内で終わるように教師が時間の管理をしている。一方、アメリカは二日目まで続き、一日目では区切りはついていない。日本の場合は区切りのよいところで終わらせているものの、全体としては終わらせようとせず、次回へと続く。アイデアを出し、互いに対話的に試行錯誤するプロセスが最優先されているのである。中国やシンガポールに比べて明らかにペースが遅い。

スピード感の違いは、目標の違いを反映している。シンガポールと中国は視聴覚機器を使い、考えた結果を完成度の高い形でプレゼンすることに力点がおかれていた。一方、日米のモデル授業では、子どもが手を挙げたり、発表する際に、未完成のアイデアを出してクラスとして考えていくプロセスに力点がおかれていた。特に日本は、複数のアイデアを出して、互いに反論したり、意見を出したり対話的に考えを形成していくプロセスに時間がかけられていた。

シンガポールの場合はバー・モデルを用いた文章題を用い、機械的な計算ではなく、そこに考える力の育成を求めていた。しかし、同時に、最初に文章題でミスをしないための手順を確認したり、完成度の高い解答を発表したりすることを求められていた。こうした、間違えずに正解にたどりつく効率的なやり方は日本では塾が得意とするものであり、速く正確に文章題を解こうとする意図がうかがわれる。日米のモデル授業が完成された形でプレゼンするよりも、試行錯誤して考えるプロセス、アイデアを出すことを重視しているのに対して、シンガポールのモデル授業のアプローチは、一定時間内に正確に文章題を解く（できる）、という観点から見た場合には有効性が高いように見える。

一方、中国の授業は、それを説明している児童が既に授業で問題としている内角の和が一八〇度になることを知っていて、それを数学的知識・公式を駆使して検証することを求められているように見えた。日本でも三角形の和が一八〇度だということを児童が考える単元があるが、日本の場合は、そのことを子どもが知らないという前提で、子どもが発見、実感することに力点が置かれている。むろん、塾に通っている子どもは既に知っている知識であり、理論通りにはいかない。

以上の比較から特徴づけると、アメリカのモデル授業は、割り算の考え方という根本のところを子どもに考えさせようとし、考えたり発表したりするプロセスに力点があるという意味で文字通り非定型型に従おうとした「新学力的な新学力」「新学力的な非定型・再構築型」、日本のモデル授業は、同じカテゴリーのヴァリエーションで、ペースがアメリカに比べれば速く、時間内に一定のくぎりをつけようとする等の面も残っている。それに対して、シンガポールの授業は、前記のように日本の教師が「塾的」と感じるような面があり、「進学力的な新学力」ないし「進学力的な非定型・再構築型」、中国のモデル授業は、既存の教科の知識や公式、スキルを前提として「検証」していという意味で「旧学力的な新学力」ないし「旧学力的な非定型・再構築型」と呼べよう。いずれもその国でこうした実践が一般的だったということではなく、東アジア・シンガポールの非定型型への転換期においてのモデル授業が同じレトリックを使ってもかなり教室の風景は違いうることを示す材料、さらに、アジアの受験社会の国々が、実際には競争的な受験制度が残る中で非定型型の教育を展開しようとする中で直面する課題を考える材料となるということである。

4　アジア受験社会における非定型・再構築型教育

算数テストからの示唆

前節のモデル授業の国際比較に対応する結果が、本書第Ⅱ部（藤村）の五年生テスト（Fujimura, 2007）や関連する日中比較研究でも示されている。藤村によると、中国の児童は、解答を得る時に、公式を当てはめて、前記の用語で言えば「旧学力的な新学力」「旧学力的な非定型・再構築型」な解き方を示すが、計算力やスピードがあり、記述は少ないが正解が多かった。シンガポールはそれに比べて「バー・モデル」で習ったように、記述が多く、きちっと余白に計算をしていたり、効率的な解き方をしていた。一方、対象となった日本の子どもは、相対的に見れば日常的な知識を使い、積み上げ式に思考を組み立てていこうとしているが、思考の不十分さや計算力の不足によって最後の答えが正解とならなかったり、回答しない子どもも他国に比べて多かったという。レトリックとして共通していても、授業風景としてはかなり様相が異なるこれらの国の実践は、それを受ける生徒にも伝えられているように見えるのである。

「つなぎの教育改革」が冒頭で提唱されていたが、ここに、なぜそれが必要かの一端をうかがい知ることができるであろう。理念レベルで同一のモデルで、類似した東アジア・シンガポール圏であっても、それが実際に児童生徒のもとに伝えられる時には、カリキュラムのあり方や教師養成の過程、教育制度や生徒の属性等の社会・文化・歴史的文脈によって異なるものになる。理念は、政策や制度に方向づけられながら、教師の理解や実践に、そして生徒の理解へとつながれることによって、教育の総体として成り立ってゆく。

アジア受験社会における非定型型教育

では、日本を含めたアジア受験社会において、非定型・再構築型の教育を展開しようとする中での阻害要因について考えてみよう。

第一に、東アジア・シンガポール受験社会において、「失敗」する（不合格になる）ことの帰結が子どもや家庭にとって重いだけに、いくらカリキュラム改革を進めようとしたとしても、なかなか徹底できないことであろう。統一的で、結果が重大な「ハイ・ステークス」テストを用いて選抜される仕組みが軸となっている場合、非定型・再構築型やそれに伴う教授法を提唱したところで、それを実践できるのは「余裕のある」層に限られてくる（Kennedy 2007）。

二一世紀型の「新しい」学力で「成功している」とされる中国、シンガポール、日本、それから非定型型の旗振り役的な存在であるアメリカの小学校段階のモデル授業を見た前節においても、偶然かもしれないが、中国、シンガポール、日本は学力が高く、階層も高めの学校であった。つまり、基本的な計算でつまずいていたり、算数の補習が必要な子どもが少ない学校、問題解決的な問いを出せば限られた時間で解けてしまう、アイデアを出しやすい子どもたちのそろった学校である。

特に、これらの国においては、こなすべき教育の内容が多い。非定型型、再構築型にそった授業で、シンガポールと中国のそれは、「考える」にしてもスピードが求められていた。確かに非定型・再構築型教育で好まれる、グループでの話し合い、発表等の形式は採用するものの、授業時間内に進むべき到達点がはっきりしていて、「五分話し合ってください」というような時間限定の指示がついて、子どもたちはその時間制限の中で「考えをまとめる」ことを求められる。それに対して、日本のモデル授業も児童層の階層は高いが、スピードはよりゆっくり進み、アメリカで出されてきたモデル授業にいたっては、おそらく意図的に階層・人種の多様性を意識した教室で、ほとんど時間の管理をしているように見えない。

既習内容という観点から見ると、日本の授業では、子どもがその学年ではまだ既習していないことが前提となっている（実際は塾で先取りしている場合でも）。中国の映像ではそうではなく、例えば、三角形の内角の和を色々な方法で考えようとする授業で、直線は一八〇度であり、三角形の内角の和は一八〇度だから、というような説明を子どもたちが躊躇なくしていた。「鋭角三角形」「鈍角三角形」のような用語も流暢に子どもの発表で用いられている。既に本授業の関連知識や公式は頭に入っていて、いわば、それを応用しているのである。シンガポールの小学校のモデル授業においても、問題解決的に「考える」能力を育てようとする授業で、「考えるステップ」が示されていた。「問題をよく読む」で始まるこのステップは、確かに、文章題の答えを正確に出させようとする（できるようにする）のであれば、合理的であろう。文章題の趣旨や単位を読み間違えれば、考え方は正しくても答えを間違える。そのために、日本でも塾のように文章題の「正解」を出すことが目的である時には、読み間違えないように単位のところに下線を引かせたりするのである。「わかって」いても、答えを間違えれば試験であるならば、途中点しかもらえなくなる。

だが、これが日本の小学校の問題解決的な算数の発想からすると、「旧学力的」なのであろう。極めて速いテンポで完結させ、考える時間を「五分」「一〇分」と区切った「考える」授業を、日本の教師にビデオを見せると、「二〇年前の我々」「塾的」というような答えが返ってくることが多かったことは述べた。だが、その日本においても、学校の外で塾が時間を区切った、「効率的」な指導をしている。

もし、児童生徒やその保護者にとって重要な入試・試験が、「できる」ことを求めるのであるなら、正解を短時間で出してゆくような受験教育の指導は効率的なのである。教科学力でないコンピテンシーを測定するとしたPISAでも、皮肉にも、シンガポール、台湾、日本や韓国等のアジア受験地域は、高得点国・地域の常連である。アメリカでカリキュラム改革を行うにあたって、国際学力テストで高得点をとっている国々の算数・数学教育が参考にされたが、その「高得点を取っている」国々とは、まさに東アジア地域・シンガポールの受験社会の国々である。

中でもシンガポールは教授用語が英語であるために、海外で参照されやすいが、国際学力テストの高得点を背景に、シンガポール算数・数学として、アメリカでも評判になっていった。シンガポール算数・数学を教材として売っている出版社（Houghton Mifflin Harcourt）のホームページでも紹介されているマーシャル・キャベンディッシュ（Marshall Cavendish）社の報告書によると、シンガポールが一九九二年に問題解決とモデルを使った「考える」数学カリキュラムを導入した結果、「劇的な」算数・数学力向上につながって、一九九五年以後の国際学力テストではシンガポール生徒が世界トップレベルを維持してきたとされている（Marshall Cavendish 2020）。

シンガポールにしても、中国にしても、日本にしても、理数系を中心として、国際学力テストにおいて高得点をあげてきた。そして、シンガポールのレトリックで見られるように、これらの国においても、これからの時代は非定型型、再構築型の教育が必要だとされている。だが、それまでの基礎基本、「受験的」だとされるような系統性、反復や知識重視が全く否定されたわけではない。これらの国は国際学力テストでの成績や経済的発展の実績等によって、その教育が国際的に参照されてきた国々であり、その定型型で「受験的」だと言われるような教育の特徴が、一定の成果をあげてきた国でもあるからである。

また、教科書内容を厳選して削ったり、入試を変えたり、試験を減らしたり、カリキュラムに新しい総合的な時間を加えたり等の改革は行われているものの、「ハイ・ステークス」な筆記テストが選抜の基本になっている限りでは、「問題解決」「考える」というようなレトリックが先行し、〝形式〟（例えば、ペアで相談させる）として非定型・再構築型と結びつけられる教授法が見られやすくなる。同時に、学校で教える内容と、選抜に必要なスキルとが異なれば、学校の外に教育産業が栄える。そして東アジア地域は、塾が繁栄しているところして知られている。

影の教育

受験的な教育の象徴として、進学塾や予備校の教育があげられよう。ディズニーの映画「ピーターパン」に、ピーターパンの影が勝手に動いてしまう場面がある。子どもの空想をかきたてるものであろうが、実際の世界ではありえない。現実には影は実体の動きや形を映し出し、実体が変われば影も変わる。この影のアナロジーが、学校外での塾、家庭教師等を指すものとして用いられ、「影の教育」（shadow education）の名で知られるようになっている（Stevenson & Baker 1992; Bray 1999）。影の教育が提供するサービスは確かに、「学校」のあり方によってその姿が変わってくる、学校の影＝シャドーなのである。

この「影の教育」の中で、上級学校への進学を目的とする学力向上を目指したものが極端な形で展開されている国々として、国際的に東アジア地域はよく例に出される。もちろん、「影の教育」が提供されている国は何も東アジア地域に限られない。チリからギリシアまで、それは世界的に広まり、目的や対象とする層もまちまちである。

ベイカーら（Baker, Akiba, LeTendre & Wiseman 2001）はかつて「影の教育」が主として学力上位層を引き上げるものとして用いられているか、学力底辺層を底上げする目的で使われているかで世界の国々（地域）を分けた。ここでは、前者（つまり進学目的）のタイプの筆頭に韓国が、両者が混じっている所として日本や香港が、後者の目的が比較的多い国々としてアメリカやドイツ等が、極めて後者の性格が強い国としてデンマーク、ベルギー、イスラエル等が挙げられていた。いずれにせよ、進学塾系の「影の教育」に関しては、東アジア地域での熾烈さが特徴的であると言われてきた（Lee 2007）。

市場競争的な教育改革が世界的に台頭し、テストがそれを支える重要な装置として使われるようになるにつれ、当事者にとって重大な結果をもたらすテストのあり方が「ハイ・ステークス」(high-stakes) なテストとして国際的にも議論されてきた。こうした中で、皮肉にも、東アジア諸国はこの「ハイ・ステークス」なテストのいわば「先進国」としての地位を確保している。ある日のある時間における試験によって合格が決まるテストは、「ハイ・ステークス」テストの最たるものである。

試験日にはパトカーが遅刻しそうな生徒を試験会場に送り届ける韓国の受験事情は、日本のニュースでも度々紹介され、驚きをもって受けとめられている。だが、国際的に見れば、雪が降った、電車が遅れた、と試験時間をどうするかを大騒ぎする日本も同じように映るであろう。これらの「ハイ・ステークス」試験の国々では、「ハイ・ステークス」であるがゆえに、マスコミを賑わす入試不祥事が注目を浴びるのである。日本の入試で父親が娘になり済ました替え玉受験事件、韓国の全国修学能力試験での携帯を使った集団カンニング事件、中国での全国統一の大学入試「高考」での不正等、同じような問題が起きている。

自ずから、学校外で学校が補いきれない部分を担うサービスが繁栄する余地がある。日本の塾は日本研究者の間では〝juku〟と横文字で通じるようになっているが、韓国のハグォンも同様の理解の仕方をされている。シンガポールでも民間のセンター（tuition centres）が存在している。そして、この「影の教育」は東アジア受験社会を象徴するものとされている（Seth 2002; Lee 2007）。「影の教育」は、通塾費用を支払えるかどうかの経済的問題、都市に多く田舎に少ないという立地の問題、つまり、所得格差、地域格差等をより拡大させると言われている（Stevenson & Baker 1992; 苅谷 1995; Bray 1999, pp.61-2）。東京等の都市部を中心に拡大してきた中学受験現象等は象徴的な例であろう（Tsuneyoshi 2013）。塾が東アジア地域で極端な形で発達してきたことに関しては、儒教的な努力主義等の文化論が唱えられると共に、開かれた「ハイ・ステークス」な試験を進学に用い、それがその後の人生設計と結びつくことが指摘されてきた（Stevenson & Baker 1992）。

いずれにせよ、時代の変化に必要だとして「建前」では非定型型を進めながらも、過去の定型型の「成功」の上に非定型型を築こうとし、受験的な仕組みが「本音」として残っている中でのジレンマが、前述の国々のモデル授業の比較から伝わってくる。

「ハイ・ステークス」テストをめぐる論争

「ハイ・ステークス」テストの弊害について考える材料がある。アメリカは、従来は分権的であったが、一時市場競争的な教育改革が推進される中、各州が州テストを開発し、その結果を高等学校卒業要件に用いるような、「ハイ・ステークス」なテストの使い方が増えた。テストで測られた学力によってその学校・学区等の提供する教育の「質」が評価され、テストを用いた指標によって学校が保護者等に説明責任を負っていくような仕組みが台頭してきたのである（Jones, Jones & Hargrove 2003, p.10）。

こうした「ハイ・ステークス」テストの隆盛に伴い、それをめぐる議論も活発化した。試験のための指導（teach to the test）をもたらす、手に入れるもの（例：入学）と失うもの（例：何年もの努力）が重要なほどカンニング等の違反行為を誘発し、カリキュラム内容は試験に出るところだけが重視され、それ以外が軽視される等の教育の歪みをもたらし、子どもの発達段階に沿った内容を教えられなくなる、教師の教え方が効率を重視した教師主導になりがち、生徒・教師共にストレスがかかる、等である（Jones, Jones, & Hargrove 2003; Nicholas & Berliner 2005; Berliner 2006; 松尾 2010）。競争の低年齢化も問題視されてきた。どれも日本に関連が見出せる指摘であろう。

こうした「ハイ・ステークス」テストは、自ずから学校教育のあり方を影響する。教師が特定のテストで「結果」を出すことを求められた場合、それに沿った教育内容・指導法、試験に向けて指導することが効率的だからである。非定型型の教育を早くから行ってきたアメリカでの「ハイ・ステークス」テストの論争は、「ハイ・ステークス」テストが半ば自明になってきた東アジア社会での教育を考える上で参考になろう。

5　アジア受験社会の非定型型教育を振り返る

ジレンマ

今日、二一世紀の世界や社会がどのような特徴を持ち、どのような教育が必要かの基本的な方向性は国際的に共有されるようになっていることを見てきた。国連関係の様々な文書、ＯＥＣＤのＰＩＳＡのような国際学力テスト、各国の政府の教育改革でも、未来が見通せない、不確かな状況の中で未来を切り拓いていかないといけない、ＩＴが進歩し、我々の社会の様々な領域に浸透してくる、グローバル化が進み、それに有効に対応できることが求められている……という似たような社会・世界イメージが支持されているのである。そして、こうした社会や世界の特徴の手がかりとなるような社会ヴィジョンもよく知られている。例えば、グローバル社会、知識基盤社会、情報化社会、少子高齢社会、持続可能な社会、インクルーシブ社会、多文化社会……。そして、こうした社会・世界が必要とする能力・資質、スキル、態度等を育成できる教育のあり方もかなり共有されてきたのである。

こうして、日本でも約十年に一度、時代の流れに沿って改訂される学習指導要領は、ずっと第Ｉ部で非定型型、再構築型と呼んできた路線での改革が進められてきた。「生きる力」、主体的・対話的で深い学びの提唱、教科横断的な時間としての総合的な学習の時間や生活科の設置等はその過程で起きている。そして、こうした路線は日本だけではない。中国でも非定型型の学力を強調する素質教育、総合実践活動が推進されている様子を見た。シンガポールでも同様であった。

しかしながら、こうした、未来への政策が、学校での「教育実践」として展開されるためには、社会ヴィジョンや理念が、具体的なカリキュラム、教科書や教材、指導案、教師教育、教授法…というような、狭義の「教育」を成り立たせている様々な仕掛けによって、ある制度と社会的文脈に沿って表現され直さないといけない（第九章参照）。そして、ここでは、政策レベルで似たようなレトリックを使っていても、それが教育の実践として教室で繰り広げられた時には、違う国や地域等で異なる風景となることを見てきた。つまり、政策や改革のレトリックと、実際に教室で行われることは違い、それらの間を意味づけ、「つなぐ」作業が必要となってくる。

同様に、教師が「こうしている」と考えることと、実際の教授行為、あるいは、生徒が受けとめることとの間には溝があり、ここでもまた「つなぐ」作業が必要なのである。生徒がどのような理解をしているのか（第Ⅱ部）、教師が自分の実践と生徒の理解とを「つなぎ」ながら、これからの方向性を考える（第Ⅲ部）必要がある。本章で見ているような他国での実践との比較視点も、こうした「つなぐ」ことの必要性を再認識するきっかけとなりうる。

中国もシンガポールも、日本同様、受験偏重教育を非定型型の教育と対置しながらも、実際の仕組みは受験的な特徴を多分に残していた。文章題の考えるステップを確認しながら、間違えずに正解にたどり着くことを重視する前章のシンガポールの授業は、日本の教師によって、自分達が辿ってきた道、「塾的」「一〇年前の自分達」だと言われていたのを見た。だが、シンガポールも日本も「ハイ・ステークス」な試験によって特徴づけられる共通したカテゴリーに入れられる国々である(Marginson 2011)。いずれの国でも、学校の学習内容を普通に勉強していただけでは進学に必要な試験で他と差をつけられない傾向があるとすると、効率的に、戦略的に試験のための勉強をすることが、進学・合格するには必要になってくる。そして、その試験が、特定の日に行われ、自分の進学希望大学への進学を左右するような「ハイ・ステークス」な試験であるならなおさらである。

中国、シンガポール、韓国、日本等の国際学力テスト「勝利国」は、受験に向けた教育を反面教師としながらも、多分にその遺産を引き継いでいる。同時に、受験偏重的な勉強を問題としながらも、実際は国際学力テストの重要性が高まる中で、「成功」してきたとされる国々でもある。基礎基本を徹底し、実際には存在する受験的なニーズに応えながら、未来に必要だとされる非定型・再構築型教育も実践しようとしている……こうした矛盾するものを両立していこうとする圧力が、日本を含むこれらの国の学校にはかかっているのである。

受験的思考の弊害

二〇二〇年は新型コロナウイルスのパンデミックが日本を含め、世界中で流行した年であった。こうした中で、一カ所に大勢の人が集まり、受験するような「密」状態を回避する必要性と、人生が左右されるような「ハイ・ステークス」な試験を実施しなくてはいけないことに直面した東アジア受験社会は、試練に立たされた。

中国でも人生を左右すると言われる全国統一の大学入学試験「高考」を延期したり、韓国のソウル市では、大学修学能力試験（修能）に向けて、新型コロナウイルス感染者、自宅で隔離中の受験生に特別な受験場を用意した(7)。日本でも、総合型選抜（旧AO入試）、学校推薦型選抜でオンライン面接に切り替えたり、場合によっては筆記もオンライン化したり、受験シーズンを迎え、入試を迎えた教育機関では、感染者数の上がり下がりに一喜一憂した。

こうした状況は、一列に密状態で高校生が並んで行われるこれらの受験社会の「ハイ・ステークス」な筆記試験が何を達成しているのか、何を評価しているのかを改めて問題提起しているように見える。確かに、学校における教科知識の習得と応用を評価している面もあろうが、この種の試験は特定の時間内に、特定の問題傾向で力を発揮できなければ、目的（合格）は果たせないのである。そこで、受験する学校の過去問から傾向を掴む、つまり傾向と対策をするとか、問題量が多い場合は一つの問題に時間をかけすぎないとか、問題文を先に読んで何を聞かれているかを頭に入れて国語の問題を解くとか、「試験のための学習」をしないといけなくなる。つまり、「効率的」に問題を解く力が求められるのである。

だが、受験的に言うと、地点A（今いるところ）から地点B（合格）に行く「効率的」な行き方は一直線かもしれないが、人生の体験・経験知の観点からはそうではない。回り道をすることによって体験知が広がる。だが、受験的な思考は、回り道をして積み上げてきた経験知やそれに導かれた知識・思考力を評価するのではなく、一直線にたどり着いた地点（筆記試験による得点）だけを評価する。体験的学習や時間のかかる思考理解のプロセスを重視する非定型・再構築型教育の流れとは異なるタイプの学習やスキルを現存の受験制度は求めているのである。

さて、「受験偏重教育」が**生徒の**学びの観点から弊害があることは、非定型型の教育改革を推進している大抵のアジア受験社会で繰り返し指摘されていることである。だが、ここで注意したいのは、影響されているのは生徒だけではないということである。教える側も影響される。

二〇二〇年の新型コロナウイルスの流行の中で、入試のオンライン化が問題になったが、そこで議論されたことの一つが、生徒が受験している場面をどのように監督するかであった。その場で誰の手も借りない（それまでいくらでも予備校等で「訓練」されたとしても）で書いたものでないと生徒の「本当の」実力を反映していないと考え、監督する必要性があるとする発想は、基準になっているのが、試験監督がいる一斉に行われる「ハイ・ステークス」な筆記式の入試である。もし、非定型・再構築型教育で求められるような考える力や主体性を本当に問題にするのであれば、それを表すような実績や経験こそを知ることが大切であり、さらには時間をかけて考えさせた成果を見ることが大事なのであり、限られた時間内でその場で書かなくてもよいはずである。例えば、国際的に評価の高いアメリカの大学は、当日の筆記試験によって合否を決めているわけではない。

また、それまで生徒が学んできた積み上げではなく、特定の日の試験結果によって合否が決まるとなると、その試験の傾向に対して対策ができているのか、練習してきたのか等の対策や対応できるスキルが重視され、そうしたことが得意で、練習してきた生徒に有利である。そこで、外国からの移民のように途中から日本の教育システムに入ってくる人、英語圏でない海外で育った日本人児童生徒、日本の中にずっと育った人でも、貧困等、何かの理由で進学路線から離脱して戻ろうとしている者等は、どれも不利になる。こうしたシステムは、多様化、国際化の観点からも社会的平等の観点からも課題があり、レトリックでは支持されている二一世紀型の能力・資質に沿ったものであるのかは甚だ怪しい。

「グローバル化」「国際化」が進む中、「グローバル人材」の育成が必要だと言うことになり、高校留学、大学での短期・長期海外留学経験が奨励されている。だが、留学によって路線からはずれることのリスクが大きい（例えば、進学や就職にリスクがある）仕組みは、本当には「グローバル化」を認めようとはしていない。また、大学における多様性の尊重もしばしば言われるが、人と違った経験をし、視点を持っていたとしても、受け入れにあたってそれが評価されないのであれば、それも本当に多様性を求めているのかは疑わしい。レトリックでは「多様性」を唱えようと、仕組みが基本的に同質性を前提としたものであれば、前述のような非定型型、再構築型教育の論理は、教育を動かす「現実」（例えば、受験制度とそれを前提とした保護者の期待）と矛盾せざるを得ないのである（恒吉・額賀 2021）。

最後に、非定型型の教育と全人的な教育の枠組みに言及して本章を終えるとしよう。非定型型、再構築型教育は、児童生徒の様々な側面を射程に入れている。協働的な作業、未知な問題に立ち向かってゆく強さ、こうしたものは、狭い意味での教科学習だけでは身に付かない。ＰＩＳＡが協働的問題学習のテストを二〇一五年に行ったり、社会性や情動面での学習（ＳＥＬ）が国際的に見直されたりしている背景にも、こうした広い意味での人格形成がこれからの学校では求められることを示唆しているように思える。

こうした、全人的な枠組みを強調し、狭い意味での教科に学校教育の対象を限らない傾向は、東アジア・シンガポール圏で共通している。前の章で、シンガポールの教育の枠組みが教科とそれ以外の領域とを射程に収めていることを見た。中国においても、全面的な教育枠組みから、小学校を例にすると、「総合実践活動」という非定型、再構築型教育を象徴するような時間と、「品徳と生活」「品徳と社会」が併存している。これらの国では、狭義の教科以外の価値教育を、全人的な教育の枠組みの中で、統合しているのである。

だが、そこには、グローバル化を唱えながら、自国民としてのアイデンティティや、国益にかなうような価値観の育成を推進する等のナショナルを重視した基本構造が出てくる。グローバルとナショナル・アイデンティティ、これらの国を国際学力テストの「成功者」へと導いた教育を維持しながら非定型型教育を求める、受験偏重教育の遺産が残る現実と理念としての非定型型……日本の教育もまた、こうした特徴を共有している。

第四章　日本の教育再考――教育トランスファーから考える

前章までは、国際比較の視点から、日本の教育について考えてきた。中国、シンガポール、日本等の国は現在各国の教育の質の指標として頻繁に使われる国際学力テスト（特にＰＩＳＡ）において、「勝利国」となっている。だが、そこにおいても、国際的な流れとなっている非定型型、再構築型教育への転換が進められていることを見た。同時に、非定型型の教育を理念として推し進めるのと、実際に教室で行われる授業は違う。

こうした文化も制度も異なる国々が同じ方向を向いてゆく背景には、国際機関や西欧の国々のモデルが、非西欧の国々にも浸透してゆく過程があろう。グローバル化の時代においては、グローバルな教育産業が活躍し、グローバルに教育のトランスファー（借用）が行われている。

我々のグローバルな教育トランスファーの時代にあっては、国際学力テストの高さ等、「先進的」だとされる国々や地域に教育視察団が集中する。特に、ＯＥＣＤのＰＩＳＡの国際学力テストにおける高得点は、ある国の教育政策の成功、そして間接的には経済的競争力に通じるものであるとされている。高得点の国々を「成功」した国々としてそこから教訓を引き出す論理は、国際的に影響力のあるＯＥＣＤのＰＩＳＡ自身のレトリックにも見られる（OECD 2012）。

いずれにせよ、アジアの国日本から国際モデル化したものを見ることは、国際的に評価されてきた日本の教育の側面が何であるのか、他国から評価されて学ぼうとされている（教育トランスファーの対象となっている）ものは何で、そうでないものが何で、それはなぜなのかを考え、日本の教育のあり方を、前述の政策・モデル授業の国際比較とはまた別の国際的文脈で分析するきっかけになろう。

1　グローバルな教育トランスファーの時代

古くて新しい現象

ある国や地域から他の国や地域への教育のトランスファー（「移植」、移される）の歴史は古い。例えば、教育モデルが強制的にトランスファーされる象徴的な例として、植民地支配がある。進学試験や教育の仕組み、教授用語が宗主国の言語になる、宗主国への留学が社会的に上昇するルートとなる等、今でも植民地支配を受けた国でその植民地支配のレガシーがしばしば残存する。

さらには、自発的、半自発的に軍事的・政治的・経済的・文化的に「先進的」だと思われる国の教育を「トランスファー」する場合もある。何も新しいことではなく、日本を考えた場合でも、中国大陸から学ぼうと、遣隋使、遣唐使が命がけで海を渡ったことや、近代化を推し進める明治維新の日本において、岩倉視察団や津田塾大学を創設した津田梅子の海外留学については、学校の歴史でも学ぶ。

今日はしかしながら、命がけで海外の情報を得てきた時代と違い、インターネットやテレビを通して、また、より多くの人が気軽に乗れる飛行機等の移動手段によって海外の情報が得られるようになっている。さらには、グローバル化の中で、前述のようなＯＥＣＤのＰＩＳＡのような国際学力テスト全盛の時代になり、国別ランキングが各国の教育政策を影響するまでになっている。

こうした中で、一方では、国連、ＯＥＣＤ等の国際的な組織による国際的な枠組み、例えばＳＤＧｓが提示されたり、グローバル・コンピテンシー等の国際的枠組みが発信され、各国で参照されてゆくという流れがある。同時に、国際的な学力テストでランキングが高かったり、何かの領域で優れていると思われていたり、国際的に影響力のある欧米先進国を中心とした「大国」の教育モデルが参照されてきたのである。

ここで筆者は、自発的に国別の教育モデルが異なる国・地域に適用される際に、トランスファーの目的によって、少なくとも、①援助・国際協力（開発途上国の支援・国際協力）、②ビジネス・モデル（商品としての教育サービスの提供）、③外交（冷戦中や貿易対象国等の外交的動機による支援、旧宗主国による旧植民地での影響力の保持）、④ネットワーク・国際交流・親善（主として草の根的な小規模での学習）があると考えている。それぞれに実行主体によって、政府や公的機関が推進するナショナル・パブリック主導と、民間の組織や市民団体等のプライベート・シビック主導とを区別ができようが、それらは交差する。政府主導的な取り組みで非政府組織等が連携するような例である。教育トランスファーと似たような使い方をされてきた語として、教育借用（borrowing、その反対が lending）があるが、こちらはより意図的なニュアンスがあるため、ここでは、トランスファーを用いる。

国別ブランドと教育トランスファーのビジネス化

さて、ここであえて、教育トランスファーの中でも異論が多い、ビジネス・モデル型に焦点を当てる。それは、ビジネス・モデル型が、教育トランスファーに関して、今日的な話題、特に、政府・ナショナルな役割の変化や、グローバル教育産業の台頭等、グローバルな教育トランスファー競争時代を象徴する動きに関係しているからである。

教育自体における企業等の「民」の役割の増大は何も今に始まったことではない。従来は公的領域であった教育の諸領域で、民間部門がその存在を増してゆく過程としての教育の私事化（privatization）は、以前から指摘されてきた（Verger, Fontdevila, & Zancajo, 2016, p.7）。レトリックとしても市場へのアナロジーは多くの国で教育を語る時に行われるようになっている（恒吉 2000, 2019）。

前述のように、国際的に高等教育の強いアメリカ、イギリスを中心とした英語圏においては、「英語」という言語がグローバル時代の「商品」として価値があり、高等教育の品質に対する国際的評価も高く、多くの留学生を引きつけ、大学関係の教育ビジネスが以前から展開されてきた。今日、このような傾向は加速化している。実際、中国とアメリカ・欧米諸国との摩擦が起きる中、二〇二〇年の新型コロナウイルスのパンデミックによって海外渡航が制限されたが、留学生が多い英語圏の大学では、留学生、特に割合が多い中学人留学生が減少することと、大学の収益が減少することは、セットで語られていた（Halterbeck et al. 2020）。

一方、英米が強い大学レベル（非英語圏やアジアの国の上昇が見られるものの）ではなく、日本を含む東アジア、シンガポールが優位な高等学校以下の学校教育モデルにおいても類似した教育の私事化が見られる。そして、その流れは、教育トランスファーの領域でも起きている。国際学力テスト等によって正当性を得た国別ブランド（例えば、シンガポール・ブランド）がプライベートだけでなく、ナショナル・パブリックな領域にビジネス、市場の論理に則って展開されているのである。

こうした国ブランドのビジネス・モデルを積極的に用いている国の例としてシンガポールを挙げることができよう。国別のランキングで上位国の常連であるシンガポールでは、シンガポールの教育ブランドを用いた「シンガポール算数・数学」（Singapore Math）や、複数の国際的に有効だとされる実践を組み合わせてそこに国別ブランドが付与され、英語力を生かし、国際的に「シンガポールの教育ノウハウの輸出」を行う教育コンサルティングを展開している。

シンガポール国立教育学院（National Institute of Education, NIE）でも、そのビジネス組織として、NIEインターナショナルが二〇〇九年四月に設立され、その使命は、「国立教育学院のビジネス・コンサルシー部門として」、つまり、民間部門として、（営利サービスとして）「教師教育やリーダーシップ養成を世界の他の国々と共有する」となっている。NIEの長年の「専門性や知識」を活用し、研修は「あなたのニーズ」に合わせてカストマイズされたサービスを提供すると謳われている（https://www.nie.nie.edu.sg/about-us, 2022.10）。そのクライアントには、アラブ諸国、ベトナム、フィリピン等の東南アジア諸国、中国、インド、カナダ、ドイツ等の機関が含まれている。つまり、ナショナルな機関がビジネスとしての民営の教育サービスに関係しているのである。

二〇〇四年に設立されたシンガポール教員組合の共同組合（co-operative）、エデュケア（Educare）も、教育コンサルタンシーを含めたサービスを行っている。その提携先としては、通産省、外務省によって二〇〇六年に設立された対外的にシンガポールのノウハウを海外に輸出する等をする、シンガポール・コーペレーション・エンタープライズ（Singapore Cooperation Enterprise, 以下SCE）が記載されている。SCEは各省庁と連携し、「外国とのパブリック・セクター・のコラボレーション・プロジェクト」を推進し、その結果が「シンガポールの民間セクターにもスピンオフ（spin-off）される」ようにするとしている（http://sce.org.sg/about-us.aspx）。SCEの連携先として、公的セクターの例として記載されているのが前述のＮＩＥや政府省庁であり、民間セクターの例として記載されているのがエデュケアである。そのクライアントはやはり、ロシア、中東諸国、中国、東南アジア等の各国である（https://eic.educare.sg/#services, 2023.4）。さらに、政府が「民」を後押しし、シンガポールが「グローバル貿易やスタートアップのハブ」化するのを目指すエンタープライズ・シンガポール（シンガポール企業庁）が二〇一八年に国際エンタープライズ・シンガポール（国際企業庁、ＩＥシンガポール）と規格生産性イノベーション庁（Standards, Productivity and Innovation Board, SPRING）が統合されることによってできた（https://www.enterprisesg.gov.sg/）。

あるいは、二〇〇〇年ＰＩＳＡ第一回で、珍しく西洋先進国として全領域で最上位層に食い込んだフィンランドは、前述のように二〇一〇年に教育輸出戦略を謳い、フィンランド国立教育機関（Finnish National Agency for Education）のもとで「教育フィンランド」のプログラム（https://www.educationfinland.fi/）が推進される等、政府主導で教育輸出を推進した。

だが、西洋先進国フィンランドは、シンガポールに比べると、ビジネス・モデル型としてはわかりにくい。それは、一つには、もともと、その是非は別として、今日、ビジネス・モデルの教育トランスファーで国別ブランドの正当性を担保するものとして、国際的なランキングが多用されている背景があろう。この観点から見ると、国際的な教育ランキングで国際的に注目されてきたのはＰＩＳＡによるフィンランドの中等教育であって、高等教育ではない。

表４－１　PISA2018（平均点）

	中国*	シンガポール	日本	フィンランド
数学	1	2	6(1)	16
科学	1	2	5(2)	6(3)
読解	1	2	15	7(3)
総合	1	2	6	10

（注）*中国（北京、上海、江蘇省、浙江省）とマカオ、香港を個別に数えている

出典：OECD (2019). PISA 2018: Insights and interpretations, pp. 6-8（　）内はOECD内。

フィンランドは、二〇〇〇年以後も、ＰＩＳＡの結果は依然比較的よいが（表４‐１）、世界大学ランキング二〇二〇（Times Higher Education World University Rankings 2020, https://www.timeshighereducation.com/）では、英米の大学が上位を独占する中、英米以外では、スイス（ETH Zurich）が一三位タイ、カナダ、中国（清華大学二三位、北京大学二四位等）、シンガポール（シンガポール国立大学、二五位）、ドイツ、オーストラリア、香港、日本（東大、三六位、京大、六五位）、スウェーデン、ベルギー、フランス、オランダ、韓国、オーストリアと、ヨーロッパ諸国や、ＰＩＳＡの上位国である東アジア・シンガポールが登場した後、九六位タイにフィンランドで初めての大学としてヘルシンキ大学が入っている。つまり、通常の教育トランスファーのビジネス・モデルの重要な指標となってきた国際ランキングでは、フィンランドは高校以下の教育では高いが、大学ではそうではない。にもかかわらず、欧米型の高等教育の「教育輸出」が当初から意識されている（Ministry of Education and Culture, Finland

2010)。

一方、フィンランドで高校以下の学校教育での「教育輸出」の試みもあるが、ここではフィンランド・ブランドをストレートに国際学力ランキングで根拠づける手法も見られる。例えば、ユヴァスキュラ大学等をバックにしてできたフィンランド・モデルを「教育輸出」する組織（EduCluster フィンランド）は、フィンランドの教育の国際的評価は高いとして、国際学力ランキングでの成果とウェルビーイングの両立を謳っている。例えば、「二〇〇〇年の最初のPISAテスト以来、フィンランドは読解と科学での上位の位置を保ってきた」。そして、そのノウハウ世界中の文脈に合うように提供している（https://educlusterfinland.fi/our-story/, 2022.10）。

日本でも、政府が率いる「EDU-Port ニッポン」が類似した試みとして挙げられよう。それは、官民協働で取り組む『日本型教育の海外展開事業』として海外展開を支援している（https://www.eduport.mext.go.jp/）。

こうした流れの背景には、教育分野で言うと、各国の経済等のグローバル競争が激化し、従来は国家的な事業であった教育も、国を越えた規模で捉えられ、OECDのPISAのように国際的な学力ランキングがグローバル競争の中で国別ブランドに正当性を与え、そもそも教育の私事化が各国で進む中、各国の（教育）政策関係者が「成功」している国から学ぼう（少なくとも、それによって自分達の改革に正当性を与えよう）というニーズが高まっていること等が挙げられよう。それは「民」の領域においては、以下に述べる現象とも関係していると言えよう。

グローバル教育産業の台頭

教育を「商品」化するビジネス・モデルは、自ずから営利企業のビジネスの論理と相性がよい。グローバルな次元で企業等が教育関連サービスを様々な形で提供し、展開しているような状況、「グローバル教育産業（global education industry）の台頭」は我々のグローバル競争時代に顕著に見られる事象であることが指摘されている（Verger, Lubieski, G. Steiner-Khamsi 2016）。こうしたグローバル教育産業での営利目的の組織による教育サービスの中身の一つに、前節でも登場した、国別ブランドを用いたビジネス・モデル型の教育トランスファーが入ってくる。例えば、前述したシンガポール数学・算数を販売する出版社（Marshall Cavendish Education）によると、彼らは「シンガポール教育省と緊密に協力し、小国（シンガポール）がグローバルに記録的な水準での数学の成果を挙げることを後押ししてきたワールド・クラスな教育商品の開発をしてきた」という（www.mceducation.us, 2020.12.8）。

グローバル教育産業が台頭する中で、政府の領域、ナショナル・パブリックの領域に、グローバル教育産業が進出し、民間テスト、前述のような教育実践のキット、教材等、多様な教育関連サービスを提供している。教育トランスファーでは、特定の国の教育そのものが「商品」となる。だが、公共の利益に貢献するものとしての教育と、教育を商品と見なしたビジネス論理との間には、矛盾がある。対象が義務教育である場合には特にそうである。買える国（人々）に「商品」を提供するという市場の論理は、国内において、社会的格差の縮小、教育の機会均等、全ての子どもへの質の高い教育の提供等の民主主義社会が公教育に求めてきた役割とは異なる。

日本でも、「すべて国民は、法律の定めるところにより、その能力に応じて、ひとしく教育を受ける権利を有する」（憲法第二六条）とされ、義務教育は無償である。二〇二〇年に新型コロナウイルスが流行して学校が臨時休校になった時、多くの公立小学校ではインターネットへのアクセスの格差がある中で、オンラインによって格差を広げることを恐れた。家庭背景、男女等の違いなく、質の高い教育を、平等に全ての子どもに与えるというのは、公教育の使命とも関わる。海外に対しては、教育輸出戦略を政府が進めるフィンランドでも、同じ政府が国内における「フィンランド・モデル」の教育は、無償で全ての子どもに提供している。

グローバル教育産業の台頭を受け、それらが教育テクノロジーの利用等の領域で果たしうる役割に注目し、ＯＥＣＤ、欧州委員会とフィンランド（ヘルシンキでの開催）が各国教育大臣とグローバル教育産業関係者を招いて、「教育とイノベーション戦略」について話し合う最初の「グローバル教育産業サミット」を二〇一五年に開催している（www.oecd.org/education-industry-summit/）。グローバル教育産業が従来のナショナル・パブリックの領域に進出し、海外の政府と連携したり、教育のあり方についての独自のヴィジョンを持って製品を開発する…こうした状況の中では教育トランスファーの主体も論理も一層多様な形で連携したり、競合している（Steiner-Khamsi 2018）。同時にそれは、教育側からは、ビジネスや政治ではなく、いかに「教育」の視点から教育サービスの提供が行われるようにできるかという問題でもある。

目的の交差

前述の教育のビジネス・モデルは時代を象徴している教育トランスファーの論理として先に取り上げたが、実際の教育トランスファーでは複数の目的が交差する。本章の冒頭で、「ビジネス・モデル」以外にも、「援助・国際協力」「外交」「ネットワーク・国際交流・親善」を挙げたが、それらは絡み合いながら、主体が政府、公的機関であったり、民間企業であったり、非営利組織であったりもする。

日本の公教育での教育実践が国別の教育モデルとして他国で採用された代表的な例として、①日本の授業研究が軸となって国際化した「レッスン・スタディ」と、②特別活動を軸に教科以外の学びも含む「トッカツ」（Tokkatsu、特活）モデルがある。

Tokkatsuモデルに関しては、ナショナル・パブリック主導のものとしては、二〇一六年二月、エルシーシ・エジプト大統領が日本に公式訪問、日本の当時の総理（安部晋三）と首脳間共同声明の付属文書として「エジプト日本教育パートナーシップ」（ＥＪＥＰ）を発表し、そこに「教育・人材育成」が掲げられ、その中にエジプトでの「日本式教育」、特別活動（特活）の導入が含まれていた（円借款貸与）ことを挙げられよう。エジプトでは人口増加による過密な学級、試験のための詰め込み教育、教育の質の問題等が課題とされる中、協調的で教科以外の活動としての特別活動（他）を取り入れた日本の全人的な枠組みが魅力的だったという（エジプト大使館文化・教育・科学局、https://egyptcesbtokyo.wordpress.com/2018/10/10/「エジプト・日本学校」について/）。支援・国際協力モデルにおいては、支援と国別モデルの提供が結びついている。

その後、初等教育段階での「エジプト・日本学校」が二〇一八年度は三五校、以後増やされつつある。ここでも、政府による支援・国際協力型、外交モデル型等、官民連携で民によるビジネス・モデル型の支援、シビックな支援等、複数の目的モデルが関係し、その境界線は必ずしも明確ではない。

日本発の教育モデルとしてトッカツ・モデルに先行したレッスン・スタディの海外での展開を見ても、開発途上国で支援・国際協力型の枠組みでＪＩＣＡの支援が軸になるパターンや、アメリカのように教師のネットワークを通して草の根的に広がっていったり、国際的には研究者等の国際組織化（世界授業研究学会　World Association of Lesson Studies, WALS）が進むプライベート・シビックなネットワーク・国際交流・親善型等が併存している。教育の中央集権化や政府の役割等によって違いが見られるものの、推進主体が政府（ナショナル）や企業（民）、教師・研究者等（シビック）と変わりながら、複数のトランスファーをめぐる目的が交差している。トランスファーされる側の社会的文脈によっても、提供する側によっても、モデルのどのような面が強調され、受け入れ国で展開してゆくのかも影響されるのである。

けさせる。

2　教育トランスファーから考える

ニッチのトランスファー

教育借用やトランスファーの研究は、文脈の大切さだけでなく、それをめぐる力関係にも目を向けさせる。

教育の借用、国別の教育のトランスファーは、通常、水平的に起きているわけではない。植民地支配による支配する側から支配される側へのモデルの強要は象徴的な例であり、植民地解放後もモデル提供国は、従来は圧倒的に西洋先進国であった。

もっとも、ここで一口に「西洋」と言うと語弊がある。モデル提供国の中にも格差があり、大学レベルのビジネス・モデルの例にとると、英米＋英語圏の国々のモデルが主流であり、フィンランド・モデルがその中では、ＰＩＳＡでの成功もあり、非英語圏の小規模な国としては珍しく海外発信されるモデルとなっていったことを見た。

さらに考えると、例えば、今日、事実上のアメリカ・モデルはあまりにも多く、「脱領土化」され、単に「国際スタンダード」(international standard) として使われているものも少なくない。

逆に、アメリカが国際ランキングでも上位を占める大学レベルでは、まさに「アメリカ」の国別モデルが使われることもある。例えば、アメリカを中心とした海外の大学の分校が誘致されている中東のカタールでは、一九九五年ハマド・ビン・ハリーファ・アール＝サーニー（Hamad bin Khalifa Al Thani）が設立、ハマド前首長妃を総裁にした、政府が出資する非営利団体、カタール財団がアメリカの大学を誘致した。学生達は「中東の環境で西洋の教育を受け、その大学のメイン・キャンパスと同じ学位を取得する」（https://www.qf.org.qa/education/education-city, 2022.1 参照）とされ、国際ランキングを示しながらのアメリカの大学の優秀さを力説する等、アメリカの国別ブランドで学生に訴えかけている。そもそも、海外におけるアメリカの大学の方が、国別ブランドを直接用いて人材を集めているわけであり、「ブランドを守る」動機づけが皮肉にもアメリカ国内においてよりも高いかもしれないことが指摘されている（Noori & Anderson 2013, p.164）。

高等学校以下の教育段階では、アメリカの国際学力テスト（PISA）は高くなく、ＰＩＳＡ２０１８でも大体ＯＥＣＤ平均に近い（数学はＯＥＣＤ平均以下）。つまり、この教育レベルでは通常は他国に対する「ブランド」にはならない。それでもアメリカ・ブランドは大国として、民主主義的な社会のイメージ等によって、国別ブランドの正当化が行われてきた。日本に関しても、大学教育におけるトランスファーの場合、国際ランキングに代わって、日本社会の技術力、規律、勤勉さ、経済発展等が「ブランド」として用いられている。それはまた、対象となる国のニーズが何であり、日本のモデルに何を見出そうとしているかにもよる。そこに支援・国際協力モデルの場合は支援を受けられることもまた採用の動機づけとなる。

筆者は、レッスン・スタディとトッカツという日本発の教育モデルに関して、以下に述べる四つの条件（IAAA）がそろっていることが対外的に見た日本モデルの「魅力」と関連していると以前、講演で指摘したことがある。つまり、世界的潮流・諸外国で求められるもの（例：ボトムアップな教師教育、全人的な教育）でありながら（I）、世界の主流モデルである西洋モデルが対応できていない、「日本型」がより強い（歴史が長い等）モデルである（A）、よって、既存の（西洋大国の）モデルの代替モデル（A）として認識されうるもので、海外に情報が英語や現地の言語で発信されたもの（A）である、という特徴である。

International Need（国際的にニーズがある）
Advantage（日本の優位性に対する認識がある、得意分野）
Alternative（西洋モデルでない選択肢、既存モデルの代替モデルとしての可能性）
Accessibility（外国語、特に英語で情報入手可能）

レッスン・スタディを例にしてみる。八〇年代、アメリカで自国の教育の質が問題になり、日本は国際学力テストが注目され、日本の〝成功〟の背後にレッスン・スタディがあると英語で論者が主張するようになった（Stevenson & Stigler 1992）。それは、民主的なボトムアップな教師の授業改善として、アメリカ等の専門家が優位なモデルと対比されて英語で発信された。開発途上国ではＪＩＣＡが支援をした。

Tokkatsuモデルにおいても、ここでは詳しく語らないが、既に二〇一三年には筆者等が、教科と教科外の活動をカリキュラムの中で統合しようとする日本の教育の全人的（ホーリスティック）な枠組みについて、英語でTokkatsu（日本の特別活動の省略特活からくる）を発信していた。しかし、長らく、非認知的な領域、社会性や情動的な学習（social and emotional learning）を学校で（家庭や地域でなく）扱うことについては西洋諸国をはじめとして国際的関心が低かった。それが今日、海外でも、認知的な能力だけでなく、非認知的な能力の必要性、社会性や情動の学習（social and emotional learning）が重要だという認識が高まり、ＯＥＣＤや国連等の国際機関によっても、洋の東西を問わず、各国政府によっても、教科以外の活動の重要性に目が行き始めている。こうした中で、アメリカでさえも非認知的な領域での学習の必要性が唱えられるようになっているが、それを宗教に関係ない形で学校での実践として行う歴史は浅く、カリキュラムに位置づけられているわけではない。日本は、体系的に教科以外の学びの活動が、一日の中に散りばめられ、一年をサイクルとして蓄積され、特別活動のように実践のノウハウが教師の間で積み上げられてきた。つまり、「Tokkatsu」は、既存の（西洋諸大国発）国際モデルに対しての日本の得意分野の一つである。そして、こうした国際的な転換期の中で、ここでもまた、開発途上国ではＪＩＣＡの支援が推進力となっている。

いずれのモデルおいても国際的には優位なアメリカ＋西洋先進国のモデルが「国際スタンダード」となっている中で、日本の教育モデルはニッチを埋めるような形になっている。

それでも西洋モデルへの国際的誘因力は強く、例えば、二〇一五年にＰＩＳＡで行われた「協同的問題解決」のテストにおいても、第一位はシンガポール、第二位は日本、となっているが、国際的に協同性の教育モデルとして独立して通用しているのは協同的学習（Johnson & Johnson 1999; Kagan & Kagan 2009; Slavin 1995）等、西洋発の諸モデルである。もともと、協同的に学ぶということに注目するのであれば、アジア諸国等の方がそれを全人的に求めてきた。「協同的」なアジアに、西洋式の「協同的学習」（cooperative learning）が文脈を考慮せずにトランスファーされた時の矛盾を、ポストコロニアリズム（ポスト植民地主義）の観点から議論する研究が出てくるのはこうした背景があるからであろう（Nguyen, Elliott, Terlouw & Pilot 2009）。

日本への示唆

従来の国際社会における教育トランスファーは、こうして、欧米先進国からそれ以外の国々（特に旧植民地）に流れ、少数のモデル提供国のモデルを世界の大半の国々が消費する構造になっていたと言えよう。モデル提供国でない大半の国では、モデルの消費国として、自国のモデルをなかなか創り出せないか、創り出しても他国がそれを採用する動機づけがなかった。教育ビジネスを海外に対して展開することはそもそも顧客不在で難しい。「国際協力・支援型」で自国モデルを支援することも、資金面等で支援できないと難しい。同時に、南南協力等、国際社会におけるモデル（教育とは限らず）提供の多元化につながりうる動きも見られる。

そうした中、日本をはじめとする東アジアからの国別教育モデルが国際化することは、従来の教育トランスファーの西洋中心のヘゲモニーを崩してゆく契機の一つにはなるのか。日本のモデルは、東アジアの経済的に進んだ国のものであっても、他のアジア諸国等に、少なくとも現在の西洋発のものよりは近い面がある。もっとも、ある意味、西洋諸国の教育モデル供給者としてのヘゲモニーを崩す明確かつシンプルな指標として、ＯＥＣＤ等の国際学力テストのランキングが東アジア・シンガポールの教育に「正当性」を与えているように見えるのは、皮肉である。

同時に、モデル消費国は何も一つの国モデルだけを参照しているのではないことにも注目する必要があろう。例えば、探究的な活動のモデルを求めてアメリカの教育を見て、算数・数学はシンガポール・モデルで、算数・数学の授業改善には日本のレッスン・スタディを用いて…いずれも自国の既存の教育と融合して、というような複合的・選択的な採用が行われるのである（第九章）。例えば、前述のシンガポールの教育コンサルタンシーを行うＮＩＥインターナショナルでも、「クライアント」として、中東、中国、アジア諸国等、日本の学校に視察に来るのと同じような国々・地域が名を連ねている。

いずれにせよ、国際社会における教育モデルの多元化の視点から、非英語圏、アジアからの国際発信は一定の役割もあろう。非英語圏で先進国でなくとも、モデル発信できるように日本が非西欧非英語圏の国々と協力する等である（Sinplicio 2011）。

だが、ここでは「日本への示唆」を得るため、あえて国際モデル化を妨げる日本の教育モデルの課題、つまり普遍性に注目したい。

具体例を考えてみよう。モデル提供の最強国で高度な多民族・移民社会としてのアメリカの例がわかりやすいので便宜的に例として出す。アメリカの教育の諸モデルは、自国内の使用を主として想定している場合でも、想定している対象の多様性やもともと国際モデルとして採用されてきた経緯等により、しばしば包摂的な枠組みに特徴づけられている。つまり、アフリカ系アメリカ人、ヒスパニック、先住アメリカ人や白人やアジア系アメリカ人、宗教も多様であり、最近の移民もいるかもしれない等、多様な人々がもともと発信対象として想定されている。さらに、英語は世界中で読まれ、国際的な読者も読め、頻繁に国際的に採用されている。アメリカの教育モデルが、例えば、前に東アジア等の全人的枠組みの議論で見たような、特定の国民国家の「国民」としての国益追求や、国民的アイデンティティ形成を主要目的に組み込んだならば、「アメリカ人」でない全ての国民にとって、接点のないモデルになってしまう。

さらには、情報の提示の仕方もある。アメリカの教育モデルに関連するホームページを見ても、一定のフォーマットに則っている場合も多く、特定の階層や国で育つことによって獲得する暗黙知を共有しない人にわかりやすいことが特徴である。ミッションが示され、なぜそのモデルが重要なのか、何を達成しようとしているのかが曖昧でない。キー概念は定義され、モデルの内容が体系的に図や動画、適用事例も使って例示され、関連のエビデンスが示されている。母語が国際語である英語であり、国際社会の力関係の中で、国際機関等が提供するモデルと重なりが多い。さらに、想定される対象が前述のように多様であるため、包摂化への志向が強いように見える。

例えば、前述の東アジア・シンガポールで重視していた、狭義の勉強でなく、それ以外の資質を も重視する全面的、全人的枠組みに対応しているモデルの中で、国際的に知られているのが社会情動的な学習（social and emotional learning, 以下ＳＥＬ）であろう。現在はシカゴにある、一九九四年に就学前から高等学校までの教育に向けて設立された組織（The Collaborative for Academic, Social and Emotional Learning, 以下ＣＡＳＥＬ）が推進組織として知られているが、ＣＡＳＥＬは、「高品質、エビデンスに基づく社会性と情動的学習」の情報提供を謳って社会性と情動的学習の啓蒙をし、国内、国際的にその地位を高めてきた。このＣＡＳＥＬのホームページからは、「エビデンスに基づく社会性と情動的な学習を就学前から高校までの教育の欠かせないものとすること」、「全人的な子ども（the whole child）」（https://casel.org/about-2/）がミッションとして掲げられている。ホームページからは、様々なリソース、サービス、関連研究、適用事例等にアクセスできる。各種の定義、歴史やスタッフの実績、社会性と情動的学習の諸要素や関連する領域（教室、学校等）のコンセプト等、異なる背景の人々が理解できるわかりやすさがある。それは結果的に、シカゴから他の地域、アメリカから他の国にトランスファーしやすいことも意味している。

ＳＥＬは、以下のように普遍的な言葉で定義されている。

教育と人間発達の不可欠な要素である。ＳＥＬは全ての若者と成人が健全なアイデンティティの形成、感情の制御、個人・集団の目標を達成、他者への思いやりを感じ表し、支え合う対人関係を確立し維持する、そして、責任ある、思いやりのある（caring）判断をするための知識、スキルや態度を獲得、応用するプロセスである……（後略）。（傍線は筆者）

(https://casel.org/fundamentals-of-sel/, 2022.10)

前に、東アジア・シンガポールでは、教科と価値教育を共に教育の目標として、全人的枠組みのもとで統合していることを見た。そこには、グローバルに活躍できるための各種スキルや能力と、自国民としてのアイデンティティをセットにした、グローバル・ナショナリズムとも呼べるイデオロギーを全人的な教育の枠組みの基盤に据えていた。

一方、日本では、Tokkatsu は道徳とは別に存在し、愛国心や「日本人」としてのアイデンティティというような国家固有の価値はむしろ道徳に出てくる。〔伝統と文化の尊重、国や郷土を愛する態度〕では、愛国心に関わる記述が入り、〔国際理解、国際親善〕でも、例えば、第五学年及び第六学年では、「他国の人々や文化について理解し、日本人としての自覚をもって国際親善に努めること」と日本人としてのアイデンティティが言及されている（特別の教科　道徳、二〇一五年三月告示一部改正学習指導要領、小学校）。「グローバル人材」の定義でも、「日本人としてのアイデンティティ」はしばしば言及されている（グローバル人材育成推進会議 2011）。

子どもたちが特定の資質・能力が誰に必要だと考えるのか――特定の国民に必要なのか、それとも特定の国民や宗教等に限定されないものなのかは、それらの資質・能力の必要性の根拠となる社会ヴィジョンが誰を想定しているのか、誰を含んでいるのかにも関わってくる。

トランスファーされる日本の教育からの示唆

日本の教育の何が国際的に注目されるのかはこうして、国際的に見た日本の教育の特徴、しかもそれが国際的（少なくとも特定の国々）に必要とされ、日本が相対的に有利な条件のある分野に関係している。そして、前節の流れから言うと、対象が「日本人」に限定されないものである。レッスン・スタディは子どもの見取り方や授業改善の組織編制、協働して指導案を作り……というようなステップ、メソッドとしての色彩が強く、特定の宗教観や国家イデオロギーと結びついていない。問題となる子どもを見取る価値観も、同僚性の推進も、教師のボトムアップ的で子ども主体で民主的な価値に則っている。

Tokkatsu は人格形成・態度形成の側面がより強く、集団を用いるために集団性が強く出た時には個人主義的な社会からは反発を受ける。だが、Tokkatsu は非認知的な領域を組織化した活動としては実に多様であり、モデル受入側の文脈によって、ある物は取り入れるが、他のものは受け入れないような選択的実践が、容易にできてしまう。例えば、運動会で一列に並んでいる姿は軍隊を思い出させるので拒否し、協働して掃除や給食当番をする、あるいは、学級会での話し合い等、選択的に参考にすることが可能になってくる。Tokkatsu の実践自体はある意味、「なすことによって学ぶ」メソッドとしての性格を持ち、特定の徳目やナショナルアイデンティティ、教義に結びついた宗教・国・価値体系（道徳）に固有なものではなく、掲げられている価値もその多くは国際的に推進されているものであり、学校の状況に合わせられる自由度が与えられている。日本の小学校を例にすると、同じ教科以外の活動でも、特別活動の他に総合的な学習の時間もあり、宗教・国に固有な道徳的な価値は特別活動ではなく道徳で主として扱うことができ、ある意味、役割分担によって Tokkatsu はトランスファーを難しくする宗教やナショナリズムと結びつけられなくなっている。Tokkatsu がこうして「色」が少ないからこそ、前述のように、エジプトのようにイスラムに基づいた道徳感が強い社会へも、キリスト教国でも、トランスファーをしうるものとなっているのではないかと感じている。

だが、同時に、「色」が少ないことからくるリスクもある。例えば、子どもたちが一緒に掃除して教室をきれいにするだけなら、全体主義社会下でもできる。掃除しなかった時に厳しい罰を課せば、あるいは、きれいに掃除した時に目に見えるご褒美を与えれば、賞罰で動かすこともできる。個人やグループで競争させて順位づけすれば、早く掃除させることもできる。掃除する論理が民主的である必然性は、「掃除」という活動そのものにはないのである。

確かに日本の特別活動では、強制されたきれいな教室を求めているわけではなく、きれいな教室に至る子どもたちの理解のプロセスだとか、子どもたちの助け合いや集団的自律性を重んじる。子どもの主体性等は特別活動にかかわらず、日本の教育の今日の子ども観全てに共有されている。よって、こうした全人的な枠組みから、バランスよく知性のみならず、身体的にも価値としても成長し、仲間と協力して問題を解決して……のような子ども像は、総合であろうと、特別活動であろうと教科であろうと共有されているのである。この部分が、教師にとっては当たり前になり、日本の教師の暗黙知として存在している。だが、ある社会の「自明」は、違う社会的文脈に移った時には、自然と理解されるわけではない。

こうして、日本の教育で国際的に参照されているものを通して、日本では「自明」なものを改めてそれがなぜ大切かを説明し、意識することの大切さを、教育トランスファーを通して実感することができる。学びが民主的であることをいかに保障してゆくのか。「自明」の中で行っている実践が、いつの間にかその本来の姿とかけ離れていないか。特定の背景・属性の子どもを暗黙のうちに想定し、それが「自明」になっている中で、排除されているのは誰か。そうした視点は、どれも日本国内でも実践の改善に寄与するものである。

教育トランスファーの考察を通して見えてくる日本の実践への示唆は、内輪の暗黙知によって成り立っている理解から、民主的な実践として明示的に伝わるように、そして自らも自覚できるように、より包摂的、普遍的な視点から日本の教育を見直すきっかけとして、日本の教育の相対化、国際的文脈への位置づけを行うことであろう。

3　相互変容に向けて

社会的文脈によるハイブリッド化とエンパワーメント

さて、もともとある国・文脈から他の国・文脈への「教育や政策のトランスファー」「教育や政策の借用」(transfer, borrowing) は古くから比較教育学等の領域で研究され、「トランスファー」する時の文脈の大切さや事例を通したモデルの変容過程等が示されてきた (Phillips & Ochs 2003; Rappleye & Komatsu 2017; Bereday 1964)。さらに、ある文脈から他の文脈にうつすのが難しい等が盛んに研究では言われるものの、現実の教育トランスファーは、研究で何が言われようとも、昔からいくらでも行われてきた。

Tokkatsu モデルはその歴史が浅いということもあり、海外でアクセスできる英語での研究が出始めたところであり (Tsuneyoshi, Sugita, Kusanagi & Takahashi 2019)、研究もこれからである。それに対して、既に先行して諸外国で取り入れられ、国際化して行った日本のレッスン・スタディのモデルに関しては、国際学会 (World Association of Lesson Studies, WALS) が二〇〇六年に結成され、ジャーナル (*International Journal of Lesson and Learning Studies*) も開始され、様々な国に入っていった時に、何が障壁になり、変容を迫られるのかの研究がされている。また、前述のように、研究機関が教育コンサルタンシーの組織を設置する等を行ってきたシンガポールでは、シンガポールの教育や教育のトランスファー研究を行っている研究者が、トランスファーの実践にも関わるような例もある（Dengy & Gopinathan 2016）。

いずれにせよ、前述のように、教育や教育政策の国境を越えた「教育トランスファー」自体は別段新しいものでなく、それなくしては今日の近代学校制度も大学も存在しない。だが、肝心なことは、当初何かしらの国や地域のモデルが出発点であろうとも、それは「トランスファー」された社会・文化・歴史的な文脈によって作り変えられてきたという点である。

世界中にそのレガシーを残した西洋の大学モデルは、アルトバック（1989）によると「大学に関する西洋的観念はもしかすると海外へのインパクトと言う意味では最も成功した西洋観念かもしれない」（p. 12）と言う。だが同時に、宗教（例えばイスラム、仏教）等による現地での文脈によって、トランスファーされたものは現地化・変容し、ハイブリッド化が進む。

今日、アジア諸国でも、英米の牙城であった高等教育領域においても、様々な改革を通してどこまでもとの西洋モデルから変われば別モデルと言えるのかについて疑問が起きる程に独自性を高めている。高校以下の教育に関しては、ＯＥＣＤのＰＩＳＡに見られるように、学力上位層を東アジア＋シンガポールが占め、国際モデルとして通用しつつある。前述のアルトバック（1989）は一九八〇年代の終わりに「アジア的アカデミックモデルは出てきていない……自分達の隣国の経験から学ぼうとするアジアの国はほとんどなく、西洋のアイデアやモデルを求める」（p. 27）と述べていたが、アジア諸国が「自分達の隣国」から学ぼうとすると同時に、西洋がアジアから学ぼうとする例も出てきていることも見た。前述の支援・国際協力モデルに関連しては、かつての北から南へだけでなく、南の国の間の協力・支援が以前から注目されるようになっている（Simplicio 2011；JICA 2012)。

だが、国際的規模のモデルという観点からは、まだ少数の西洋の国であるモデル提供者、のモデルを大多数の国が消費している状況があることも確かであろう。それは国際的な力関係やそれと関係したリソースの差、植民地支配の遺産…を背景に、西洋モデルが国際スタンダードとなってきたこととも関係している。この状況はモデル消費者の発想をも狭める。

共通した全人的な枠組み

中国でもシンガポールでも、通常の教科領域を越えて全人的な枠組みからの人間形成教育が必要だとされていたことを見た。その意味で、海外で参照、トランスファーされつつある日本の国別教育モデル、Tokkatsu モデルを国際化してゆく過程で、アジア地域で共通モデル化するという可能性もある。

Tokkatsu は社会情動的な学習（以下、ＳＥＬ）に比べると毎日、学校生活の中で積み上げ、教科と切り離されることなく、カリキュラムに位置づいている、全国で異なる社会的条件のもとでの実践例が多い等、全人的な枠組みを推奨するにあたっての特定の長所を持っている。もともと Tokkatsu の領域、つまり、教科外での非認知的な学習領域は、アメリカ等が学校の領域と見なさずに国際モデルの「穴」になっている領域である。ＳＥＬが表舞台に登場したのも比較的最近である（例えば、代表的なＳＥＬ組織、前述のＣＡＳＥＬの創設は一九九四年である）。

そもそも、二一世紀型の教育は、その射程の広さが一つの特徴である。従来の狭義の学力のみならず、社会性や自己管理能力等が包括的に必要だとされ、全人的な枠組みからの教育が必要だと国際的にもされるようになっている。こうした意味では、日本をはじめ、東アジア・シンガポール等は早くから学力と人格形成を切り離さず、この意味ではむしろ国際的な潮流を先取りしている。

非認知的な能力を育成することが必要だという観念自体は、今では欧米諸国でも言われるようになっている。その象徴的な例として、各国に参照されるＯＥＣＤのＰＩＳＡのテストにおいて、非認知的な領域、社会性や情動的領域に踏み込むテスト（例：二〇一五年の協同的問題解決能力のテスト、二〇一八年のグローバル・コンピテンシーのテスト）が行われるようになったことなどが挙げられよう。

「ソフトな」人格形成面に関わる教育実践の意義は徐々に注目をされてきた。前述した協同学習（cooperative learning）、あるいは、暴力が社会問題化する中、子どもたちに葛藤解決（conflict resolution）のスキルを獲得させる指導。さらには、人格教育（character education）、市民性教育等。従来のハードなスキルや知能指数ＩＱ中心の考え方に対して、対人関係能力（例：EQ=emotional quotient の議論）、社会情動的学習（social and emotional learning）の推進等、感情・態度等のソフトなスキルが注目を浴びるようになっているのである。そして、他方では、感情の統制が難しくなっている現代社会の課題や、かつてに比べて対人関係が希薄化されてきたこと等も問題視されている(Putnam 1995, 2001)。

だが、今までの章でも、東アジア・シンガポール版の全人的な枠組みの課題を指摘してきた。それは、教科と人格形成・価値教育を全人的な枠組みのもとで統合し、全人的、全面的な教育の必要性の中に、自国の国益を推進するような人材像、国民国家に限定するような狭い射程での人間像を描くことであった。

東アジアからの全人的な枠組みの普遍化は、こうしたナショナリズム、特定国民に限定された人間像を乗り越え、民主的な共通観念のもとに再構築することから始まるのであろう。

外からの視点につなげて

この章の最後で扱った、ある国・国際機関の教育モデルを他に移す、その中での日本の教育の経験から生まれた教育モデルがどのように位置づいてゆくのか、そしてその意味は何かを違う角度から、実践との関係で第九章で再び取り上げる。

それまで、第Ⅱ部では、第Ⅰ部で見た、政策とモデル授業の国際比較の、今度は児童生徒の認知のレベルでの議論にうつるとしよう。

序章・第Ⅰ部　注・参考文献

序章　注

（1）本研究は、東京大学大学院教育学研究科、基礎学力研究開発センター、21世紀COEプロジェクトの一環として行われた。当時の所属で記載しているが、恒吉僚子（東京大学）、秋田喜代美（東京大学）、藤村宣之（名古屋大学）、Catherine Lewis（ミルズ・カレッジ）、Barbara Finkelstein（メリーランド州立大学）、Christopher Bjork（ヴァッサー・カレッジ）、鄭太年（華東師範大学、中国）、Christine Kim-Eng Lee（National Institute of Education（NIE）/Nanyang Technological University（NTU））、Edmund LimWee Kiat（Huamin小学校校長、シンガポール）が行い、以下のメンバーの協力を得た。Koay Phong Lee（NIE/NTU Singapore）、Chen Ai Yen（NIE/NTU, Singapore）村瀬公胤（信州大学、のち一般社団法人麻布教育研究所）、代玉（博士課程、東京大学、のち天津大学、教員）、森いづみ（博士課程、東京大学、のち東京大学特任教員）、河野麻沙美（博士課程、東京大学、のち上越教育大学）。当初、平成一四年採択二一世紀COEプログラムの総括は金子元久と佐藤学、国際連携部門は恒吉が担当していた。

序章　参考文献

Cerna, L.（2020）. Coronavirus school closures: What do they mean for student equity and inclusion? *OECD Education and Skills Today*. April 16, https://oecdedutoday.com/coronavirus-school-closures-student-equity-inclusion/.

Retrieved, May 13, 2020.

Griffin, P., McGaw B. & Care E.,(Eds.) (2011). *Assessment and reaching of 21st century skills*. London and New York: Springer.

基礎学力研究開発センター（2007）『日本、アメリカ、中国、シンガポールにおける教育観の国際比較研究――ビデオ・インタビューによる考察』(An international comparison of views of education in Japan, the United States, China and Singapore: A video interview analysis)、21世紀ＣＯＥプログラム、東京大学教育学研究科、基礎学力研究開発センター発行。

Liu, J. (2016). Student achievement and PISA rankings: Policy effects or cultural explanations? In W.C. Smith (Ed.) *The global testing culture: Shaping education policy, perceptions, and practice* (pp. 85-99). Oxford: Symposium Books.

Ministry of Education and Culture, Finland (2010). *Finnish education export strategy: Summary of the strategic lines and measure*s. Based on the Decision-in-Principle by the Government of Finland on April 24, 2010. https://julkaisut.valtioneuvosto.fi/bitstream/handle/10024/75524/okm12.pdf. Retrieved, Oct. 20, 2020.

National Commission on Excellence in Education (1983). *A nation at risk: The imperative for educational reform*. A report to the nation and the secretary of education, United States Department of Education, April.

Takayama, K. (2012). Exploring the interweaving of contrary currents: Transnational policy enactment and path-dependent policy implementation in Australia and Japan. *Comparative Education* 48 (4), 505-523.

Timberg, C., Harwell, D., Shaban, Hamza, Ba Tran, A. & Fung, B. (2019). The New Zealand shooting shows YouTube and Facebook spread hate and violent images-yet again, *The Washington Post*, March 15th, https://www.washingtonpost.com/technology/2019/03/15/facebook-youtube-twitter-amplfied-video-christchurch-mosque-shooting/?utm_term=.a823774fec2f. Retrieved, April 2023.

第Ⅰ部　注

（1）序章の（1）を参照。

（2）Speech by Prime Minister Goh Chok Tong at the opening of the 7th International Conference on Thinking, June 2nd, 1997 http://ncee.org/wp-content/uploads/2017/01/Sgp-non-AV-2-PM-Goh-1997-Shaping-Our-Future-Thinking-Schools-Learning-Nation-speech.pdf.（二〇二三年六月二十日入手）

（3）Speech by Prime Minister Lee Hsien Loong National Day Rally, 2004 http://ncee.org/wp-content/uploads/2017/01/Sgp-non-AV-3-PM-Lee-2004-Our-Future-of-Opportunity-and-Promise-Teach-Less-Learn-More.pdf.（二〇二〇年一〇月三日入手）

（4）Opening address by Mr. Heng Swee Keat, Minister for Education, at the Ministry of Education（MOE）Work Plan Seminar on Tuesday, 22 September 2011, 10 A.M. at Ngee Ann Polytechnic Convention Centre. https://www.nas.gov.sg/archivesonline/data/pdfdoc/20110929001/wps_opening_address_%28media%29%28checked%29.pdf. Retrieved, June 2023.

（5）注（1）に同じ。

（6）Heinemann 社のホームページ。「活躍する若き数学者のシリーズ」C.T. Fosnot とM. Dolk の当初の二人が当初開発、のち、他のメンバーを加えて展開させた。https://www.heinemann.com/

series/52.aspx。センターのＵＲＬはhttps://www.ccny.cuny.edu/education/mathematics_in_the_city. Retrieved, Nov. 2020.

（7） Coronavirus: China delays college entrance exam, *The Strait Times*, April 1, 2020, Singapore.

第I部　参考文献

Alexander, R. (2000). *Culture pedagogy: International comparisons in primary education*. Malden, Mass.: Blackwell.

American Sociological Association (ASA). (2003). *Careers in clinical sociology*. Washington DC: American Sociological Association.

Apple, M. (2011). Democratic education in neoliberal and neoconservative times. *International Studies in Sociology of Education*, 21 (1), March, 21—31.

Apple, M. & Beane,J.A. (Eds.) (1995). *Democratic schools*. Alexandria, VA: Association for Supervision and Curriculum Development.

アルトバック・Ｐ (1989).『アジアの高等教育改革』玉川大学出版部。

Baker, D. P., Akiba, M., LeTendre, G.K., & Wiseman, A. W., (2001). Worldwide shadow education: Outside-school learning, institutional quality of schooling, and cross-national mathematics achievement. *Educational Evaluation and Policy Analysis* 23 (1) Spring, 1-17.

Berends, M., Bodilly, S.J., & Kirby, S.N. (2002). *Facing the challenges of whole-school reform: New American schools after a decade*. Santa Monica, CA: RAND.

Beredy, G.Z.F. (1964).Sir Michael Sadler's "study of foreign systems of education." *Comparative Education Review* 7 (3, Fe.), pp. 307-314.

Berliner, D. C. (2006) Our impoverished view of educational reform. *Teachers College Record*, 108 (6), 945-995, http://www.forschungsnetzwerk.at/downloadpub/berliner_2006_of20education202006.pdf. Retrieved, Aug. 2014.

Bray, M. (1999). *The shadow education system: Private tutoring and its implication for planners*. Published in the series, Fundamentals of Educational Planning 61. Paris: UNESCO.

Bourdieu, P. (1977).Cultural reproduction and social reproduction. In J.Karabel & A.H. Halsey (Eds.), *Power and ideology in education*. (pp. 487--511). New York and Oxford: Oxford University Press.

Bourdieu, P. & Jean-Claude Passeron. 1990 (1970), *Reproduction in education, society and culture*. (Translated from French). London: Sage.

Cheong, Y. K., (2002) The model method in Singapore. *The Mathematics Educator* 6 (2), pp. 47-64.

Coleman et al., (1966). *Equality of educational opportunity*. Washington D. C.: U. S. Government Printing Office.

Cohen, E. G. (1994). *Designing groupwork: Strategies for the heterogeneous classroom*, second edition. New York: Teachers College Press.

——— (1997). Equity in heterogeneous classrooms: A challenge for teachers and sociologists. In E.G. Cohen & R.A. Lotan (Eds.). *Working for equity in heterogeneous classrooms: Sociological theory in practice*, Sociology of Education Series. (pp. 3-14). New York: Teachers College Press.

Cohen, E. G. & Lotan, R.A. (1997). *Working for equity in heterogeneous classrooms: Sociological theory in practice*. New York: Teachers College Press.

Cohen, E.G., Lotan, R.A. & Leechor, C. (1989). Can classroom learn? *Sociology of Education* 62 (2, April), pp. 75-94.

代玉 (2007). New views of ability in Chinese education『日本、アメリカ、中国、シンガポールにおける教育観の国際比較研究――ビデオ・インタビューによる考察』(An international comparison of views of education in Japan, the United States, China and Singapore: A video interview analysis). (pp. 89-93), 21 世紀COEプログラム、東京大学教育学研究科・基礎学力研究開発センター発行。

代玉 (2018).『中国の素質教育と教育機会の平等――都市と農村の小学校の事例を手がかりとして』東信堂。

Deng, Z. & Gopinathan, S. (2016). PISA and high-performing education systems: Explaining Singapore's education success. *Comparative Education*, 52 (4), 449-472, DOI: 10.1080/03050068.2016.1219535.

Fujimura, N. (2007).A comparative study of Japanese, Singaporean, and Chinese children's mathematical thinking, chapter 5,『日本、アメリカ、中国、シンガポールにおける教育観の国際比較研究 ――ビデオ・インタビューによる考察』(An international comparison of views of education in Japan, the United States, China and Singapore: A video interview analysis)、二一世紀COEプログラム、東京大学教育学研究科、基礎学力研究開発センター。

グローバル人材育成推進会議 (2011).「中間報告」(六月二二日)。

Gopinathan, S. & Abu Bakar Mardiana. (2013). Globalization, the state and curriculum reform. In Z.Deng et al. (Eds.). *Globalization and the Singapore curriculum: From policy to classroom.* (pp.15-32). Singapore: Springer Science+Business Media Singapore.

Halterbeck, M., Conlon, G. Williams, R., & Joscelyn, M. (2020). *Impact of the covid-19 pandemic on university finances: Report for the University and College Union*, London Economics. LEreportoncovid19anduniversityfinanc (ucu.org.uk). Retrieved, Nov. 2020.

Hirsch, E.D. Jr. (2006). Building knowledge: The case for bringing content into the language arts block and for a knowledge-rich curriculum core for all children. *American Educator*, Spring, https://www.aft.org/periodical/american-educator/spring-2006/building-knowledge.

Hoven, J. & Garelick, B. (2007). Singapore math: Simple or complex?, *Educational Leadership*, 65, (no.3, Nov.), 28—31.

Iver, M. A. M., Stringfield, S., & McHugh, B. (2000). *Core knowledge curriculum: Five-year analysis of implementation and effects in five Maryland schools*. Report No. 50, December 20, Center for Research on the Education of Students Placed At Risk.

Johnson, D. W. & Johnson, R.T. (1999). *Learning together and alone: Cooperative, competitive, and individualistic learning* (5th Ed.). Boston: Allyn & Bacon.

Jones, G. M., D. Jones, B.D., & Hargrove, T.Y., (2003). *The unintended consequences of high-stakes testing*. Lanham, MD: Rowman & Littlefield.

Kagan, S. & Kagan, M. (2009). *Kagan cooperative learning*. San Clemente, CA: Kagan Publishing.

Karabel, J. & Halsey, A. H. (1977). Educational research: A review and an interpretation. In J. Karabel & A.H. Halsey (Eds.). *Power and ideology in education* (pp. 1-85). New York: Oxford University Press.

苅谷剛彦（1995）.『大衆教育社会のゆくえ——学歴主義と平等神話の戦後史』中央公論社。

———（2001）.『階層化日本と教育危機——不平等再生産から意欲格差社会（インセンティブ・デ

イバイド）へ』有信堂高文社。

Kennedy, K. J., (2007). Barriers to innovative school practice: A socio-cultural framework for understanding assessment practices in Asia. Paper prepared for the symposium, Redesigning Pedagogy, Singapore, May, 2007, http://conference.nie.edu.sg/2007/paper/papers/STUSY016A.pdf, retrieved, August, 2014.

Kozol, J. (1992). *Savage inequalities: Children in America's schools.* New York: Harper Perennial.

Lareau, A. (2000). *Home advantage: Social class and parental intervention in elementary school.* Lanham, MD: Rowman & Littlefield.

——— (2003). *Unequal childhoods: Class, race, and family life.* Berkeley, Cal.: University of California Press.

Lee, J. (2007). Two worlds of private tutoring: The prevalence and causes of after-school mathematics tutoring in Korea and the United States. *Teachers College Record,* 109 (5, May), pp.1207-1234.

Marginson, S. (2011). Higher education in East Asia and Singapore: Rise of the Confucian model. *Higher Education* 61, 587-611. DOI 10.1007/s10734-010-9384-9.

Marshall Cavendish社. (2020). *Math in focus: Singapore Math,* Research foundations: Evidence base, from Houghton Mifflin Harcourt, https://www.hmhco.com/search?term=Singapore+Math, 2020. 11.17 入手。

松尾知明（2010）.『アメリカの現代教育改革――スタンダードとアカウンタビリティの光と影』東信堂。

Ministry of Education and Culture, Finland. (2010). *Finnish education export strategy: Summary of the strategic lines and measures.* (April 24th).https://julkaisut.valtioneuvosto.fi/bitstream/handle/10024/75524/okm12.pdf?sequence=1. 二〇二〇年一一月二九日入手。

Ministry of Education, Singapore. (2013). *Engaging our learners: Teach less, learn more.* Ministry of Education. https://eresources.nlb.gov.sg/printheritage/detail/dbe9f1f3-efcb-4bce-917b-1040e95ea179.aspx. Retrieved, Oct. 1, 2022.

Ministry of Education, Singapore (2021). "21st Century Competencies," homepage. https://www.moe.gov.sg/education-in-sg/21st-century-competencies. Retrieved, March, 2022.

長島啓記（2003).「ドイツにおける『ＰＩＳＡショック』と改革への取組」『比較教育学研究』29, 65-77.

National Institute for Direct Instruction. (2014). *Achieving success for every student with Direct Instruction.* Eugene, OR: NIFDI. (http://www.nifdi.org).

Nicholas, S. L. & Berliner, D.C. (2005). *The inevitable corruption of indictors and educators through high-stakes testing.* Report from the Education Policy Studies laboratory, Arizona State University, EPSL-0503-101-EPRU, http://www.meti.go.jp/policy/kisoryoku/gaiyou.pdf. Retrieved, August. 2014.

Nguyen, P., Elliott, J.G., Terlouw, C. & Pilot, A. (2009). Neocolonialism in education: Cooperative learning in an Asian context. *Comparative Education* 45 (1), pp. 10-130.

Noori, N. & Anderson, P. (2013). Globalization, governance, and the diffusion of the American model of education: Accreditation agencies and America-style universities in the Middle East. *International Journal of Politics, Culture, and Society* 25, pp. 159-12.

Oakes, J. (1985). *Keeping track: How schools structure inequality.* New Haven: Yale University

Press.
OECD (2012). *Lessons from PISA for Japan, strong performers and successful reformers in education*, OECD Publishing. Retrieved from http://dx.doi.org/10.1787.9789264118539-en. Retrieved, Nov. 2020.
大村英昭・野口裕二編 (2000).『臨床社会学のすすめ』有斐閣。
Phillips, D. & Ochs, K. (2003). Processes of policy borrowing in education: Some explanatory and analytical devices. *Comparative Education*, 39 (4), pp.451—461.
Rappleye, J. & Komatsu, H. (2017). How to make lesson study work in America and worldwide: A Japanese perspective on the onto-cultural basis of (teacher) education. *Research in Comparative & International Education* 12 (4), pp.398-430.
酒井朗 (2007).『学校臨床社会学』(新訂、放送大学大学院教材) 放送大学教育振興会。
Seth, M. J., (2002) *Education fevor: Society, politics, and the pursuit of schooling in South Korea.* Honolulu: University of Hawaii Press.
Simplicio, F. (2011). South-south development cooperation: A contemporary perspective. In Modi, R. (Ed.) *South-south cooperation: Africa on the centre stage*. International political economy series. (pp.19-41) London, Palgrave Macmillan.
Slavin, R. E. (1995). *Cooperative learning: Theory, research, and practice* (2nd Ed.). Boston: Allyn & Bacon.
Steiner-Khamsi, G. (Ed.) (2004). *The global politics of educational borrowing and lending*. New York and London: Teachers College Press.
——— (2018). Business seeing like a state, governments calculating like a business. *International*

Journal of Qualitative Studies in Education, 31 (5), 382-392.

Stevenson, D. L. & Baker, D.P. (1992). Shadow education and allocation in formal schooling: Transition to university in Japan. *American Journal of Sociology*, 97 (6, May), 1639-1657.

Stevenson, H.W. & Stigler, J.W. 1994 (1992). *The learning gap: Why our schools are failing and what we can learn from Japanese and Chinese education*. New York: Simon & Schuster.

杉本均（2007）.「シンガポールの教育改革」大桃敏行・上杉親孝寛・井ノ口淳三・植田健男編『教育改革の国際比較』ミネルヴァ書房、一二七‐一四四。

Tan, J. (2013). Aims of schooling for the twenty-first century: The desired outcomes of education. In Z. Deng et al. (Eds.). *Globalization and the Singapore curriculum: From policy to classroom* (pp.33-47). Singapore: Springer Singapore.

恒吉僚子（1995）.「教室と社会――ニューカマーの子供が日本の教育に提起するもの」佐藤学編『教室という場所』国土社、一八六‐二一四。

――（2000）.「公教育におけるハイ・ステークス（high-stakes）な教育改革――プリンス・ジョージズ郡のリコンスティテューション」『教育学研究』六七巻四号、四一七‐四二六。

――ほか（2004）.「日本、アメリカ、中国、シンガポールにおける教育観の国際比較研究――ビデオ・インタビューによる考察」『基礎学力育成システムの再構築（中間レビュー）』基礎学力研究開発センター、八九‐一〇一。

――ほか（2007）.『日本、アメリカ、中国、シンガポールにおける教育観の国際比較研究――ビデオ・インタビューによる考察』（An international comparison of views of education in Japan, the United States, China and Singapore: A video interview analysis）、二一世紀COEプログラム、東京大学教育学研究科、基礎学力研究開発センター。

――――（2008）.『子どもたちの三つの「危機」――国際比較から見る日本の模索』勁草書房。

恒吉僚子（2019）.「スタンダードとテスト改革の二〇年――アメリカのメリーランド州X郡R校の事例を通して」東京大学教育学部教育ガバナンス研究会編『グローバル化時代の教育改革――教育の質保証とガバナンス』東京大学出版会、一四三－一五三。

Tsuneyoshi, R. (2013). Junior high school entrance examinations in metropolitan Tokyo: The advantages and costs of privilege. In G. DeCoker & C. Bjork (Eds.). *Japanese Education in an Era of Globalization: Culture, Politics, and Equity* (pp.164-182). New York and London: Teachers College Press.

Tsuneyoshi, R., Sugita, H., Kusanagi, K. K. & Takahashi, F. (Eds.) (2019). *Tokkatsu: The Japanese educational model of holistic education*. Singapore: World Scientific.

恒吉僚子・額賀美紗子編（2021）.『新グローバル時代に挑む日本の教育――多文化社会を考える比較教育学の視座』東京大学出版協会。

Verger, A., Lubienski, C., Steiner-Khamsi, G. (2016). The emergence and structuring of the global education industry: Towards an analytical framework. In A. Verger, C. Lubienski, & G. Steiner-Khamsi (Eds.) *World yearbook of education 2016: The global education industry* (pp. 1-26). New York: Routledge.

Verger, A., Fontdevila, C., & Zancajo, A. (2016). *Privatization of education: A political economy of global education reform*. International Perspectivites on Education Reform Series, Steeiner-Khamsi, G. (Ed.) New York and London: Teachers College Press.

Wiseman, A.W. & Baker, D.P. (2005). The worldwide explosion of internationalized education policy. *International Perspectives on Education and Society* 6, pp.1-21.

Woodhouse, H.R. (1989). Critical reflections on Hirsch and cultural literacy. *Interchange* 20 (3), Fall, pp.80-89.

第Ⅱ部　子どもの学力の認知心理学的分析とこれからの時代の教育

藤村　宣之

概要

第Ⅱ部では、日本の子どもの算数・数学を中心とした学力の特徴を、認知心理学的視点から記述形式の課題に対する取り組み方を分析して解明し、今後の教育の改善の方向性について展望する。

第Ⅰ部でも言及されていたように、国際学力テストなどでは、日本の子どもの算数・数学に関する学力は高い水準を保っている。一方で、第Ⅱ部で扱う問題レベルで心理学的な観点から分析を行うと、得点や順位だけからでは見えない日本の子どもの学力の特質がみえてくる。それは、手続き的知識・スキルを用いて定型的な問題を解決する能力（できる学力）の高さと、多様な知識を関連づけて思考を構成し、諸事象の本質を深く理解して非定型的な問題を解決する能力（わかる学力）の相対的な低さとしてまとめられる。これは、小学生から高校生にいたる年齢段階において共通にみられる特徴である（五章）。

第Ⅰ部で見てきたように、同じ高学力のアジアの国々（日本、中国、シンガポール）の間でめざす教育の理念に一定の共通性があったとしても、教育政策や教育方法、教師の教育観・授業観などには違いがあり、それは子どもの思考プロセスにも影響を及ぼしていることが推測される。二一世紀に必要とされる非定型的な問題に取り組む子どもの能力を育成しようと、各国においてはそれぞれに類似しながらもヴァリエーションのある政策や教育方法が展開されてきた。シンガポール、中国、日本の小学生に対して非定型の記述型問題などを実施し、それらに取り組む際の思考プロセスを心理的に分析すると国による違いがみられ、その違い（先述の「わかる学力」に関する質的な違い）には、それぞれの国において展開されている政策や教育実践（第Ⅰ部参照）と関連する傾向がみられた。具体的には、タイプ別の多くの解法レパートリーを暗記して正確に適用しようとする傾向の強い中国、様々な数学的知識を関連づけて説明しようとするシンガポール、日常的知識との関連も考慮して考えようとする日本といった特徴である（六章）。

社会学的な視点を活用した第Ⅰ部に対して、第Ⅱ部では、不透明で先行きが見えない中で解決をさぐることを求められる二一世紀の社会において、諸事象の本質をとらえて思考を構成し共有する「わかる学力」を日本の子どもに育成していくにあたっての課題と解決の方向性を、心理学的な視点から検討する。特に一人一人の発達と学習を支援するという心理学的な観点から、個人の探究と他者との協同を通じて多様な知識の関連づけを促していく教育のあり方や、学校での学習内容と社会生活を関連づける教育のあり方を、フィンランドの教育なども関連させながら、学習方法と学習内容を中心にして考察する（七章）。

第五章　国際比較調査にみる日本の子どもの学力

1　子どもの学力をめぐる国際的動向

知識基盤社会において必要な力とは

知識基盤社会の進展とともに、初等・中等教育終了時に求められる学力の質が変容してきていると考えられる。そこで求められるのは、解決方法の定まった定型問題（routine problem）に対応し、解決するための個々のスキルや知識だけではない。多様な要因が複雑に関連しながら恒常的に変化する社会的状況の中で、解決方法が一つに定まらない非定型問題（non-routine problem）に対して、既有の知識やスキルを柔軟に関連づけながら問題の本質を理解して解決をはかっていく力や、そのプロセスにおいて他者と協働（collaborate）しながら、相互理解にもとづく解決を導いていく力が必要になってきていると考えられる。

そのような、多様な知識を関連づけて非定型問題を解決する力に関連して、日本の学校教育では、「自ら考える力」や「思考力・判断力・表現力」の育成がめざされてきているが、その内容や評価方法、育成方法が十分に明らかにされているとは言えないであろう。また、近年の国際的な教育改革の動向として、「キー・コンピテンシー」や「二一世紀型スキル」といった名称で、思考力、問題解決力、協調性、自律性といった、領域一般的な汎用スキル（generic skills）の育成がめざされている（Griffin et al. 2012 など）。一方で、将来の社会生活において諸事象の本質をとらえ生きて働く力や自分自身を支える力を育てるという点では、そのような汎用スキルを要素分解的に個々に獲得させるのではなく、先ほど述べた非定型問題の解決力のような統合的な力として育成することや、そのような統合的な力を、各領域における諸事象の本質を理解する「深い概念的理解」（deep conceptual understanding）と関連づけて形成することが重要であると考えられる。

学校教育における質の向上と平等性の追求

最近の各国の教育政策では、学力水準の向上など「教育の質の向上」とともに、学力格差などの個人差をいかに縮小するかという「平等性の追求」が課題となっている。教育社会学の研究では、

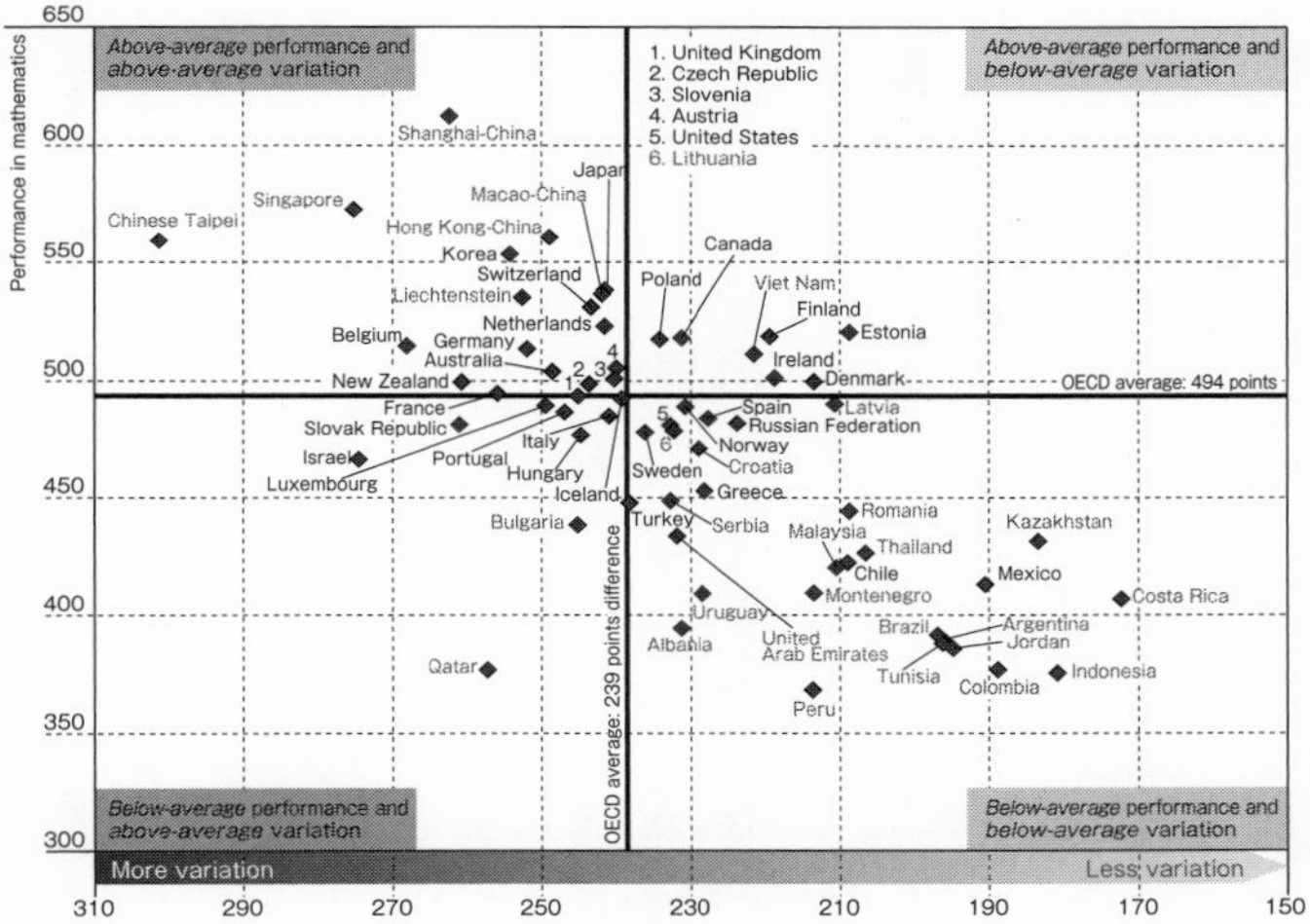

図５－１　数学的リテラシー（PISA2012年調査）に関する平均得点と個人差（OECD 2014）

出典：OECD, PISA 2012 Database, Table I.2.3a.
Variation in mathematics performance
(score-point difference between 90th and 10th percentiles)

親の経済力が子どもの学業成績と関連するなど、経済格差と学力格差の関係が指摘されている（志水ほか2014など）。全般的な学力の水準や質の向上とともに、子どもの学力等の格差の縮小、すなわち、結果としての平等（equity）の達成が学校教育の重要なテーマとなっている。

ＯＥＣＤ（経済協力開発機構）が各国・地域の高校一年生を対象に、学校教育で獲得した知識やスキルを日常場面で活用する力としてのリテラシーを、主に数学、科学、読解の三分野で三年おきに測っている国際比較調査にＰＩＳＡ（生徒の学習到達度調査）がある。数学的リテラシーについての詳細な分析が行われている直近の調査として、二〇一二年調査における数学的リテラシーの平均得点を縦軸に、分布の広がり（上位一〇％に対応する得点と下位一〇％に対応する得点の得点差）を横軸に、調査参加国・地域を布置すると、日本は平均得点では上位に位置し、個人差の大きさは参加国・地域の平均程度である（OECD 2014）（図５－１参照）。日本より平均得点が高いのはアジアの六つの国・地域であり、台湾やシンガポールに顕著なように、平均得点も高いが個人差も大きいのが特徴である。一方で、フィンランド、エストニア、カナダなどのように、日本よりも平均得点はやや低いが国際平均よりは高く、国内の個人差の小さい国もいくつかみられる。たとえば、カナダでは、自国の平均得点が低下傾向にあることを認めながらも、国内の分布の広がり（個人差）が小さいことが評価されており、今後、個人差（学力格差）をさらに縮小していく方向性も示唆されている（ＣＭＥＣホームページ：https://www.cmec.ca/252/PISA_2012.html）。以上の国際的状況をふまえると、日本が、今後どのような教育の方向をめざすのか、すなわち、図５－１の左上の方向（全般的水準は高いが個人差も大きい社会）に向かうのか、右上の方向（卓越性と平等性の同時追求の道）をめざすのか、分岐点に位置しているとも考えられる。

表5－1　PISAにおける日本の高校１年生の平均得点の経年変化

	2000年	2003年	2006年	2009年	2012年	2015年	2018年
数学的リテラシー	557	534	523	529	536	532	527
科学的リテラシー	550	548	531	539	547	538	529
読解力	522	498	498	520	538	516	504

国立教育政策研究所（2019a）などから作成

2　日本の子どもの学力の特徴

日本の子どもの学力やリテラシーの全般的傾向

子ども一人ひとりを見たときに、非定型問題の解決力や諸事象に関する「深い理解」は達成できているのであろうか。学校教育で獲得した知識やスキルを日常場面で活用する力としてのリテラシーを測ることをめざした先述の生徒の学習到達度調査（ＰＩＳＡ）では、表５－１にみられるように、ＯＥＣＤ加盟国の平均を五〇〇点とすると、二〇〇〇年から二〇〇三年にかけて日本の読解力の得点はＯＥＣＤ加盟国の平均の水準にまで低下し、これが「ＰＩＳＡショック」と言われて、以降の教育改革につなげられてきた。日本の生徒の数学、科学、読解に関するリテラシーの得点は二〇〇六年まで低下傾向を示してきたが、その後は二〇一二年にかけて上昇傾向に転じた。一方で、二〇一二年以降、国際的には上位を維持しているものの、読解力や科学的リテラシーについては二〇一二年から二〇一八年にかけて平均得点の有意な低下がみられ、特に読解力については、再びＯＥＣＤ加盟国の平均の水準にまで低下している（国立教育政策研究所 2019a）。全般的には、日本の高校生の読解力の水準は国際平均を底として変動が大きく、数学的・科学的リテラシーの水準は国際的に上位に位置するものの、第一節でみたアジアの国や地域の調査への参加が増えるとともに緩やかな低下あるいは維持の傾向がうかがえる。また、日本の高校生の数学や理科への関心はOECD加盟国の平均よりも低く、また、学習する内容を日常生活と関連するものとは考えていないという特徴も二〇〇〇年以降、ほぼ一貫してみられる傾向である（国立教育政策研究所 2013b, 2016, 2019a など）。

子どもの学力の認知心理学的分析

前項では、平均得点の面から日本の高校生の全般的傾向を明らかにした。国際的にみたときの数学や科学（理科）に関わる平均得点の高さは何を表しているのだろうか。また、教科への関心や日常生活と関連づける意識が低いといった課題は何によって引き起こされているのだろうか。

平均得点とは、様々な問題に対する正答率の平均を表したもの、あるいは様々な問題によって構成されるテストに対する一人ひとりの得点を平均したものである。問題全体の平均得点や国際的な順位だけでなく、それぞれの問題の解決プロセスを心理学的に分析し、問題ごとに正答率や無答率を検討することによって、日本の子どものリテラシーや学力の「質」、子どもの意識や関心などの問題が生起する背景が明らかになってくるのではないかと考えられる。

以上のような問題意識から、問題解決の認知プロセスに着目して各問題について心理学的な分析を行うと、次に示すような、学年・教科・年度を超えてみられる日本の子どもの学力やリテラシーの特徴が見えてくる（同様の視点から行った、様々な教科に関する国際比較調査等の分析結果については、藤村（2012）や藤村ほか（2018）に詳述されている）。

これまでの分析結果を総合して表現すると、日本の子どもが一般的に得意としているのは、解き方が一つに定まる問題（定型問題）に対して、その解き方（特定の手続き）を当てはめて解決することや、あるいは一対一対応で答えが決まるような問題に対して、その解き方や事実を記憶し、再生することで解決を導くことである。そのような定型問題に対して、一定の手続き的知識（procedural knowledge）を直接適用して解決したり、事実的知識（factual knowledge）を正確に再生したりすることに日本の子どもは優れている。このような「**定型問題の解決**」については、日本以外のアジアにおける平均得点上位国、たとえば、韓国、シンガポール、香港などは、日本以上に優れた成績を示している。

それに対して、日本の子どもにとって克服すべき課題となっているのが、考え方や解法、解釈などが多様である問題や、答え（解）が複数想定されるような問題を解決すること、すなわち、「**非定型問題の解決**」である。問題の文章や図表などに含まれている情報やそれに関連する様々な既有知識（prior knowledge）といった多様な知識を自分自身で関連づけながら、様々な方法で解に迫っていったり、思考プロセスを自分なりに表現したりすることが必要な非定型問題の解決を、日本の子どもは相対的に苦手としている。なかでも、「問題で問われていることの本質を理解したうえで理由を説明すること」（深い概念的理解にもとづく説明）に課題があり、それが問われる問題では、無答率（解答やそれに至るプロセスを何も書かない子どもの割合）が相対的に高くなるのも日本の子どもの特徴である。

以降では、「定型問題の解決」と「非定型問題の解決」という認知心理学的な分析枠組みを用いて、国際比較調査（ＰＩＳＡ、ＴＩＭＳＳ）などの問題ごとのデータをもとに、算数・数学を中心として日本の子どもの学力の特徴を明らかにしていこう。

日本の高校生の学力（リテラシー）の特質：ＰＩＳＡの分析から

ＯＥＣＤによるＰＩＳＡ２０１２年調査（数学的リテラシー）における公開問題から、定型問題と非定型問題のそれぞれに対する日本の高校一年生の状況をみてみよう。（ＰＩＳＡでは実施年度によって、問題の一部が公開される領域が異なる。数学的リテラシーの問題や国別の正答率などは直近では２０１２年調査で公開されているため、同調査を分析の対象とする。公開問題各問の内容、正答率・無答率等については、国立教育政策研究所（2013b）を参照。）

定型問題の解決　まず、定型問題の例として、「点滴の滴下速度」の問題（二問の小問のうちの一問）をみてみよう。点滴の滴下速度には「D = dv/60n」という関係式がある。三つの変数（D, d, n）に対応する数値が与えられたときに、点滴量（v）はどうなるかについて、公式に与えられた数値を代入して正解を導くという問題である。

この問題に対する日本の生徒の正答率は四三％で、OECD平均が二六％であるから、日本が二〇％近く上回っている。一方で、この問題に答えない日本の子どもの割合、すなわち無答率は一九％で、OECD平均の二六％に比べてやや低くなっている。本問のような、与えられた関係式を直接適用して解決するタイプの定型問題を日本の子どもは相対的に得意としており、同様の傾向はPISAの他年度の調査やTIMSS調査など他の国際比較調査にもみられる。また、他のアジアの平均得点上位国（地域）も一般に定型問題を得意としており、この「点滴の滴下速度」の小問では、シンガポール（正答率六四％）、香港（同五四％）、韓国（同四七％）のように、アジアの国・地域が正答率の上位を占めている。

PISA（数学的リテラシー）の公開問題では、日常的文脈を用いているが解答形式が選択肢や短答であったり、記述形式でも解法が一つに定まったりするような定型問題の割合が相対的に多い傾向がみられる。さらに、数学的リテラシーが重点的対象となっていたPISA2003年調査とPISA2012年調査の公開問題を比較すると、PISA2012年調査では定型問題の占める割合が増加していることがうかがえる（PISA2003年調査については藤村（2012）に、PISA2012年調査については藤村（2014a）に詳しい分析がある）。PISAでは「知識や技能を日常場面等に活用する力」としてのリテラシーの評価が目的とされているが、実際には「定型スキルの適用」を測っている問題が多いという傾向も問題解決のプロセスを心理学的に分析すると見えてくる。

非定型問題の解決　同調査の公開問題のなかで、やや例外的な非定型問題の特徴を有する問題として「帆船」の問題（三問の小問のうちの一問）をみてみよう。これは、貨物船がディーゼル燃料を用いると一リットルあたり〇・四二ゼット（ゼットは仮想の単位）の費用がかかるが、貨物船に帆をつけることで燃料の消費を全体で約二〇％削減することが見込めるという、燃料消費削減の文脈の問題である。帆を使用しない場合のディーゼル燃料の年間消費量が約三五〇万リットル、帆をつけるための費用が二五〇万ゼットのとき、帆をつけるための費用をディーゼル燃料の削減量で取り戻すにはおよそ何年かかるか、計算式を示して答えを書くことが求められる。この問題の解決には、①x年かかるとして不等式を立式して解く（350万×0.42×0.20×x＞250万）、②年間削減量（350万×0.20（L））または年間燃料費（350万×0.42（ゼット））から年間削減費用（350万×0.42×0.20（ゼット））を算出して、それで帆をつける費用（250万ゼット）を割る、③②で求めた年間削減費用に自然数を1から順にかけていき、二五〇万ゼットを越える最小の数を答える、といった方略が考えられる。問題解決方略（解法）に多様性はあるものの、その幅は比較的小さく定型問題に近い問題でもあるが、過剰情報（船長一一七m、船幅一八m、積載量一万二〇〇〇トン、最高速度一九ノット）を含む多くの情報のなかから必要な情報を抽出して関連づけて思考を構成するという点で、非定型問題の特徴を備えている問題とも考えられる（なお、ＰＩＳＡ２０１２年調査では、他のほとんどの公開問題が定型問題であった）。

この問題に対する日本の生徒の正答率は一九％（ＯＥＣＤ平均は一五％）であったのに対して、無答率は三八％とＯＥＣＤ平均（三二％）をやや上回っていた。他のＯＥＣＤ諸国、たとえば、オランダ（正答率二五％、無答率九％）、韓国（正答率二一％、無答率一六％）、カナダ（正答率二一％、無答率二一％）と比較しても、またＯＥＣＤ非参加の国・地域、たとえば、シンガポール（正答率三八％、無答率一三％）、香港（正答率三七％、無答率一六％）、台湾（正答率三六％、無答率二二％）と比較しても、日本の生徒の無答率の高さが際立っている。非定型問題に対する正答率の相対的な低さと無答率の高さは、数学的リテラシーに関するＰＩＳＡ２００３年調査においても日本の高校生にみられた傾向（藤村 2012）である。

非定型問題に対する日本の生徒の無答率の高さからは、多様な情報のなかから必要な情報を自分で選択し、他の既有知識（単位あたり量、乗除法など）と関連づけて考えることが必要な問題に対して、「見たことがない」問題であることから解答自体を回避している可能性も推測される。その背景には、「問題ごとに解法を覚えるのが学習である」、「思考のプロセスより結果が重要である」といった「暗記・再生」型の学習観（藤村, 2008; 鈴木, 2013）の存在もうかがえる。

なお、この「帆船」の問題では最も正答率が高い国（シンガポール）でも正答率が四割以下であった。その一因としては、複数の単位あたり量（一年あたりの燃料消費量、燃料一リットルあたりの費用、帆をつけることによる燃料消費量削減率）を組み合わせて考えるといった、単位あたり量（内包量：intensive quantity）に関する深い概念的理解（deep conceptual understanding）がこの問題の解決に求められることが想定される。非定型問題の解決を、第一段階の「思考プロセスの表現」という基準と第二段階の「深い概念的理解」という基準に区分して考えた場合、第二段階の達成は国際的にみても課題であると考えられる。

定型問題と非定型問題の対比の一般化可能性　学校で学習した知識やスキルを直接適用して解決可能な定型問題の正答率が国際的に見て高い一方で、多様な知識を自分なりに関連づけて考えることが必要な非定型問題の正答率が国際平均程度であり、無答率は国際平均を上回るといった日本の高校生にみられる上述の傾向は、ＰＩＳＡの他領域（科学的リテラシー、読解力）の調査でも同様な観点からの分析を行うと見えてくる特徴である（詳細については、藤村（2012, 2014a, 2017）、藤村・鈴木（2015）などを参照）。

例として、ＰＩＳＡ２０１８年調査の読解力の問題をみてみよう。公開問題（「ラパヌイ島」）には、七問のうち記述型問題が二問含まれている（国立教育政策研究所 2019a）。そのうちの一問（問２）は、ある大学教授のブログを読んで、「別の謎が残りました」とされている謎とは何かを答える問題である。正答の基準は、「別の謎が残りました」という文の直後の「モアイ像を運ぶための大木はどうなったのでしょう？」という文を抜き書きするか、要約するかであり、「問いの直後の文を書く」という定型的方略で解決可能な「定型問題」と考えられる。この問題に対する日本の高校一年生の正答率は七〇％であり、ＯＥＣＤ平均（五四％）を二〇％近く上回っていた。

一方、記述型問題のもう一問（問７）は、大学教授のブログを含む三つの資料を読んで、ラパヌイ島の大木が消滅した原因は何だと思うかを資料から根拠となる情報を示して説明する問題である。正答の基準は、人々が耕作等のために木を切り倒した、ナンヨウネズミが木の種を食べたといった

表5-2　TIMSS調査にみる日本の小中学生の平均得点と順位の推移（2000年以降）

		2003年	2007年	2011年	2015年	2019年
小学校4年生	算数	565（3/25）	568（4/36）	585（5/50）	593（5/49）	593（5/58）
	理科	543（3/25）	548（4/36）	559（4/50）	569（3/47）	562（4/58）
中学校2年生	数学	570（5/45）	570（5/48）	570（5/42）	586（5/39）	594（4/39）
	理科	552（6/46）	554（3/48）	558（4/42）	571（2/39）	570（3/39）

国立教育政策研究所ホームページから作成。
（　）内の分母は、参加国・地域の数を示す。

複数の資料中の情報を根拠として説明するか、さらなる研究が必要であることに言及するかであり、（根拠の妥当性の判断を求めていない点で深い概念的理解まで測っているとは考えられないが）多様な考えが可能な非定型問題であると考えられる。この問題に対する日本の高校一年生の正答率は四九％であり、ＯＥＣＤ平均（四八％）と同程度であった。読解力に関しては過年度のＰＩＳＡの問題ごとの分析においても同様の傾向がみられており、記述型問題でも、定型問題の場合の正答率は国際的に見て高く、非定型問題の場合の正答率は相対的に低いという日本の生徒の傾向が領域を越えてうかがえる。

日本の中学生の学力の特質：ＴＩＭＳＳ調査の分析から

一九九五年から四年おきに小中学生の算数・数学、理科の学習到達度を調べている調査に、ＴＩＭＳＳ

（国際数学・理科教育動向調査）がある。国際教育到達度評価学会（ＩＥＡ）が、小学校四年生と中学校二年生を対象に、小中学校で学習した内容に対応する算数・数学、理科の学力を調べており、二〇一九年調査の参加国・地域は小学校で五八か国・地域（約三一万人）、中学校で三九か国・地域（約二三万人）となっている。ＴＩＭＳＳ調査での日本の児童・生徒の平均得点と順位の推移を示したのが、表５－２である。

表５－２にみられるように、日本の小中学生は、各教科の平均得点や国際的な順位としては上位を維持している。他の上位国は主にアジアの国や地域が占めており、例えば、ＴＩＭＳＳ２０１９年調査の中学校数学で日本より上位の国・地域とその平均得点、順位は、シンガポール（６１６点、一位）、台湾（６１２点、二位）、韓国（６０７点、三位）となっている。

ＴＩＭＳＳは学校での算数・数学、理科の学習内容の習得状況の把握を目的としているため、調査問題は解法や説明、答えが一通りに定まる定型問題の比率が高く、特に算数・数学ではその傾向が強い。ＴＩＭＳＳにみられる日本の平均得点の高さは定型問題の解決に支えられているとも考えられる。具体的に中学校数学の問題をみてみよう。

定型問題の解決　例えば、ＴＩＭＳＳ２０１５年調査の「関数のグラフの特徴」に関する問題では、描いた関数のグラフが直線でy軸と３で交わるとき、関数は①$y = x^2 + 3$、②$y = 3x + 1$、③$y = 3x^2 - 1$、④$y = x + 3$ のどれかが選択形式で問われた（正解は④）。この問題に対する日本の正答率は六六％（国際平均は四二％）であり、三九か国・地域中一位であった（二位は韓国六三

%、三位はロシア六〇%、四位はシンガポール五八%であった）（国立教育政策研究所 2017）。また、TIMSS2019年調査の「比の計算」に関する問題では、「長さ45㎝のひもを4:5の比で二本に分ける時に短い方のひもの長さは何㎝になるか」という文章題が選択形式（①5㎝、②20㎝、③25㎝、④36㎝）で問われた（正解は②）。この問題の日本の正答率は八二%（国際平均は五四%）であり、三九か国・地域中二位であった（一位はシンガポール八七%、三位は韓国八一%、四位は台湾八〇%であった）（国立教育政策研究所 2021）。

前者の問題は関数のグラフに関する定型的な知識を、後者の問題は比に関する定型的な手続き的スキルを問う問題であり、これらの結果から、算数・数学の教科書によく見られるような定型問題に対する日本を含むアジアの国・地域の生徒の解決能力の高さがうかがえる。なお、定型問題のなかでも、例えば、TIMSS2019年調査の「三角形の周の長さが21㎝、三辺の長さが3x+1, 2x+5, xのときのxの値を求める問題」（正答はx = 2.5cm）の日本の正答率は四二%で、国際平均（一六%）よりも有意に高かったが、シンガポール（七四%）、台湾（六六%）、香港（六一%）、韓国（五九%）に比べると二、三割程度低かった（国立教育政策研究所 2021）。典型的な一次方程式の定型問題であるが、TIMSS2015年調査の同種の問題でも類似した傾向がみられており、複数の領域（代数と図形）に関連するような定型問題に対する手続き的スキルの差が、アジアの最上位国・地域と日本との平均得点の差に現れている可能性も推測される。

非定型問題の解決　それでは、PISAでみられたような非定型問題に対する日本の高校生の特徴は中学生にはみられないのだろうか。先述のようにＴＩＭＳＳ調査の多くは定型問題で構成されているが、一部に例外的ではあるが多様な思考プロセスの表現が可能な非定型問題が含まれている。その例として、ＴＩＭＳＳ２０１５年調査の「平均点」に関する問題をみてみよう。

「太郎さんの数学の試験の最初の四回の成績は10点満点中、９点、７点、８点、８点でした。もう一回10点満点の試験があり、太郎さんは全体の平均点を９点にしたいと思っています。それは可能ですか。答えとその理由を書きなさい。」

この問題に対する正答としては、「いいえ」を選択し、理由として「もう一回の試験で10点を取ったとしても、平均点は8.4点にしかならないから」と記述する例が示されている（国立教育政策研究所 2017）。他の解法としては、「９点を基準にすると、二、三、四回目で、マイナス２点、マイナス１点、マイナス１点となっていて、もう一回の試験で10点をとったとしてもプラス１点にしかならず、マイナスが残るから」といった仮平均（９点）を利用する解法や、「五回の平均点が９点ということは合計得点が５×９＝45点になるということで、既にとっている点数を引くと、45－９－７－８－８＝13で、あと一回で13点を取ることはできないから」といった、平均と合計の関係に着目する解法など、多様な問題解決方略（解法）が想定される。本問の解決に複雑な計算スキルは要求されておらず、その点では「平均の本質」に関する理解、すなわち深い概念的理解を測るのに適した問題であると考えられる。

この問題に対する日本の正答率は四五％で、国際平均の二五％を統計的に有意に上回っていた。

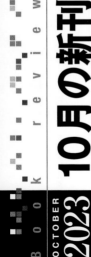

プラグマティズムは死なず！　分析哲学とドイツ観念論を経由して、
過去から現在に至るプラグマティズムを生き生きと蘇らせる。

上巻　定価3,300円　ISBN 978-4-326-19980-8
下巻　定価3,520円　ISBN 978-4-326-19981-5

2022年3月刊行

質的社会調査のジレンマ　上・下

ハーバート・ブルーマーとシカゴ社会学の伝統

マーティン・ハマーズリー 著　谷川嘉浩 訳

アメリカ社会学が生み出し普及させた量的方法と質的方法の対立を解きほぐす。社会と科学の性質に迫る社会調査方法論の記念碑的研究。

上巻　定価3,960円　ISBN 978-4-326-19982-2
下巻　定価3,740円　ISBN 978-4-326-19983-9

2023年9月刊行

アメリカ哲学入門

ナンシー・スタンリック 著　藤井翔太 訳

アメリカ哲学の真髄とは何か。代表的な思想を時代にそって概観する定評ある入門書であるとともに、従来哲学史観に挑戦する画期の書。

定価3,630円　ISBN978-4-326-19984-6

以後、続刊

性を示す。

A5 判上製 324 頁　定価 4950 円

ISBN978-4-326-30331-1

う変化させたか。

A5 判上製 240 頁　定価 5280 円

ISBN978-4-326-30332-8

納税者の権利

ダンカン・ベントレー 著
中村芳昭 監訳

各国の納税者権利保障法の理論・立法を詳細に検討、それに基づくモデルを提唱する。わが国の権利保障の制度化に大いに示唆を与える。

A5 判上製 480 頁　定価 8800 円

ISBN978-4-326-40428-5

10月の重版

視覚科学

横澤一彦

視覚の基礎から最新の知見まで、広範囲を豊富な図版とともにわかりやすく解説。学生や研究者向けの教科書・入門書として必読の書。

A5 判並製 260 頁　定価 3300 円

ISBN978-4-326-25061-5　1 版 6 刷

日本経済思想史

江戸から昭和

川口浩・石井寿美世・ベティーナ・グラムリヒ=オカ
劉群芸 著

一七世紀の初めから二〇世紀中葉に至る三世紀半における日本の経済思想とその歴史を通観する、学生・一般社会人向け初のテキスト。

A5 判並製 352 頁　定価 3080 円

ISBN978-4-326-50413-8　1 版 3 刷

けいそうブックス

マンゴーと手榴弾

生活史の理論

岸 政彦

個人の語りに立脚する社会学の理論と実践。私たちはいかにして、人生の物語を「歴史と構造」に架橋することができるだろうか。

四六判半上製 352 頁　定価 2750 円

ISBN978-4-326-65414-7　1 版 4 刷

一方で、この問題に関する日本の国際順位は三九か国・地域中六位で、シンガポール（六四％）、香港（五九％）、リトアニア（五九％）のように六〇％前後の正答率を示す国が複数みられることを考慮しても、また、先に述べたような定型問題に関する日本の正答率や国際順位の相対的な高さと比べても、日本の中学生の「平均」に関する概念的理解や思考プロセスの表現は必ずしも十分とはいえないと考えられる。なお、TIMSS調査等の数学の問題に関して、一般的に、やや複雑な計算スキルが要求される定型問題では、日本を含むアジアの国・地域（シンガポール、韓国、台湾、香港など）が正答率の上位を寡占することが多いが、概念的理解や思考プロセスの表現が必要な非定型問題では、この問題のリトアニアや、先述の「帆船」の問題のオランダのように、ヨーロッパ諸国が上位に入ってくることも興味深いところである。

日本の小中学生の算数・数学学力：全国学力・学習状況調査の分析から

PISAにおける二〇〇〇年から二〇〇六年にかけての日本の高校生の読解力等の低下傾向を一つの背景として、日本では二〇〇七年度より小学校六年生と中学校三年生を対象に、全国学力・学習状況調査が実施されてきている。調査は、毎年度実施される算数・数学、国語ともに、知識や技能を測るA問題と、知識・技能の日常場面等の問題解決への活用を測るB問題から構成されてきたが、二〇一九年度からは両者が統合されて教科ごとに調査が実施されている（一定年度おきに理科や英語でも調査が実施されている）。二〇一九年度の調査ではA問題とB問題の区分がなくなったが、以前からB問題に関して指摘されていたように、自分の思考過程を説明したり、複数の資料を関連づけて問題を解決したりすることに依然として日本の児童・生徒の課題がみられることが指摘されている（国立教育政策研究所ホームページなど）。本項では、算数、数学の問題のうちから、主に概念的理解の側面を測っていると考えられる非定型問題をとりあげて、日本の児童・生徒の学力の特徴をみてみよう。

（1）小学生における非定型問題の解決　二〇一九年度に小学校六年生を対象に実施された調査問題の一つ（問題中の一つの小問）に、単位あたり量（一人あたりの水の使用量）の概念的理解を問う非定型問題がある（具体的な問題と結果は、https://www.nier.go.jp/19chousakekkahoukoku/report/data/19pmath.pdf を参照）。

「水の使用量」の問題（小問3）は、図5‐2に示された「市全体の水の使用量」の変化のグラフと「市の人口」の変化に関するグラフをもとに、「二〇一〇年から二〇一六年までの、三年ごとの一人あたりの水の使用量」について考えさせる問題である。具体的には、一人あたりの水の使用量は、「1．減っている」「2．変わらない」「3．増えている」「4．増えたり減ったりしている」から一つを選び、その番号を選んだ理由を二つのグラフからわかることをもとに言葉や数を使って書かせる記述形式の問題である（正解の基準は、1を選び、市全体の水の使用量は変わらないが市の人口が増えていることを示すか、具体的に一人あたりの水の使用量を二〇一〇年、二〇一三年、二〇一六年についてグラフから算出して示すことである）。この問題に対する正答率は五二％であり、市全体の水

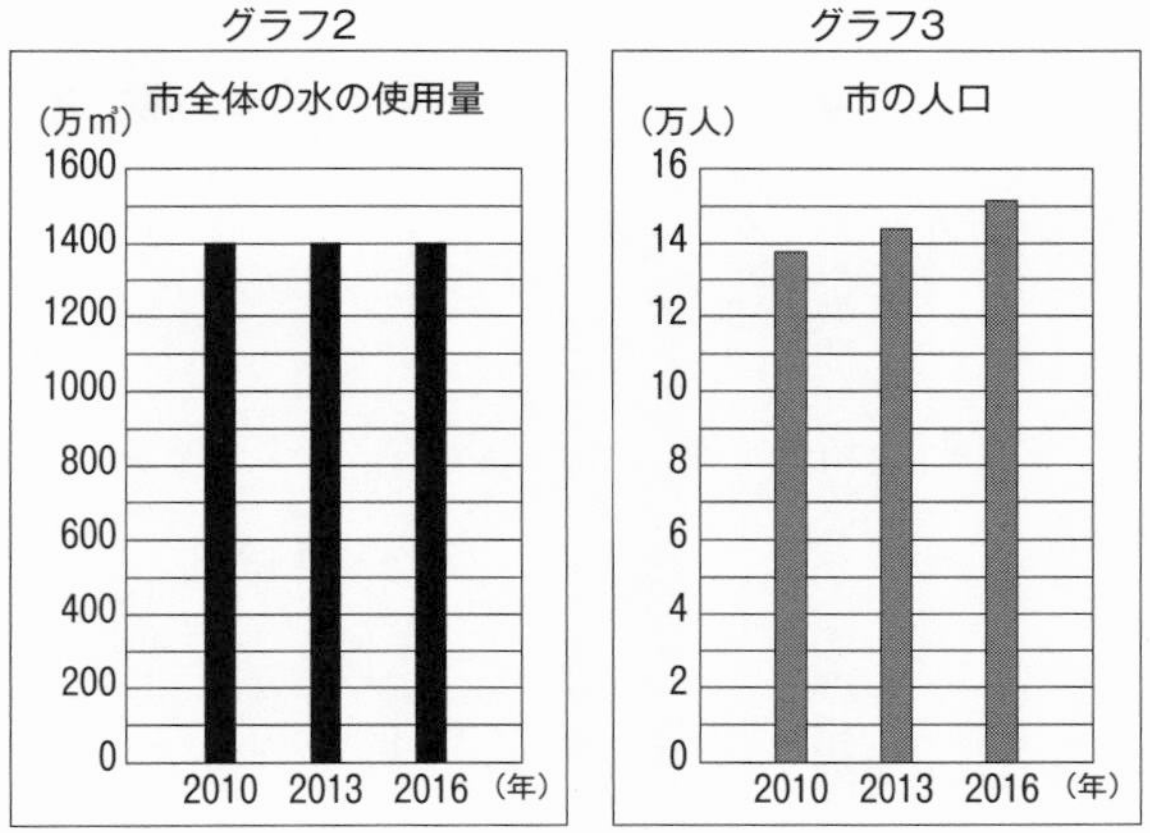

図5－2　「水の使用量」の問題で示された2つのグラフ（2019年度全国学力・学習状況調査）

の量が変わらないことから2を選ぶ誤答が一七%、市の人口が増えていることから3を選ぶ誤答が六%の児童にみられた。本問に関して「二つのグラフを関連づけて考える」という思考の困難さが国立教育政策研究所の報告書等では指摘されている。一方で、本問は「単位あたり量（内包量）＝全体量／土台量」という関係をもとに全体量が一定の条件で土台量を変化させたときの単位あたり量の変化の方向性（定性判断）と理由づけを問うことで、教科内容の本質的理解を測る非定型問題であるとも考えられることから、**単位あたり量（内包量）に関する概念的理解が不十分である**ことも同時に示していると考えられる。

なお、二〇二三年度に実施された全国学力・学習状況調査にも比例や単位あたり量に関する概念的理解が問われる記述形式の問題が含まれている。具体的には、椅子４脚の重さが７kgであるときに48脚の重さの求め方（式や言葉）と答えを問う問題（正答は84kg）で、①椅子の数が12倍になっていることに着目して重さも12倍する、②椅子１脚あたりの重さが7/4kgであることに着目して48脚分を求める、③椅子４脚の重さを２倍して８脚の重さを求め、さらに６倍して48脚の重さを求める、といった多様な解法が想定される非定型問題である。この問題に対する正答率は56％であり、単位あたり量や比例・割合に関する概念的理解に依然として課題があることがうかがえる。

（２）小学生における定型問題の解決　先述の「水の使用量」の問題（二〇一九年度）に含まれる他の二つの小問では、四本の棒グラフから時系列的変化の方向性を選ぶ問題（小問１：正答率九五％）、二本の棒グラフを比較して一方の値が他方の値の何倍かを答える問題（小問２：正答率七九％）ともに正答率が高かった。**棒グラフからの変化の方向性の読み取りや倍の算出といった定型問題に対する手続き的知識**（**定型スキル**）**の水準は高い**ことがうかがえる。ここにも、定型問題解決の水準の高さと非定型問題解決の水準の相対的な低さという、本章で一貫して指摘してきた日本の子どもの学力の特質が現れていると考えられる。

（３）中学生における非定型問題の解決　中学生の学力にはどのような特徴がみられるだろうか。中学校三年生を対象に二〇一九年度に実施された数学の問題から、まず非定型問題について見てみよう。一次関数と連立方程式に関する問題に「冷蔵庫」の問題がある（具体的な問題と結果は、https://www.nier.go.jp/19chousakekkahoukoku/report/data/19mmath.pdf を参照）。

健太さんが作った表

	冷蔵庫A	冷蔵庫B	冷蔵庫C
容量	400L	500L	500L
本体価格	80000円	100000円	150000円
1年間あたりの電気代	15000円	11000円	6500円

図5-3　「冷蔵庫」の問題で示された表（2019年度全国学力・学習状況調査）

「冷蔵庫」の問題（小問2）では、図5-3をもとに、容量五〇〇リットルの冷蔵庫Bと冷蔵庫Cで総費用が等しくなるおよその使用年数について考える方法について尋ねられる。具体的には、「ア　それぞれの冷蔵庫の使用年数と総費用の関係を表す式」、「イ　それぞれの冷蔵庫の使用年数と総費用の関係を表すグラフ」のどちらかを選んで、それを用いて二つの冷蔵庫の総費用が等しくなる使用年数を求めるための方法を説明することが必要となる（正解の基準は、アを選択し、使用年数と総費用の関係から連立方程式をつくり、それを解いて使用年数の値を求めることを説明しているか、イを選択し、使用年数と総費用の関係を一次関数のグラフに表して、その交点のx座標を読み取って使用年数の値を求めることを説明しているかであった）。

この問題に対する中学校三年生の正答率は、三六％であり、内訳は、アを選んだ場合の正答が一六％（「連立方程式を解く」のみを書くといった不十分な記述　五％を含む）と、イを選んだ場合の正答が一九％（「交点の座標を読み取る」のみを書くといった不十分な記述　九％を含む）であった。誤答としては、「方程式を用いること」のみの記述が六％、「グラフを用いること」のみの記述が四％のほか、記述部分の無回答が三〇％の生徒にみられた。

本問の結果について、国立教育政策研究所は「事象を数学的に解釈し、問題解決の方法を数学的に説明することに課題がある」としている（先述のｗｅｂページ）。一方で、記述内容の分類結果を詳細に検討すると、心理学的には次のように解釈できると考えられる。連立方程式を解くことの意味（両式を同時に満たす文字の値を求めること）や、一次関数のグラフの交点の座標を求めることの意味（二つの関数に同時に同じ値を与える変数の値を求めること）を理解している生徒（正答基準を満たす十分な記述）は、前者が一一％、後者が九％であり、両者をあわせても二〇％程度にすぎなかった。他の記述内容では、正誤を問わず簡単に方法だけを記述した生徒（アを選んで「連立方程式を解く」や「方程式を用いる」のみを書く：それぞれ五％、六％。イを選んで「交点の座標を読み取る」や「グラフを用いる」のみを書く：それぞれ九％、四％）があわせて二五％程度にとどまる一方、無答（ア、イのどちらかを選んだかだけを示す者も含む）が三〇％みられた。以上のことを考慮すると、国立教育政策研究所が指摘しているような「思考過程（問題解決の方法など）の説明」の不十分さ（第一段階の課題：五割以下の達成率）に加えて、方程式や関数といった中等教育段階において中核となる数学的概念に関する「深い概念的理解」の不十分さ（第二段階の課題：二割程度の達成率）が、非定型問題の解決プロセスの検討からみえてくる。

なお、二〇二三年度の全国学力・学習状況調査でも「二つの大学の駅伝の選手が区間のスタート地点からおよそ何ｍの地点で追いつくか」をテーマに、「冷蔵庫」の問題と同種の非定型問題が実施されている。この問題の正答率は「交点の座標を読み取る」のみを書くなど不十分な記述の場合も含めて四三％であり、十分な記述を基準とすると一二％にとどまっていた。関数や方程式の概念的理解に依然として課題があることがうかがえる。

（4）**中学生における定型問題の解決**　「冷蔵庫」の問題と同じ年度（二〇一九年度）に実施された「連立二元一次方程式」に関する問題では、「連立方程式　y＝−2x＋1, y＝x−5 を解きなさい」という問題（正答は x＝2, y＝−3）の正答率が七〇％であった。多様な方針が可能な非定型の状況でどのような目的でどのような連立方程式を立式するかなどを問う上記の「冷蔵庫」の問題（正答率三六％）と比べると、本問の正答率は高い。連立方程式という同一の内容に関わる問題であっても、加減法や代入法という定型的な手続き的知識を正確に適用して連立方程式を解くという定型問題解決の水準は高いことがうかがえる。また、同一年度の三角形の合同に関わる証明問題で、空欄になっている三角形の合同条件（「二組の辺とその間の角（がそれぞれ等しい）」）を記入する問題の正答率は七六％であった。図形領域の定型的な知識（三角形の合同条件という事実的知識）を定型問題に正確に適用する水準も高いことが推察される。

同様の傾向は他の定型問題についても多くみられることも考慮すると、「定型的な知識の正確な適用による定型問題解決の水準の高さ」と、「多様な知識を関連づけることによる非定型問題解決の水準の相対的な低さ」という、国際比較調査に関して指摘してきた日本の子どもの学力の特質が、国内の全国学力・学習状況調査の小中学生の分析結果においても現れていると考えられる。

3　子どもの学力をどうとらえるか——認知心理学的視点によるモデル化

日本の子どもの学力の状況と特質

第一、二節では、国際比較調査で実施された課題を中心に、小学生から高校生にいたる日本の子どもの状況について、心理学的な視点から分析を行ってきた。そこからみえてきたのは、ある程度の分量を書かせる記述形式の問題であっても、日本の子どもには比較的得意な問題と苦手な問題があり、それぞれのタイプの問題の解決に必要な認知プロセスが異なるということである。日本の子どもが全般的に得意としているのは、認知プロセスとしては、**定型問題**（routine problem）に対する**手続き的知識**（procedural knowledge）やスキルの適用であると考えられる。ここではそれを「できる学力」と表現する。算数や数学では、計算を正確に実行すること、問題に応じて計算等の定型的な手続きを選択して実行することなどが含まれる。

一方で、日本の子どもが相対的に苦手としていると考えられるのが、**非定型問題**（non-routine problem）に対する**思考プロセスの説明**や、多様な知識を関連づけることを通じた深い**概念的理解**（conceptual understanding）である。それらを、ここでは「わかる学力」と表現する。算数や数学の場合には、多様な解や解法が存在する問題（非定型問題）に対して、数学的概念の本質を理解し、図や言葉、式などを用いてその理解や思考プロセスを自分なりに表現することなどが含まれる。

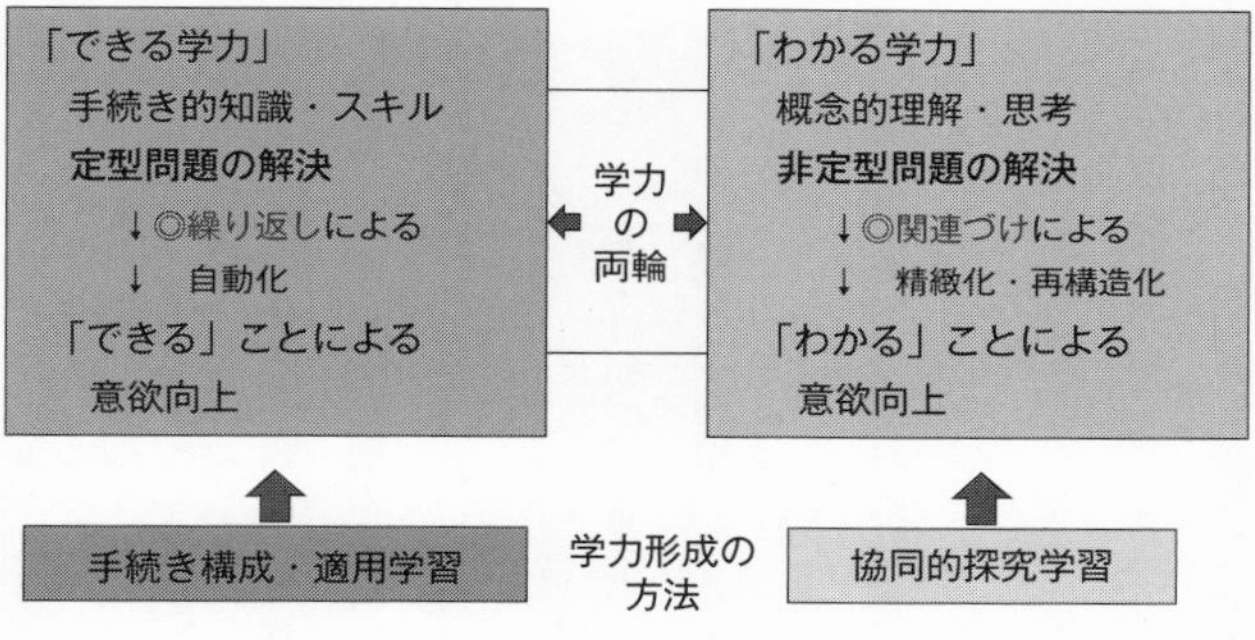

図５－４　学力の心理学的モデル（藤村 2012 を一部修正）

「わかる学力」は、自分を取り巻く世界における本質を理解し、また他者と協同して問題解決にあたっていく際の重要な力であり、その向上はこれからの教育の重要な課題であると考えられる。

認知心理学の観点からの学力モデル

認知心理学の観点では、手続き的知識・スキルと概念的理解は明確に区別されている。その区分をもとに、上述のように学力を「できる学力」と「わかる学力」に分けて構造化してみよう（図５－４。藤村（2012）を参照）。

問題解決を手続き的知識の獲得や概念的理解とは別の側面としてとらえる研究もあるが、それを定型的な（解き方の一通りに決まった）問題解決と非定型的な（解や解法などが多様である）問題解決に区分した場合、一般的な算数の文章題のように解き方が一つに決まる問題の解決は、定型的な手続き的知識・スキルの適用という点で、「できる学力」に分類されると考えられる。本章２で検討した「点滴の滴下速度」の問題や「連立二元一次方程式」を解く問題などは、提示された定型の公式や以前に記憶した解決法など**定型の手続きに数値をあてはめることによる正確な値の算出**などを求めている点で、定型問題の解決に関わる「できる学力」を測っていると考えられる。一方で、本章2で検討した「帆船」の問題や「平均点」の問題、さらに「水の使用量」の問題や「冷蔵庫」の問題のような非定型の記述型問題は、**多様な知識を関連づけた思考プロセスの構成や深い概念的理解**が必要である点で、非定型問題の解決に関わる「わかる学力」を測る問題として分類できるであろう。

学力形成のメカニズムと学習意欲　「できる学力」と「わかる学力」では、その形成メカニズムが異なっている。「できる学力」に関して、手続き的知識・スキルの獲得メカニズムは、**繰り返し（反復）による自動化**である。ある手続きが適用可能な同種の問題に繰り返し取り組むことによって、その手続きの適用がより正確で速くなり、十分な注意を向けなくてもできるようになっていく。一方、「わかる学力」に関して、概念的理解の深化メカニズムは、**多様な知識の関連づけによる知識構造や思考の枠組みの精緻化や再構造化**である。既有知識と新たな知識を結びつけ、また既有知識どうしに新たな結びつきを見いだすことで、**物事をとらえる枠組みを変えていく**ことが「わかる」ことの本質であると考えられる。したがって、反復によって比較的短期的に向上する「できる学力」に対して、「わかる学力」は、個々人の既有知識に違いがあり、知識構造や思考の枠組みを組み替えていくことが概念的理解の深化に必要になるため、その向上は相対的に長期的なプロセスとなる。

一方で、「できる学力」と「わかる学力」は相互に影響し合う関係にもある。「できる学力」として獲得された手続き的な知識やスキルは、それが自動化されることで、概念的理解を深める際に関連づけられるための新たな構成要素となり、「わかる学力」の形成に役立つ。一方で、「わかる学力」として手続きの持つ意味や有効性が理解されることで、個々の手続き的知識・スキルの獲得に意味づけがなされ、「できる学力」の形成を動機づけることにつながると考えられる。

また、「できる学力」と「わかる学力」では、その形成を通じて高まる意欲の種類も異なると考えられる。「できた」という経験は、手続き的知識・スキルが自動化することで、より速く、より正しく答えようという意欲を高めるであろう。そこには、他者との競争や以前の自分との比較が動機づけとしてはたらくかもしれない。一方で、知識を関連づけて「わかった」という経験は、知識が再構造化されることで知的好奇心や内発的動機づけを喚起し、もっとわかりたいという意欲を高めるであろう。「わかる学力」の形成には、知識の提供者として、自分が説明する相手として、また探究のためのパートナーとして、協働する他者も重要な役割を果たすであろう。

「わかる学力」の広がりと深まり：「開かれた知識」をつなぐ

「わかる学力」を考える場合、まず、定義や性質などを知っているといった事実的知識と、多様な知識を関連づけることで新たな認知構造を形成するという概念的理解とを区別する必要がある。前者の事実的知識は、例えば、三角形の合同条件のように、正確に定義や性質を記憶する側面が重視されると考えられる点で、定型的な手続き的知識・スキルを正確に記憶して適用して定型問題を解決する「できる学力」に分類できると考えられる。それに対して、本稿で主たる対象としている「わかる学力」は、多様な知識の関連づけという探究活動を通じた思考プロセスの構成や深い概念的理解、それを通じた非定型問題の解決に対応している。探究は個人レベルで行われることも他者との協同過程において行われることもあるが、いずれにしても探究を通じて知識構造が精緻化され、再構造化されることが概念的理解の本質であり、それをここでは「わかる学力」の向上（概念的理解の深まり）と表現している。

また、どのような知識を関連づけるかに関して、当該単元で学習する以前の発達過程において形成されてきた様々な既有知識を関連づける点にも「わかる学力」の特質がある。そのような既有知識には、他教科や他単元の学習において獲得した知識も含まれるが、日常経験を通じて形成してきた知識（日常的知識）も多く含まれる。「できる学力」に含まれる事実的知識や手続き的知識が単元内で**「閉じた」知識**であるのに対して、「わかる学力」の形成に利用される知識は単元や教科、学校という枠組みを超えた**「開かれた」知識**である点が対照的である。さらに「できる学力」が単位時間内や単元内の短期的獲得が目指される、短期的な教授・学習過程の目標となる知識やスキルであるのに対して、「わかる学力」は概念発達や認知発達の過程で長期的に形成されてきた既有知識をベースにしながら、当該単元の授業を通じてそれらの知識が精緻化・再構造化され、またそれが別の単元や教科における「わかる学力」の形成のベースとなっていく特質をもつ。すなわち、「わかる学力」が短期的な教授・学習過程の目標となると同時に長期的な発達過程における支援の目標となる点にも、「できる学力」との間に時間的スパンやとらえる枠組みの違いがみられる。

日本の子どもの学力の心理学的特質　以上のように学力を認知心理学的な観点からモデル化することで見えてくる、日本の子どもの算数・数学を中心とした学力の特質は、次のようにまとめることができるだろう。それは、小学校・中学校・高校といった校種や学年の違いを越えてみられる、定型問題に対する「できる学力」の高さと、非定型問題に関わる「わかる学力」の相対的な低さである。それは、言い換えれば、日本の児童・生徒が、教科・領域・単元に「閉じた知識」を定型的に速く、正確に適用することに優れている一方で、学校で学習する多くの教科の内容だけでなく、日常生活や将来の生活、他者や社会との関わりも含めて広がりをもつ「開かれた」知識を自発的に関連づけて自分なりの考えを構成し、諸事象や諸問題の本質に迫ることに相対的な弱さを示しているとも考えられる。

それでは、学力、特に定型問題を解決する「できる学力」の水準の高さで知られるアジアの国々の間で、非定型問題を探究し解決する「わかる学力」はどのような現れ方をするのだろうか。より具体的には、国際的に見て全般的な学力水準の高さが示されている（本章1参照）、シンガポール、中国、日本という国々の間には、一人一人の子どもの「わかる学力」、すなわち思考プロセスの構成と表現、概念的理解の深まりに関して、各国の教育政策や教育方法、教育内容を背景として、どのような違いや特徴がみられるのだろうか。第六章では、アジアに位置する三つの国の児童の「わかる学力」と「できる学力」の共通性と固有性を探っていくことにしよう。

第六章　アジアにおける日本の子どもの算数学力の特質

1　アジアにおける学力の特質を探る――問題意識と調査の計画

アジアの国や地域における子どもの数学的思考とその背景

これまでの国際比較調査、たとえば第五章でとりあげたＴＩＭＳＳやＰＩＳＡでは、算数・数学の学力や数学的リテラシーに関して、アジアの国や地域（シンガポール、韓国、中国（上海・北京など）、台湾、香港、日本など）の成績が国際平均に比べて高いことが明らかになってきている。一方で、成績の高低ではなく、実際に子どもが問題、特に多様な考えが可能な非定型問題を解くときにどのような方法を用いるのか（問題解決方略）、その方法をどのように表現するのか（方略の表現形式）といった思考プロセスや、概念的理解の深まりに関する比較はほとんど行われてきていない。これからの時代の学力やリテラシーを考えていくとき、思考の結果としての得点だけではなく、子どもの思考のプロセスや概念的理解の質的な深まりにも着目して、その教育を考えていく必要がある。

アジア諸国のなかで、シンガポール、中国、日本では、多くの量を学習し、手続きを暗記して正解を速く導くことを中心とする従来の学力観にかわる新しい学力観が二〇〇〇年頃から提案されてきている。たとえば、シンガポールでは、「考えるための学校（Thinking Schools）」、「学ぶ国家（Learning Nation）」という言葉に代表されるように、思考の結果よりも思考のプロセスを重視し、国を挙げて子どもの学習に力を入れてきている。また、中国では、受験に対応する「応試教育」から、子どもの素質や人間性を育てる「素質教育」への変化に表されるように、入試対策に偏った教育から全人格的な教育への移行がめざされてきている。そして、日本では、二〇一七年改訂の学習指導要領において、「知識・技能」、「思考力・判断力・表現力」、「学びに向かう力、人間性」といった資質・能力の育成が目標とされるなど、定型的な知識・技能にとどまらない、多様な知識や技能を関連づけて思考し表現する力や学習意欲、社会性なども含めた幅広い学力の育成がめざされている。

これらの三つの国では、対置する古い学力観は共通するものの、新しい学力観やそれを背景とした教育内容や教育方法は異なっており、それが子どもの数学的思考の水準だけではなく、数学的思考のプロセスや概念的理解の深まりにも影響を及ぼしているのではないかと推測される。そこで、本章では、三つの国の小学校五年生の数学的思考について、「できる学力」と「わかる学力」の二つの側面から構成される課題を各国の児童に実施することで検討し、さらに「わかる学力」の内容については、記述型課題に対する子どもの記述内容の分析から、各国の児童の思考プロセスと概念的理解の特徴を明らかにしていくこととする。本章の研究で対象となっている小学校は、一般的な公立小学校とはやや異なり、三か国それぞれについて、「新しい学力観」のもとで思考力の育成などをテーマに研究を進めてきた学校を選択して調査が実施された（シンガポールの場合は、学校数も少なく、国の方針が全校に行き渡りやすいため、そのなかで多様な学力水準の学校・クラスが含まれるようにした）。それらの子どもたちの思考プロセスや概念的理解の深まり、言い換えれば、五章で検討した「わかる学力」の特質を中心に比較を行うことを通じて、算数学力の形成に関わる各国の教育の成果を明らかにし、今後の教育の方向性について展望したい。

小学生の数学的思考のプロセスを測る：調査の概要

東京大学大学院教育学研究科21世紀COEプロジェクト「基礎学力育成システムの再構築」における学校機能分析ユニットB1「日本、アメリカ、中国、シンガポールにおける教育観の国際比較研究」（ユニット代表者：恒吉僚子）の一環として、児童の数学的思考のプロセスを三つのアジアの国、日本、中国、シンガポールの間で比較することとした。* その際、児童の数学的思考を、（1）手続き的知識（procedural knowledge）の適用による定型問題解決（解法や解が一通りに定まるような問題の解決）として特徴づけられる「できる学力」の側面と、（2）概念的理解（conceptual understanding）にもとづいて多様な知識を関連づけて思考プロセスを表現する非定型問題解決として特徴づけられる「わかる学力」の側面に大きく区分し、それぞれ集団実施形式の課題で測定することとした。表6-1に調査課題の一覧を示す。

*当該ユニットの研究メンバーは、恒吉僚子　秋田喜代美　藤村宣之　村瀬公胤　森いづみ　Catherine Lewis, Barbara Finkelstein, Christopher Bjork, Christine Lee, Kho Ee Moi, Koay Phong Lee, Edmund Lim, 鄭太年、代　玉である。筆者（藤村）は、各国の教師、児童、保護者の教育観を測るビデオ・インタビュー調査に参加すると同時に、それと並行して、各国の児童の数学的問題解決プロセスを測定するテストを開発し、結果を分析して教育観との関連を検討する役割を担った。

（1）「できる学力」（手続き的知識・スキルの適用）を測る定型課題

小学校算数の学習内容に直接関連する定型課題として、従来の国際比較調査等から計算課題二問（第1問）と定型文章題三問（第5問）を選択して課題を構成した（表6-1参照）。課題は、日本の学習指導要領に依拠して四年生までの学習内容から、それぞれ通過率が二〇%から八〇%までの中

表6-1　「児童の数学的思考を測る調査課題」の課題一覧

課題	小問の特質	小問の内容	主要な出典
1. 計算課題	①整数除法 ②小数加法	306÷7 3.7＋4.6	国立教育研究所調査（天野・黒須、1992） 〃
2. 作問課題（乗除法）	①乗法（2通り） ②除法	6×4 14÷4	藤村（1997） 新規作成
3. 図示課題（分数）	①割合分数図示 ②量分数図示	2mの1/4 3/4m	藤村・大田（1996） 〃
4. 比較課題（内包量）	速度（歩行）	48分-3km vs. 72分-4km	藤村（1990a、1990b、1997）
5. 定型文章題	①乗除法混合 ②乗除法混合（比例） ③包含除（余りのある除法）	54個÷6袋×2袋（多肢選択） 30分-10人=1時間 30分-?人（記述） 58枚÷6枚/頁（記述）	TIMSS1995（Mullis et al.、1997; 国立教育研究所、1996） TIMSS1995（Mullis et al.、1997; 国立教育研究所、1996） NAEP（Kenney & Silver、1997）の数値を変更

注：課題1, 5は、手続き的知識・スキル（できる学力）を測定する定型課題
　　課題2, 3, 4は、概念的理解や思考プロセスの表現（わかる学力）を測定する非定型課題

程度の難しさの問題を中心に選択して構成した。

計算課題（第1問①余りのある除法の計算課題（306÷7）、②繰り上がりのある小数の加法の計算課題（3.7＋4.6））では答えの算出を求めた。また、定型の文章題の一題（第5問①乗法と除法の混合課題）では、国際比較調査と形式を揃えるために選択形式とし、残りの二題（第5問②比例に関する乗除法混合課題、③余りのある除法の課題）では立式と求答を求めた。上記の5問は、いずれも小学校算数の学習内容として一般的に用いられて

いる問題であり、定型的な手続き的知識・スキルを系列的に（アルゴリズムとして）適用することで解決可能な課題となっている。なお、第5問③は言葉や図などを用いて説明を行うことも可能な状況では学校で学習した除法以外に乗法等を用いて解決可能な非定型課題（多様な解法や表現が可能な課題）ともなりうるが、本研究では「式と答え」のみの記述を求めることで、学校での学習場面と類似した定型課題の設定とした。

(2) 「わかる学力」（概念的理解や思考プロセスの表現）を測る非定型課題

児童の概念的理解や思考プロセスを測るために、主に認知発達研究や教授・学習研究の一環として作成・実施されてきた諸課題（藤村 1997 など）から課題を選択して構成した（表6-1参照）。これらの課題は、日常的知識や当該学年までに学校で学習した様々な知識などの「開かれた知識」を関連づけることによって多様な解決が可能な非定型の記述型課題である。多様な問題解決方略やその表現が可能な自由記述形式の課題となっている。これらの非定型課題には、作問課題（第2問）、図示課題（第3問）、比較課題（第4問）が含まれる。

作問課題（第2問）では、①6×4、②14÷4で計算が表されるような問題（文章題）をそれぞれ作るように求めた。文章題を読んで式を立てて答えを求める文章題であれば、文章中の単語や数値を手がかりに定型的に解決が可能であるが、逆の方向で式から文章題を生成する作問課題には、その演算の構造に関する概念的理解や、算数・数学以外の領域も含めた多様な既有知識との関連づけが必要であり、生成される文章題も多様（非定型）なものとなる。一つの量（次元）の演算である加減法と異なり、乗除法には二つの量（次元）を関連づけて表現する高次の数学的思考が求められるため、①乗法の作問課題と、②余りのある除法の作問課題を設定した。①については、実施前にプロジェクトメンバーの Koay Phong Lee 教授（シンガポール国立教育学院（数学部門））と協議し、児童の思考の多様性を検討するために二種類の問題の作成を求めることとした。作問課題では、乗除法の構造に関する概念的理解とその深まり・広がりを、①乗法的構造（単位あたり、倍、面積）の多様性、②商と余りの区別や分離量と連続量の区別といった側面から測ることを目的とした。

図示課題（第3問）では、２ｍの長さのテープを図示し、①２ｍの¼、②¾ｍにそれぞれ着色するように求めた（テープの図には、¼ｍごとにテープを区分する線分が示されていた）。分数（例えば、⅔）には、「○○の3分の２（○○を三つに分けた二つ分）」といった割合や分割結果を表す意味づけ（割合分数や分割分数。最終的な大きさは○○の大きさによって異なる）と、「（１ｍの⅔としての）⅔ｍ」といった量の大きさを表す意味づけ（量分数）の両者が含まれている。各国の算数の教科書では両者が扱われているが、その意味づけの区別は児童にとって容易ではない（日常場面では、前者の意味で用いられることが多い）。そこで、図示課題では、分数に関する二つの意味を区別するという観点から、①割合分数と、②量分数の概念的理解を測ることを目的とした。なお、本問は概念的理解を測る課題ではあるが、思考の表現の幅（多様性）は、２ｍのテープのどの部分に着色するかといった範囲にとどまっている。その箇所に着色した理由を尋ねることで非定型課題としての特質は高まると考えられるが、本研究では実施時間の関係等で着色のみを求めることとした。

比較課題（第4問）では、人の歩く速さに関して、「48分で3㎞を歩く人と72分で4㎞を歩く人ではどちらが速く歩いたか、または速さは同じか」を尋ね、判断と理由づけを求めた。比較課題では、児童が行った判断と理由づけの内容から内包量（単位あたり量）に関する概念的理解と思考プロセス（問題解決方略）を明らかにすることを目的とした。なお、本課題は、速度の概念的理解の深まりを測るために、大きな数値（時間）÷小さな数値（距離）の計算結果の大小関係と速度の大小関係が一致せず、その意味（1㎞歩くのにかかった時間）に着目して計算結果の大小判断を逆転させて速度の大小関係を判断する必要のある数値設定（「逆内包量」（inverse intensive quantity）型の数値設定）とした（藤村 1990a, 1990b 参照）。

課題内容の確定と実施手続き

上記の課題の一部を用いた国際比較研究は、日本と中国、アメリカ合衆国との間で、筆者と他大学教員等との共同研究としても実施されてきている。日本と中国の比較研究（藤村 2004）では、手続き的知識・スキルの適用を測る定型課題（計算や文章題）の正答率は中国（先進校および一般校）が日本よりも高いこと、概念的理解や思考プロセスの表現を測る非定型の記述型課題に関しては、中国では既習の関係式の直接適用が多く、日本では計算結果の意味を考慮した判断が多い一方で無答率も高いことなどが明らかになっている。これらの傾向を考慮したうえで、本研究における調査課題の選択と構成を行った。

調査課題の内容については、事前にシンガポールや中国のプロジェクトメンバーと協議を行い、シンガポールや中国の児童においても、先述の（1）「できる学力」を測る定型課題は算数の学習内容として各国で既習であること、先述の（2）「わかる学力」を測る非定型課題については既習事項や日常的知識を利用することで何らかの解決が各国の児童に可能であることが確認された。

以上の手続きによって確定された調査課題（（1）定型課題および（2）非定型課題：表6－1参照）が、日本、シンガポール、中国の小学校五年生を対象にクラス単位の集団調査形式で二〇〇五年度に実施された。実施言語は、それぞれ、日本語、英語、中国語であり、翻訳にあたっては、同一の意味内容を表すとともに各国の児童にとって親近性の高い表現となるようにシンガポールや中国のプロジェクトメンバーと協議し、翻訳文を確定した。

調査への参加者は、日本が東京都、神奈川県の小学校四校の三二〇名、シンガポールが小学校七校の六八五名、中国が上海市の小学校二校の一九四名、合計一一九九名であった。実施時間は四〇分であったが、本研究では問題解決の速さや正確さよりも思考プロセスの多様な表現や概念的理解の深さを測ることを主たる目的としているため、各クラスの児童の課題解決状況により、最長で五分間の時間延長を行った。

なお本調査の実施は二〇〇〇年代半ばであるが、各国の教育政策や教育方法については現在に至る改革の大きな方針は既に確定され実施されていた時期にあたること（例えば日本においては「自ら考える力の育成」など）から、本研究における三か国の児童の比較分析の結果は現在においても意義を有すると考えられる。また筆者は同種の調査課題を用いて二〇一〇年代、二〇二〇年代と継続的に国際比較研究（藤村, 2017：フィンランドと日本の比較）や国内調査などを行ってきているが、日本の児童の数学的思考に関して本研究で分析した結果とおおむね同様の傾向がみられてきている。

2　日本、シンガポール、中国の児童の算数学力の特質

算数学力に関する全般的な傾向

日本、シンガポール、中国の小学生の算数学力に関する全般的傾向を明らかにするために、（1）手続き的知識・スキルの適用（できる学力）を測る定型課題（計算課題二問、定型文章題三問、合計五問）、および（2）概念的理解や思考プロセスの表現（わかる学力）を測る非定型課題（作問課題三問、図示課題二問、比較課題一問、合計六問）のそれぞれについて、平均正答率を算出した。

その結果、（1）「できる学力」を測る定型課題の平均正答率は、日本七一％、シンガポール八八％、中国八六％であり、（2）「わかる学力」を測る非定型課題の平均正答率は、日本五八％、シンガポール六五％、中国七二％であった。

以上の結果から、計算課題や定型文章題といった定型課題の解決によって測られる手続き的知識・スキルの適用（できる学力）の水準は、三か国とも七〇％以上であったが、シンガポールと中

国は日本よりもさらに高い水準にあることが明らかになった。一方、記述形式の非定型課題（作問、図示、比較課題）の解決によって測られる概念的理解や思考プロセスの表現（わかる学力）の水準は、各国ともに手続き的知識・スキルの適用（できる学力）の水準よりも低かった。また、概念的理解や思考プロセスの表現（わかる学力）の水準（正答率）に関する日本と他の二国との差は、手続き的知識・スキルの適用（できる学力）の場合の差と比べて大きくないが、正答率としては、中国が日本よりも相対的に高い傾向にあることがうかがえる。

そうした国による差異（正答率という量的な差）が、概念的理解の深まりといった「わかる学力」の質の高さを反映しているのか、量的な差には現れない学力の質的な違いが三か国の間にあるのか、さらに国による差異が何によってもたらされているのかを明らかにするには、児童一人ひとりの問題解決方略や作問内容といった思考プロセスを分析することが有効である。そこで、概念的理解や思考プロセスの表現（わかる学力）を必要とする記述形式の非定型課題について、児童の思考プロセスの国による違いをみてみよう。

速度比較課題にみられる各国児童の思考プロセスの特質：問題解決方略の分析

速度比較課題は、先述のように、単位あたり量（内包量）の概念的理解の深まりを測るための非定型課題、すなわち多様な問題解決方略によって解決可能な課題である（図6－1参照）。計算による判断ができることを超えて、児童の記述内容を分析して明らかになる問題解決方略の内容や表現

表6-2　速度比較課題に対する問題解決方略の国別出現率

	方略名	日本	シンガポール	中国
正答	個別単位方略（4kmにそろえる、など）	10	11	3
	単位あたり方略	43	58	65
	［逆内包量方略（1kmあたり何分かなどを比較）	41	57	29
	［正内包量方略（分速何mかなどを比較）	2	1	36
	［詳細な説明（何らかのことばを付加）	40	52	10
	［簡潔な説明（式と答えのみを記述）	3	6	55
誤答	単位あたり誤判断（数値の大小のみで判断）	12	11	18
	一次元方略	6	3	3
	その他の誤方略	23	15	7
	無答	6	1	5

形式から、内包量（intensive quantity）という、算数・数学教育において乗除法・比例・関数等の諸概念をつなぐ重要な数学的概念に関する理解の深まりを測ることができる。本項では、問題解決方略の種類（タイプ）、表現形式（言葉による意味づけを付与するか、計算式のみで表現するか）といった観点から、各国の児童の思考プロセスを心理学的に分析してみよう。

問題解決方略の種類　子どもの歩く速さを比較判断し、その理由を記述する速度比較課題（図6-1参照）では、1km歩くのにかかる時間や1分あたりに進む距離（分速）を計算して比較する方略（単位あたり方略）や、距離や時間を特定の値（たとえば4km）にそろえて比較する方略（個別単位方略）を用いることによって正答を導くことができる。

児童一人ひとりの問題解決方略の種類や表現形式を分析し、その出現率を三つの国の間で比較した結果を表6-2に示す。

分析の結果、表6-2に示されているように、「4kmにそろえて考える」といった、1kmや1分などの普遍単位以外の

個別単位方略の例（日本）

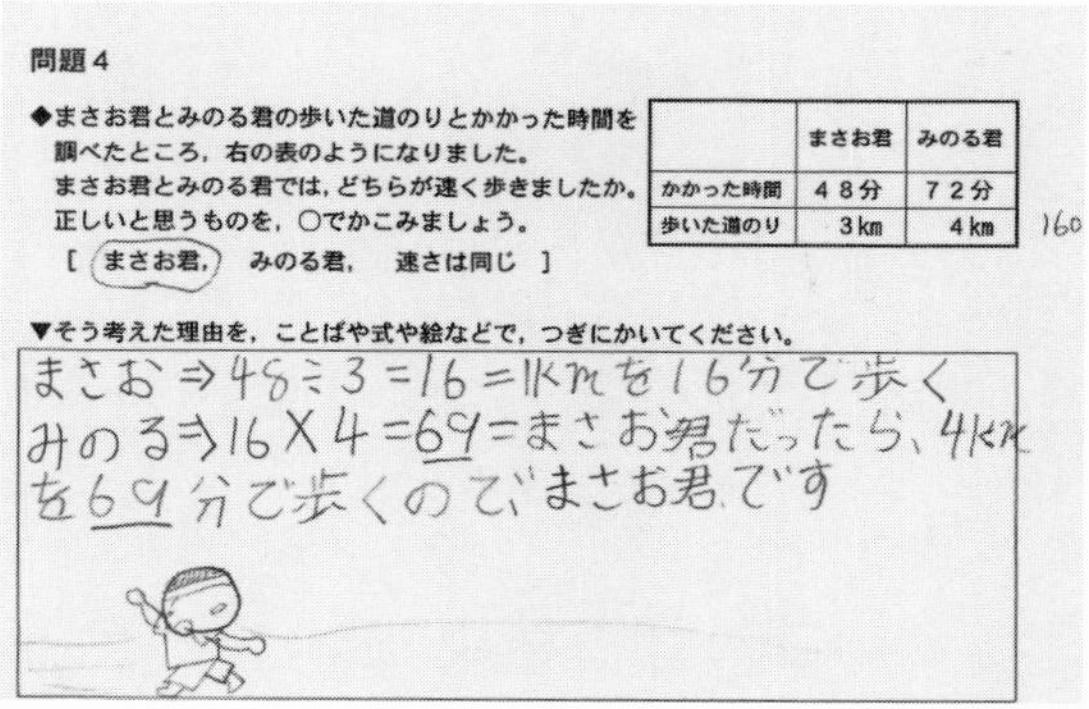
問題４

◆まさお君とみのる君の歩いた道のりとかかった時間を調べたところ，右の表のようになりました。
まさお君とみのる君では，どちらが速く歩きましたか。
正しいと思うものを，○でかこみましょう。

	まさお君	みのる君
かかった時間	４８分	７２分
歩いた道のり	３km	４km

160

［ まさお君，　みのる君，　速さは同じ ］

▼そう考えた理由を，ことばや式や絵などで，つぎにかいてください。

まさお⇒48÷3＝16＝1kmを16分で歩く
みのる⇒16×4＝69＝まさお君だったら、4km
を69分で歩くのでまさお君です

図６－１　速度の比較課題に対する日本の子どもの記述例（個別単位方略）

特定の値に一方の量を揃えて他方の量を比較する「個別単位方略」が、シンガポールと日本では中国に比べて多くみられた。この方略は、子ども自らが考案した（学校では学習しない）方略である。図６－１に日本の児童の個別単位方略の記述例を示す。なお、この図では子どもの行った計算（手続き的スキル）には一部に誤りがあるが（16×4＝69としている）、概念的理解を問う非定型課題では、その計算の誤りが判断に影響を及ぼさない限り誤答とはせず、この例の場合も正答と判断している。

　一方、１㎞あたりや１分あたりの数値を算出して比較する「単位あたり方略」は、日本に比べて中国やシンガポールに相対的に多くみられた（表６－２参照）。本問では、各国で「単位あたり方略」を用いた児童が半数前後みられるが、その詳細な内容や表現には国による違いが見られなかったのであろうか。

まず「単位あたり方略」は、問題解決の方向性から二つの下位方略、「正内包量方略」と「逆内包量方略」に区分される（なお、「正（direct）」「逆（inverse）」は、「正比例」「逆比例（反比例）」のように数的関係の方向性を示す数学用語であり、いずれの方略も正答を導く適切な方略である）。「正内包量方略」では、道のり÷時間の計算をして「一分あたりに進む道のり」などを比較し、道のりが長い方を速いと判断する。この方略は、「分速」、「時速」など、数値が大きいほど速度（内包量）の値が大きくなる正内包量（direct intensive quantity）を算出して判断する方略であるが、計算結果の数値の大小と速さの大小が一致するため、判断に対する理由づけが式と答えの数値の記述のみの場合、速さの意味に着目して適切に判断したのか、わり算の結果の数値の大きい方のみを手続き的に答えたのかを判別することが難しいという面がある。一方、「逆内包量方略」では、時間÷道のりの計算をして「1㎞を歩くのにかかる時間」などを比較し、時間が短い方を速いと判断する。この方略は、「1㎞を歩くのにかかる時間」など、数値が大きいほど速度（内包量）が小さくなる逆内包量（inverse intensive quantity）に着目して判断する方略であり、（例えば、「100m走のように距離が決まっているときは時間が短い方が速度は速い」のように）日常的な定性的知識と関連づけながら数値の意味を概念的に判断するプロセスを含んでいる。したがって、その判断と理由づけから、数値の大小のもつ意味（数値の大小関係と速さの大小関係の関係性）を理解しているかどうか、すなわち概念的理解の深さが判別可能であると考えられる。本研究では、本章1で述べたように、時間の

単位あたり方略の例（シンガポール）

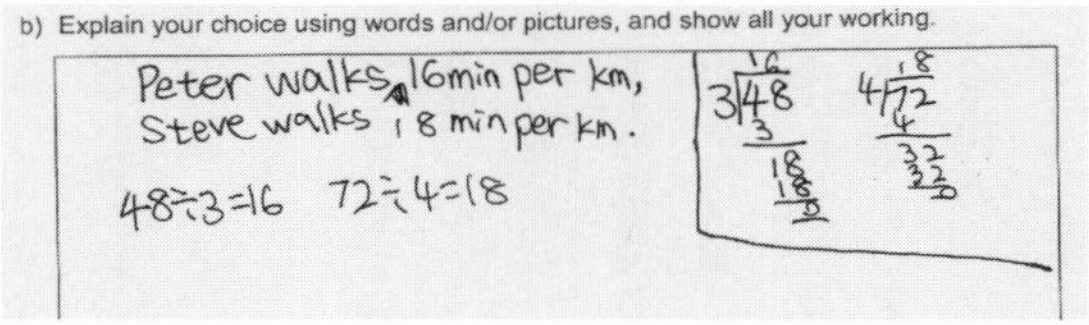

→ 逆内包量の意味づけと正確な判断

図6-2　速度の比較課題に対するシンガポールの子どもの記述例（単位あたり方略のうちの「逆内包量方略」）

数値（二けた）が道のりの数値（一けた）よりも大きい数値に設定することで、計算の容易さから上記の「逆内包量方略」を選択しやすくし、その出現率を速度の概念的理解の深さを測る指標とすることを想定していた。

そこで、以上に述べた下位分類にしたがって、各国の児童の方略を分析した。その結果、大きい数値÷小さい数値の計算をして1kmあたりにかかる時間を算出し、その意味にもとづいて（数値の大小を逆転させて）速さを判断する「逆内包量方略」の利用率は、シンガポールや日本が高く、特にシンガポールが中国よりも高かった（表6-2参照）。図6-2はシンガポールの児童の「逆内包量方略」の記述例である。「1kmあたり16分（16min per km）」といった計算結果の意味づけがなされ、二人の子どもの数値を比較して小さい方が速いと適切に判断していることが読み取れる。

一方、小さい数値÷大きい数値という（小数や分数の計算が必要な）難しい計算を選択して分速を正確に算出して比較する「正内包量方略」は、中国で四割近くの児童にみられたのに対して日本やシンガポールにはほとんどみられなかった。図６－３は中国の児童の「正内包量方略」の記述例を示している。この例では、３㎞と４㎞を3000mと4000mにそれぞれ単位換算したうえで、3000÷48, 4000÷72の正確な計算を行い（ワークシート右側に示されている筆算）、その結果の概数（63と56）を示して、その数値の大きい方が速いと適切に判断している。中国の児童では、このように単位換算して計算する児童のほか、3÷48と4÷72の計算を実行し、計算結果を小数や分数（1/16と1/18）で示して比較する児童も多くみられた。以上のように、中国では、数値の設定にかかわらず、「速さ＝道のり÷時間」という関係式に結びつけて考える傾向が他の二国に比べて強いことがうかがえる。

中国の算数教科書の分析（藤村 2004）では、小学校二年生の乗除法などの単元で、乗除法の文章題に関連して上記の速さに関する関係式を含む多くの関係式（公式）が示されており、そのような学習経験の影響も推測される。速度の比較課題は、先に述べたように概念的理解の深さを測る課題として設定した課題であるが、中国の多くの児童においては、「逆内包量方略」のように計算結果の意味を速さに関する定性的知識と関連づけて概念的に理解して解決するのではなく、既習の多くの関係式（公式）の一つと結びつけて、分数や小数を含む正確な計算スキル（手続き的知識）を適用することで解決を実現していたことがうかがえる。

問題解決方略の表現方法　次に「単位あたり方略」を用いた児童について、その表現方法についても分析を行った。その結果、表６－２に示されるように、何らかのことばを付加した説明（詳細

単位あたり方略の例（中国）

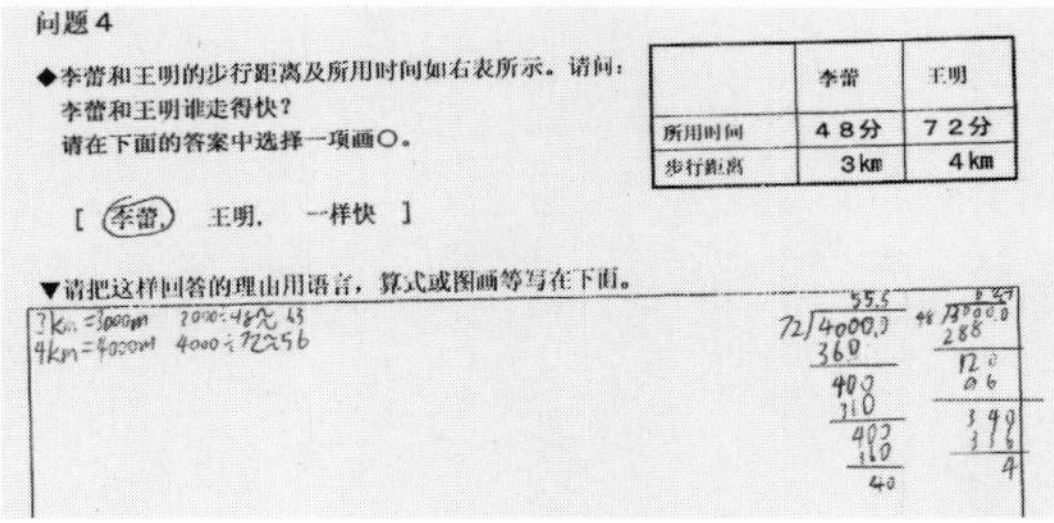

図６－３　速度の比較課題に対する中国の子どもの記述例
（単位あたり方略のうちの「正内包量方略」）

な説明）は、中国に比べてシンガポールと日本、特にシンガポールに多くみられた。前掲の図６－２は、シンガポールの児童による「詳細な説明」の例である。一方で、式と答えのみの記述（簡潔な説明）は、日本やシンガポールよりも中国に多くみられた。前掲の図６－３は、中国の児童による簡潔な説明の例を示している。中国の児童が行う説明に式と答えのみの簡潔な記述が多いことは、これまでの先行研究で示されている結果（Cai 2000、藤村 2004 など）とも一致している。さらに、先述の問題解決方略の種類の分析とあわせて考えると、中国の児童には「既習の関係式の適用と簡潔な表現」という思考の傾向がみられることも推察される。

誤方略の分析　さらに、単位あたり方略や個別単位方略といった正答を導く方略以外の誤方略についても分析を行った（表６－２参照）。まず、先述の「逆内包量方略」と同様に大きい数値（時間）÷小さい数値（道のり）の計算を行うが、わり算の計算結果の意味を考慮せずに数値の大小のみから数値の大きい方を速いと誤って判断する方略（「単位あたり誤判断」）が、他の二国と比べて中国に相対的に多くみられた。次に、時間や距離の一方のみで速さを判断する「一次元方略」や、「その他の誤方略」が相対的に日本に多くみられるなど、日本の児童の誤方略には多様性がみられた。また、全く回答を記述しない「無答」の割合は三か国ともに数％程度であるが、他の二国と比べると特にシンガポールで少なかった。

先行研究との比較　本研究の分析結果を先行研究で示されている結果と比較すると、以上の結果のうち、中国の結果については、既習の関係式の適用（正内包量方略）や、計算結果の意味を考慮しない誤判断（単位あたり誤判断）が相対的に多いといった点で、同一の速度比較課題を用いて日本と中国の六年生を比較した先行研究（藤村 2004）と、中国の対象地域は異なるものの（藤村 2004）では浙江省杭州市の小学校を対象とした）、類似した傾向が示されている。一方で、日本の結果については、一般の公立小学校を対象とした先行研究（藤村 2004）では無答率が二四％に達していたのに対して、本研究では同じ問題の無答率が六％にとどまっており、「新しい学力観」のもとで研究を進めている公立小学校を対象としたことの影響、すなわち自身の何らかの思考プロセスを記述する傾向がうかがえる。先述の「わかる学力」（深い概念的理解、思考プロセスの表現）のうち、少なくとも第一段階の思考プロセスの表現については、ある程度、成果を挙げている小学校が日本にもみられることが推察される。

乗法の作問課題にみられる思考プロセスの特質：作問内容の分析

次に、乗除法に関する概念的理解を明らかにするために、作問課題（答えを求める式が6×4になるような文章題を作る問題）に対する児童の記述内容を分析した。作問課題では5＋3の作問例を示した後に、思考の多様性を明らかにするために、本章1で述べたように、6×4の文章題を二題作成するように求めた。

乗法の作問には、数学的構造（意味づけ）の違いから、（1）二種類の量を「1あたり量×いくつ分」として関連づける「1あたり」型、（2）一つの量を数として表象して「倍」という数的パラメータを関連づける「倍」型、（3）同種の量を直交積（デカルト積）という論理構造を利用して関連づける「面積（組み合わせ）」型が主に想定される。「**1あたり**」型では、「1あたり量」と「いくつ分」のそれぞれに日常的知識を反映して様々な内容を設定することができる（例えば、「1あたり量」としては、1箱（皿、袋）あたり、1人あたり、1部屋あたり、1mあたり、など多様な1あたり量（あるいは単位あたり量）を想定することができる）点で、自身の日常経験と関連づけながら多様な問題を考えることができる。一方で、2つの量を乗法的に関連づける（一方の量Aの「上」に他方の量Bが一定量ずつ均等に分布して（あるいは配分されて）おり、そのAが一定量存在する状況を想定して、Bの全体量を求める）という思考が必要である点で、一種類の量の増減や比較などを扱う加減法とは根本的に異なる「乗除法の構造的理解」が求められる。「倍」型では、想定する一つの量には幅があるが、それに関連づける知識は「倍」という演算子に関する数学的知識に限定されており、作成される問題の多様性は小さい（「6本の4倍」「6mの4倍」のように対象とする量の単位が異なるだけで、作問の一様性が高い）。また、「倍」という数学的知識が必要であるが、「1あたり」型のような異種の2量（2次元）を関連づける構造的理解は必要とされない。また、「面積（組み合わせ）」型では、主に長さという一つの量を想定し、長方形の面積の求め方（縦の長さ×横の長さ＝面積）についての数学的な手続き的知識などを適用して問題が作成される。また、「倍」型と同様に、異種の2量を関連づけるような構造的理解は求められない。

以上のカテゴリーを用いて、各国児童の作問内容を分析した結果、「一箱6個入りの消しゴムが4箱あります」のように日常場面における二つの量（箱の数と消しゴムの個数）を乗法的に関係づける「1あたり」型の作問は日本と中国に多くみられ、シンガポールでは相対的に少なかった（第一作問・日本：七六％、中国：七五％、シンガポール：五六％。第二作問・日本：六九％、中国：七一％、シンガポール：五五％）。例えば、「6人が1艘のボートに乗ります。4艘のボートがあると最大で何人乗れますか」といった作問（中国の児童の記述例）や、「1つの箱に消しゴムが6こ入っています。この箱4こでは、消しゴムは何こになるでしょう」といった作問（日本の児童の記述例）がこのカテゴリーにあたる。国による出現率に、一つめの作問と二つめの作問の間で、大きな差異はみられなかった。

一方で、「あなたは物差しを6本持っています。あなたの友達のジェイはその4倍持っています。ジェイは何本の物差しを持っていますか」（シンガポールの児童の記述例）のように「倍」という数学的知識を用いて数的に関係づける「倍」型の作問は、シンガポールに最も多くみられ、次いで中国に多くみられた（第一作問‐シンガポール：三一％、中国：一六％、日本：三％。第二作問‐シンガポール：二七％、中国：二一％、日本：四％）。日本では「倍」型の作問は二問ともに五％以下であった。そのほかのカテゴリーとしては、「縦６㎝、横４㎝の長方形の面積は？」のような問題を作成する「面積（組み合わせ）」型が、日本の児童に一定数みられた（第一、第二作問ともに三％）。また、このカテゴリーに関して、「縦に6列、横に4列ある靴箱の数は？」といった作問（組み合わせ型）もみられた。一方で、「面積」型の作問は、中国とシンガポールでは（第一、第二作問ともに）一％未満であった。

さらに、この問題に対して全く記述を行わない「無答率」は日本が相対的に高く（第一作問：五％、第二作問：一〇％）、一方で、シンガポールと中国は（第一、第二作問ともに）一％未満であった。

以上の結果から、①国による傾向は2問の作問を通じてほぼ一貫していること、②「倍」という数学的知識を用いて数的に関係づける「倍」型の作問は、シンガポール、次いで中国に多く、中国の児童は（「1あたり」に次ぐ）個人内の第二の選択肢として「倍」を用いる傾向があること、③日本の児童は日常的な量どうしを関連づける「1あたり」型の作問や「面積」型の作問のカテゴリーに関して多様な作問を試みることなどが明らかになった。中国の児童が日本の児童に比べて「倍」型の作問を用いる傾向が強いことや、日本の児童が中国の児童よりも「面積」型の作問を行う頻度が相対的に高く、一方で無答率が高いことは、同種の課題（6×4.5という小数の乗法場面についての作問課題）を実施した先行研究（藤村 2004）の結果とも一致している。

以上の分析結果から、各国の児童の算数学力についての全般的特徴は、次の表6－3のようにまとめられる。

3　各国の児童の算数学力の特質とそれをもたらす背景

各国の児童の思考プロセスの特徴：どのように非定型問題に取り組むか?

シンガポールの児童には、乗法作問課題で、「倍」という数学的知識を用いて（量としてよりも）数的に関連づける「倍」型の作問が3割前後の児童にみられたように、**数学的知識を用いて問題解決方略を構成する傾向**がみられる。また思考の表現面では、速度比較課題にみられるように、式にことばを加えた詳細な説明を行う点も特徴的である。一方で、児童の思考プロセスの多様性という点では、速度比較課題で、単位あたり方略のうちの「逆内包量方略」が6割近くの児童に、単位あたり方略の詳細説明（式とことばによる表現）が半数以上の児童に、それぞれみられること、乗法作問課題で、日常経験との関わりで多様な知識の関連づけが可能な「1あたり」型の作問を行う児童が、他の二国に比べて二割程度少ないことなどから、特定の方略や表現の出現頻度が他国に比べて高く、個人間の多様性が低い（集団内の一様性が相対的に高い）という傾向もうかがえる。

表6-3　各国の算数学力に関する水準、思考プロセスと知識の起源

	シンガポール	中国	日本
手続き的知識の水準	高	高	高-中
概念的理解の水準	高-中	高-中	中
思考プロセスの表現	詳細な説明	簡潔かつ形式的な説明	詳細な説明または無説明
問題解決のための知識の起源	豊富な数学的知識	広範囲の学習した公式群	数学的知識と日常的知識

中国の児童は、速度比較課題で、小数や分数を含む難しい計算が必要な場合でも、既知の速度の関係式（公式）にあてはめて分速を正確に算出して比較する方略（正内包量方略）が四割近くの児童にみられたように、**既習の公式などに結びつけて問題を解決しようとする傾向**が強い。その背景には多くの解法のレパートリーと正確な計算スキル（特定の問題を解決するための定型的な手続き的知識・スキル）を有していることがあり、たとえば3÷48のような相対的に難しい計算の実行にも躊躇しない。一方で、「単位あたり誤判断」の出現率が他国と比べて相対的に高いように、計算等の手続きを正確に遂行し得る一方で内包量などの意味に関する概念的理解が不十分な面もうかがえる。思考の表現としては、速度比較課題で単位あたり方略のうち式と答えのみで記述する児童が全体の半数以上を占めていたように、式による簡潔な説明が中心である。

日本の児童の場合には、速度比較課題における個別単位方略や「逆内包量方略」、一次元方略、乗法作問課題にお

ける「1あたり」型作問や「面積」型作問のように、多様な日常的知識も利用して構成される問題解決方略や作問の出現割合が他国に比べて高いことから、**数学的知識に加えて日常的知識を用いて多様な問題解決方略を構成しようとする傾向**がうかがえる。また、ことばによって考えを説明しようとする傾向がみられるが、一方で思考プロセスの内容や表現には個人差も大きく、記述形式の課題における無答率が他国よりも高いという特徴もみられる。

児童の思考プロセスの特徴をもたらす教育的背景と今後の検討課題

以上のことから、各国における教育内容や教育方法、そこに反映される教育観が、子どもの手続き的知識・スキルの獲得の水準だけではなく、概念的理解に関わる思考プロセスにも影響を及ぼしていることがうかがえる。暗記している多くの解法パターンのいずれかに結びつけて正解を求める中国の児童の傾向は、第一部第三章で見出された中国の授業の特徴（既存の手続きの活用の重視や効率的な手続きへの収束）に対応していることがうかがえる。また、以前の学習で獲得した数学的知識を適切に利用してことばと式で一様性の比較的高い説明を構成するシンガポールの児童の傾向は、第一部第三章で見出されたシンガポールの授業の特徴（プロセス説明の完成度の重視）に緩やかに対応していることが推察される。それに対して、日本の児童には、日常的知識を含む多様な知識を結びつけて考えようとする傾向がみられる。そこには、日常的な事柄との結びつきを重視する日本の算数教育の一定の成果が現れていると思われるが、一人一人の子どもが問題解決方略を構成して表現し、概念的理解を深めるには至っていないと考えられる。

その背景には、授業場面において子どもの概念的理解が手続き的知識の獲得に比して必ずしも重視されていないこと、子どもや教師に、定型のスキルの獲得や正確な結果の導出、解決の速さなど、本章や前章で述べた「できる学力」を重視する学習観（「暗記・再生」型学習観（藤村 2008; 2012））が広く支持されていることなどがあるのではないだろうか。そうした問題点を克服し、一人ひとりの子どもの「わかる学力」の向上（非定型問題に対する思考プロセスの表現や概念的理解の深まり）を促すには、①多くの子どもが日常的知識を含む多様な既有知識を活用して個別に解決可能な非定型問題の設定、②非定型問題に対する子どもの多様な考えを検討し関連づけて深めるクラス全体の討論の組織、③全体討論の直後に個別に取り組むことで本質に迫る非定型問題の設定などによって特徴づけられる協同的・探究的な授業（藤村・太田 2002; 藤村 2012; 藤村ほか 2018 など）の組織が「構成主義」の観点などから有効であることが推測される。また、単元の導入時だけではなく展開時、終結時も含めて、日常的な題材との関連づけや多様な解法の比較検討などを含む上記のような授業を継続的に実施することなど、子ども自身が多様な知識を関連づけて思考を構成し概念的理解を深めることを重視した算数・数学学習が有効性を持つのではないかと考えられる。

一方で、シンガポールや中国の児童においても、本章で検討した速度比較課題や乗法作問課題の思考プロセスにみられるように、日常的知識を含む多様な知識を関連づけて内包量（単位あたり量）や乗除法に関する深い概念的理解を達成するには至っていないと考えられる。第五章の国際比較調査の分析で指摘したこととあわせて、一人ひとりの子どもの概念的理解の深まりをもたらす学習過程の解明は国際的な課題であるとも考えられる。上記の①②③のような特質をもつ学習（協同的探究学習）が子どもの概念的理解の深まりに対してどのような効果を有するかについて、次の第七章で検討することにしよう。

第七章　これからの時代の子どもの学力の形成

第五章では、日本の子どもには、これからの時代に必要な非定型問題の解決力としての「わかる学力」（非定型問題に関する思考の構成・表現や深い概念的理解）に全般的な課題があることをみてきた。第六章では、そのような非定型問題に対する子どもの思考プロセスには、シンガポール、中国、日本で違いがあり、各国の教育方法や教育政策の影響が推察されること、一方で、深い概念的理解まで含めた「わかる学力」の形成については、いずれの国も十分には達成できていないことが明らかになった。思考プロセスという点では、シンガポール、中国の子どもと比べた場合、日本の子どもには、非定型の問題解決に対する（教科学習で獲得した知識以外の）**日常的な知識の利用**や、**個人間の思考の多様性**（**幅の広がり**）という特徴がみられた。それらの特徴は、心理学的に考えると概念的理解の深まりにつながる重要な基盤を個々の子どもが内的に形成してきていることを示している。本章では、日本の子どもの思考プロセスの特質を生かしながら、これからの時代に必要な非定型問題解決力としての「わかる学力」をいかに高めていくかについて、心理学や教科教育に関わる実証的研究にもとづきながら論じたい。

1　「わかる学力」を高めるには——探究と協同が果たす役割

概念的理解が深まるメカニズムⅠ：非定型問題の探究を通じた多様な既有知識の活性化

概念的理解（conceptual understanding）とは、個人がこれまでに形成してきた既有知識と新しい情報を関連づけて諸事象をとらえるための認知的枠組み（思考の枠組みや知識構造）を構成することである。そして、概念的理解が深まるとは、その認知的枠組みが精緻化され、再構造化され、より多様な場面に柔軟に活用可能になることととらえられる。子どもは学校で関連する内容を学習する以前に、多様な知識やそれを組み合わせた問題解決方略などを発達させてきており（Siegler & Alibali 2020など）。子どもの概念的理解を促すには、子どもが発達させてきている多様な既有知識や方略をいかに利用するかが重要である。

子どもの既有知識を利用する方法として、一九七〇年代から主張されてきたのが、子どものもつ既有知識のうち科学的にみて誤った知識である誤概念に着目し、誤概念による予測と異なる結果を実験や観察を通じて示すことで、認知的葛藤を喚起し、それを解消できる科学的概念を獲得させる方法であった（Posner et al. 1982 など）。それに対して、認知的葛藤を生じさせるだけでは元の誤概念を保持したり、誤概念の周辺部分の変更にとどまったりすることが多く、概念変化（概念的理解の深化）には至らないことが指摘されるようになった（Smith et al. 1993; Siegler 1996）。

そこで二〇〇〇年代以降、子どものもつ部分的な適切性をもつ既有知識を利用しながら、非定型問題（多様な問題解決方略が存在したり、多様な説明が可能であったりする問題）を探究させることを通じて、子どもの方略や説明を漸進的に変化させていく研究が行われ、成果が示されてきている（Fujimura 2001; Rittle-Johnson & Star 2007; Clement 2013 など）。例えば、小学生にとって理解が難しい濃度概念に関して、ジュースの濃さがどのように決まるかを均等配分や混み具合に関する既有知識を利用可能なモデルを用いて探究させることによって、新たな方略（単位あたり方略）の発見と意味づけがなされ、濃度の概念的理解が深まることが示されている（Fujimura 2001）。

以上のように、部分的な適切性をもつ多様な既有知識が非定型問題の探究を通じて活性化され関連づけられるというメカニズムにより、概念的理解の深化、すなわち日本の子どもが相対的な弱さを示す「わかる学力」の向上がもたらされることが期待される。

概念的理解が深まるメカニズムⅡ：他者との協同を通じた多様な知識の関連づけ

他者との協同過程において多様な知識を関連づけることで、概念的理解の深まりをもたらそうとするアプローチも二〇〇〇年代から多くみられるようになる。（心理学の領域では、ペア、グループ、クラス全体などの形態を問わず、他者とともに目標を共有して問題や活動などに取り組むことが、従来より協同（collaboration）と表現されてきている。本章ではその意味を表す表現として「協同」を用いている。）例えば、理科の熱と温度の仕組みを考える場面で、生徒が他の生徒の意見を利用して説明を行い、それが別の生徒の科学的な説明を促すように、協同過程を通じて既有知識と他者の考えが関連づけられていくプロセスが知識統合（knowledge integration）として示されている（Linn & Hsi 2000）。また、数学の図形の性質（正方形や正三角形を複数の線分で合同な図形に分割する原理）を考える場面において、既有知識を利用した典型的な複数の分割方略について、共通点やその一般化可能性を生徒どうしが協同で探究することを通じて、無限の理解を含む新たな包括的方略が発見・般化されて、個人の概念的理解が深まることが示されている（橘・藤村 2010）。このような協同過程を重視した学習方法は、二〇〇〇年代以降、学習科学（Learning Sciences）の領域でも提案され、成果が検証されてきている（Sawyer 2014）。

個人の理解の深まりに対する他者の意義は、（1）聞き手としての他者（能動的な聴取者の存在により説明者の説明が精緻化する）、（2）話し手としての他者（他者から自分とは異なる知識や自分の考えに対する評価を得ることで知識の枠組みが精緻化する）、（3）知識の協同構築の相手としての他者（自分と他者が知識を提供し、互いに関連づけることで新たな知識の枠組みが創出される）の三点にまとめられると考えられる（藤村 2012；藤村・橘 2013）。多様な知識を関連づける協同過程（他者とともに探究すること）は、以上のような三つのメカニズムにもとづきながら、個人の概念的理解の深まり、すなわち「わかる学力」の向上に寄与すると考えられる。

子どもが概念的理解を深める学習方法

以上にみてきたように、主に二〇〇〇年以降の心理学や学習科学の研究の展開のなかで、概念的理解の深化のプロセスの解明が進み、それを実現するための探究過程や協同過程の役割が明らかになってきた。その知見は大きく二つのメカニズムにまとめられるであろう。

①**【探究メカニズム】**非定型問題に対する日常的知識を含む多様な既有知識の活性化と関連づけを通じて、学習者の概念的理解の深化（知識構造の漸進的変化）がもたらされる。

②**【協同メカニズム】**多様な知識の相互の関連づけを促すような他者との協同は、個々の学習者の概念的理解の深化（知識構造の精緻化や再構造化）に寄与しうる。

右記の探究や協同のメカニズムに依拠した授業過程を組織することが、これからの時代において必要とされる「わかる学力」（多様な知識を関連づけることによる深い概念的理解や非定型問題の解決力）の育成に有効であると考えられる。そして、第六章で示してきた日本の子どもの思考の特徴（非定型の問題解決に対する日常的な知識の利用や、個人間の思考の多様性（幅の広がり））は、多様な既有知識とそれらを利用する思考という点で、上記の授業過程を有効に機能させるための心理学的基盤が学習者の側にも備わっていることを示していると考えられる。

次節では、これまでに実施されてきた日本の授業の特徴について、算数・数学を中心に国際的な視点から明らかにするとともに、上述の心理学的な二つの視点から検討を加える。さらに、それらの検討にもとづいて「わかる学力」を高めるための、探究と協同を重視した学習の理念と具体的方法について説明と提案を行うこととしよう。

2　授業過程を問い直す――探究と協同を重視した授業のデザイン

国際比較研究に見る日本の授業の特徴

第五章でみたように、日本の子どもの「できる学力」（定型問題の解決）の水準が「わかる学力」（非定型問題の解決）の水準に比べて高いことから、日本の授業は教師による一斉指導が中心と思われるかもしれないが、国際比較研究の結果は異なる様相を示している。

日本の教育、特に算数・数学教育では、多様な解法が想定される問題に対して各児童・生徒が個別解決を行い、集団討論を行って多様な解法をよりよい解法に練り上げ、教師がまとめを行うといった問題解決型の授業が一九八〇年頃から提案され、実施されてきている（日本数学教育学会出版部 1992）。また、そのような問題解決型の授業が、授業の国際比較研究では日本の算数授業の特徴として指摘されてきた（Stevenson 1995 など）。中学校の数学教育についても、第三回国際数学・理科教育調査（TIMSS）の付帯調査「ビデオテープ授業研究」（Stigler & Hiebert 1999 など）の参加国（日本、アメリカ合衆国、ドイツ）の間で顕著な差異がみられた中学校2年生の数学授業の記録が検討され、日本の授業の特徴として、生徒による問題解決を中心に据えた授業展開や、その過程での複数の解法の提示などが指摘されている（清水 2002）。また、小学校五年生の算数授業を日米で比較検討した研究（Inagaki et al. 1999）では、アメリカ合衆国の教師は児童の意見を直接評価して個人にフィードバックを行うことが多いのに対して、日本の教師は児童に対してクラスへの意見の発表や他者の意見の評価を求めることやクラス全体にフィードバックを行うことが多いことが示されている。

以上のことから、日本の算数・数学授業などには問題解決型の授業という授業スタイルがあり、ある問題の解決にクラスの全員が個別に取り組む、その取り組みの結果（解法）を複数の子どもがクラスに発表する、教師や他の子どもがそれらの解法を評価してクラス全体に伝えるという一連の流れがみられることがうかがえる。この授業過程は、クラスで共有した問題に各学習者が解決を試みる点や、またその問題に対する複数の考えをクラスで検討する点では、個人の主体的な知識構成（構成主義）や、他者との社会的相互作用を通じた知識構成（社会的構成主義）の観点から心理学的にみて妥当な面があると考えられる。

認知心理学の視点からみた従来の授業の課題と改善の方向性

それでは、どうして以上のような問題解決型の授業が実施されているにもかかわらず、日本の子どもの「わかる学力」、特に概念的理解の水準が国際的に見て高くないのであろうか。その理由と改善の方向性を、第一節で述べた「概念的理解の深化に関わる二つの心理学的メカニズム」から考えてみよう。なお、以下の記述では、子どもの考えについて算数・数学を例に「解法」という表記を用いているが、例えば、国語の場合は「解釈」、理科の場合は「予想」や「考察」、社会科の場合は「説明」のように読み替えることも可能である。

第一に考えられるのは、個人が最初に取り組む問題が多くの子どもにとって正答に至ることが難しく、その複数の解法の検討が一部の子どもと教師でのみ行われている可能性である。多様な解法が存在する非定型問題であっても、既有知識を利用して解決できない問題であったり、概念的理解とは別に複雑な定型スキルが必要な問題であったりすると、自身の既有知識が活性化されないために知識を関連づけて問題解決方略（解法）を構成することが困難になる。その問題点を克服するには、先述の①のメカニズムにもとづいて、各児童・生徒が日常的知識を含めた、部分的適切性をもつ多様な既有知識を利用して何らかの問題解決方略を構成できるような非定型問題を、個人が最初に取り組む導入問題として設定することが、多様な知識を活性化し関連づける点で有効であると考えられる。

第二に考えられるのは、クラス全体の協同場面の学習が多様な解法を関連づけて本質に向かうように組織されていない可能性である。クラス全体に多様な解法が発表されてもその共有にとどまる場合、多様な知識が関連づけられず、概念的理解が深まらないことが予想される。また、多様な解法の発表後に、「どの解法が一番よいか」といったような発問で解法の「優劣」がクラスで決定されたり、教師が主導的に一つの解法に「急速に収束」させたりする場合にも、一つの解法の手続き的側面（「できる学力」）に焦点化されて、概念的理解に結びつかない可能性が推測される。この問題点を克服するには、先述の②のメカニズムに依拠して、多様な解法の発表後に、解法間の差異点や共通点、各解法の意図や根拠などについてクラス全体で検討することが、多様な解法が「対等にかつ相互に」関連づけられて概念化や抽象化が促進される点で有効であると考えられる。

第三に考えられるのは、授業終了直前の五～一〇分の時間が、各個人が概念的理解を深める方向で組織されていない可能性である。第二の点とも関連するが、集団討論を「最もよいやり方」（手続き的知識）に収束させた後、それを直接適用する「練習問題」（定型問題）に取り組ませたり、教師が定型的なまとめを板書して終了たりする場合には、定型の手続き的知識・スキル（「できる学力」）の獲得に向かうと推測される。また、多様な解法の発表の後に「振り返り」や「学習感想」のみを記述して終了するような場合には、知識の関連づけの有無や方向性が各個人に委ねられ、多様な知識を自発的に関連づけて本質に向かう子どもは少数にとどまることが推測される。この問題を克服するには、先述の①、②のメカニズムに依拠して、第二の点で述べた多様な知識の関連づけがクラス全体で行われた直後に、各児童・生徒が自身で解法を選択・統合し意味づけて本質的理解に向かえるような非定型問題（展開問題）に、個人が再度取り組むことが、多様な解法や解法間の関連性に関する知識が関連づけられて問題解決方略が再構成される点で有効であると考えられる。

そして、第四に考えられることとして、仮に以上の三つの問題点が克服された授業が組織されていたとしても、単元の構成として、そのような授業が単元の導入時など一部にとどまる可能性も挙げられる。先述の「ビデオテープ授業研究」(Stigler & Hiebert 1999) では、日本を含む各国で、教師が主導的に説明を行う一斉授業形式の授業や問題演習形式の授業が授業全体のうちの高い割合を占めることも示されている。また、国際教員指導環境調査 (TALIS 2018) では、中学校で「明らかな解決法が存在しない課題を提示する」ことを頻繁に行う日本の教員は一六%（OECD平均：三四%)、「複雑な課題を解く際にその手順を各自で選択するよう生徒に指示する」ことを頻繁に行う日本の教員は二五%（OECD平均：四五%）にとどまっている（国立教育政策研究所 2019b)。このことは、非定型問題の提示や、生徒による個別解決が含まれる授業が行われる頻度が日本では国際的にみて少ないことを示している。単元内の多くの時間が「習熟」（一斉指導と定型問題の反復練習）による「できる学力」（定型問題の解決）形成に向けられているならば、「わかる学力」（非定型問題の解決）の高まりにも限界があるだろう。この問題を克服するには、先述の①のメカニズムにもとづいて、先述の第一～第三で改善の方向性として示したような授業を単元の導入時、展開時、終結時などの複数箇所に配置することが、各学習者にとって多様な知識が関連づけられる機会が継続的に与えられ、概念的理解の漸進的深化が期待される点で有効であると考えられる。

以上、四点にわたって、日本の従来の授業や単元の構成上の課題について、概念的理解の深化メカニズムという認知心理学的な視点から考察してきた。それらの課題に通底するのは、仮に問題解決型のスタイルの授業が行われていたとしても、**教師の教育観**が「できる学力」（定型問題の解決）を相対的に重視しており、授業や単元構成の随所に潜在的にその信念が反映されている可能性である。その背景には、短期的な学習成果を求められるような状況が、反復学習によって短期的に成果が現れやすい「できる学力」に教師の意識を向けさせている可能性や、教師自身が受けてきた教育経験が潜在的に現在の教育観に影響を及ぼしている可能性も推測される。この問題を克服するには、上述したような授業や単元構成の改善の方向性に加えて、授業研究（lesson study）等を通じて教師の教育観の変容を促すことも、これからの時代の教育において重要性を持つであろう。

探究と協同を重視した授業の構成：非定型問題を解決する「わかる学力」を高める

概念的理解の深化に関する心理学的メカニズムに依拠して従来の問題解決型の授業等の課題を克服し、一人ひとりの「わかる学力」を高めるには、前項で方向性を示したように、以下の四つの方針で授業や単元を構成することが有効であると考えられる。すなわち、（1）一人ひとりの子どもが日常的知識を含む多様な既有知識を生かしてアプローチ可能な非定型問題（多様な考えが可能な問題）に各個人が取り組むこと（個別探究）、（2）非定型問題に対する多様な考えが関連づけられて本質に向かうようなクラス全体の協同過程を組織すること（協同探究）、（3）協同過程での思考の高まりが個人に反映されるような、本質的理解を問う非定型問題に各個人が取り組むこと（再度の個別探究）、そして、（4）（1）〜（3）を満たすような授業を各教科の単元内の複数箇所で実施することが有効と考えられる。

第五、六章では、これからの時代に必要とされる、深い概念的理解まで含めた「わかる学力」（非定型問題を解決する力）の形成について、シンガポール、中国、日本を含むいずれの国も十分には達成できていないことをみてきた。一方、第六章で明らかになったように、日本の子どもには、非定型問題の解決に対する（教科学習で獲得した知識以外の）日常的な知識の利用や、思考の多様性（幅の広がり）という思考プロセスの特徴がみられる。その日常的な知識の利用という特質は、前記の（1）「非定型問題の個別探究」のプロセスで、多様な既有知識を活性化することに寄与しうると考えられる。また、思考の多様性という特質は、前記の（2）「クラス全体の協同探究」のプロセスで、多様な思考を発表し関連づけることや、（3）「再度の個別探究」のプロセスで、多様な知識を統合して本質的理解に迫ることに対して有用であると考えられる。これらのことから、（1）～（4）の方針にもとづく授業は日本の子どもの思考の特質を生かしながら「わかる学力」を高めることが期待される。

「協同的探究学習」による授業のデザイン

以上の（1）～（4）の方針にもとづいて、個別探究過程と協同探究過程の両者を統合して構成された学習が「協同的探究学習（Collaborative Inquiry Learning）」と名づけられて、小学校、中学校、高校の教員と協同で各教科における学習方法・学習内容の開発と検証が進められてきている

（藤村・太田 2002；Fujimura 2007；藤村 2012 など）。そして、各教科や総合的な学習、探究学習などに関する教育実践が自治体や学校を単位として展開されてきている（藤村ほか 2018；名古屋大学教育学部附属中・高等学校 2013 など）。

「協同的探究学習」の理念は、構成主義の観点から、一人ひとりの思考プロセス、意味の理解（概念的理解）、社会的相互作用を通じた関連づけの三点を重視することにあり、それを通じて一人一人の子どもの「わかる学力」（思考プロセスの表現と深い概念的理解）を向上させることを目標としている。そして、一単位時間を構成する授業としての特質は、以下の4点にまとめられる（詳細は、藤村（2012）、藤村ほか（2018）参照）。それら4点を図示したのが図7－1の①②③④であり、①②は先述の授業・単元の構成方針（1）に、③は（2）に、④は（3）にそれぞれ対応している。

第一の特質は、日常的知識や他教科・他単元に関する知識も含む多様な既有知識を利用して一人ひとりの子どもが自分なりに解決可能な問題、すなわち先述の「非定型問題」を「導入問題」として設定すること（図7－1の①）である。日常的文脈に位置づけることなどで多様な既有知識を活性化する一方、概念的理解（わかる学力）を高める点で同型の問題構造を維持したうえで、問題解決に必要な手続き的知識・スキルや事実的知識（できる学力）は最小化することにより、非定型問題の探究・解決に注意を焦点化できるようになる。

第二の特質は、非定型の導入問題に対して一人ひとりの子どもが自身の思考プロセスをワークシートやノートに記述（自己説明）するための「個別探究」の時間を設定すること（図7－1の②）で

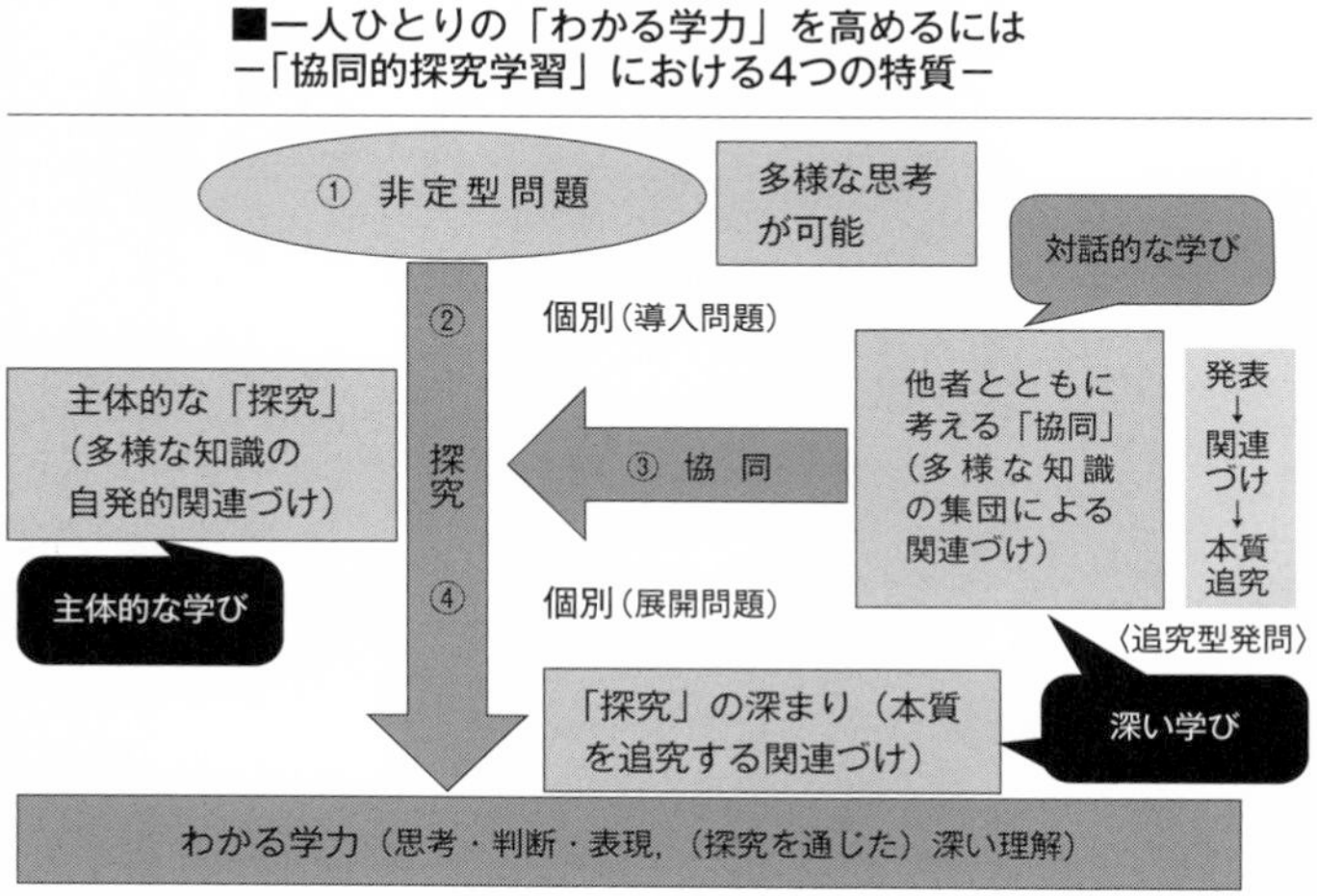

図７－１　「協同的探究学習」の４つの特質（藤村ほか、2018を一部改変）

ある。ことばや絵や図などで自分なりに考えを表現することを促すことで、個人において様々な知識が自発的に関連づけられ多様な思考が展開されるようになる。

第三の特質は、個別探究で考案された多様な考えをクラス全体で比較検討し関連づけること（図７－１の③）である。多様な考えの発表後にそれらの相違点・類似点・共通点などを考えることで多様な知識が関連づけられ、概念化や抽象化が進むことが想定される。さらに、教科内容の本質に向かうための「追究型発問」（考えの意図や根拠、全体の共通性などを問う発問）を教師がクラス全体に対して問うことにより、クラス全体の協同探究場面で、多様な思考が本質に向けて構造化されていくことが想定される。

そして第四の特質が、クラス全体の協同探

究で関連づけられた多様な思考を生かして、各個人が教材の本質に迫る非定型問題としての「展開問題」に取り組み、思考プロセスを表現すること（図7－1の④）である。他者が示した多様な考えを各個人が選択し関連づけて（自己選択・自己統合）、展開問題の解決を試みることを通じて、多様な知識が自分自身の枠組みとして再構造化され、意味づけられて、一人ひとりの概念的理解が深まる（「わかる学力」が向上する）と考えられる。

次節では、以上のような特質をもつ「協同的探究学習」について、小学校算数に焦点をあてて具体的事例を紹介し、各児童の「わかる学力」の向上（概念的理解の深まり）に及ぼす効果について実証的に明らかにすることとしよう。

3　協同的探究学習の具体的事例と「わかる学力」の向上に及ぼす効果

小学校算数の「協同的探究学習」の授業過程と児童の概念的理解の深まり

小学校高学年の単位あたり量（混み具合、密度、速度など）の導入場面で、一般に教科書では公園などの混み具合を比較する場面を用いて、①面積が共通、②人数が共通、③面積も人数も異なる、の三段階で問題が実施され、人数÷面積で混み具合が判断できることが説明される。①、②と比べて③が急に難しくなり、多くの子どもが日常経験を通じて形成してきている倍数操作方略（倍や半分などの日常的知識にもとづく考え方）などを反映しにくい問題となっている点に課題がある。

授業の概要　そこで、小学校五年生の協同的探究学習による授業（藤村・太田 2002）では、多くの子どもに既有の倍数操作方略でも、新たに獲得していく単位あたり方略（一人あたりや１㎡あたりに着目した考え方）でも解決可能な「非定型問題」（２００㎡に15人いるプールと４００㎡に45人いるプールの混み具合の比較）を導入問題として示し、各児童がワークシートに自身の考えを記述した（**多様な既有知識を活性化する非定型問題の提示と個別探究**）。次に、各児童が考えた多様な方略（二種類の倍数操作方略と二種類の単位あたり方略）がクラス全体に対して発表され、その方略間の関係（4種類の方略の共通点や差異）が話し合われ、さらに四つの方略すべての共通性についてクラス全体で話し合いが行われた（**関連づけと本質追究を重視した協同探究**）。その直後に各児童は、今度は単位あたり方略（１㎡あたりや1人あたりの比較）を用いて解決可能な非定型問題（展開問題）に取り組んだ（**教材の本質に迫る再度の個別探究**）。

授業のプロセスと概念的理解に及ぼす効果　協同的探究学習と通常の問題解決型学習で協同探究場面の子どもの発話を比較した結果、発言数、発言者数ともに、協同的探究学習の方が多く（表7－1）、また、ふだんの算数の授業ではあまり発言しない児童が多く発言するという特徴がみられた（協同探究過程の詳細については、藤村（2012）を参照）。協同的探究学習による授業では、多様な方略の差異と類似性についてクラス全体で検討した後、「すべての解法に共通することは何か」という追究型発問を教師がクラス全体に問いかけた結果、「（面積か人数の）どちらかを同じにしている」「そろえている」といった、単元の本質に迫る発言が複数の児童からみられ、クラス全体で共有さ

表7－1　学習のプロセスの比較（協同的探究学習と通常の問題解決型学習）

	導入問題（個別解決）の正答者数と解決方略	解法の発表・検討場面 発言者数	発言数（短答を除く）
協同的探究学習(n=27)	22（81%） 単位あたり 3（11%） 倍数操作 19（70%）	9（33%）	45
通常の問題解決型学習(n=27)	9（33%） 単位あたり 2（ 7%） 個別単位 7（26%）	4（15%）	24

（藤村・太田、2002をもとに作成）

れていた。授業では、その後、非定型問題が個別に実施されたが、さらに授業後の別の日に概念的理解の深化を測る応用課題が実施された結果、協同的探究学習による授業の方が通常の問題解決型学習による授業に比べて正答率が高いことが明らかになった（図7－2）。

さらに、授業時の協同探究場面での発言の有無と事後テストの関係を分析すると、授業後の応用課題に関して、混み具合課題に正答した者の割合は発言者が非発言者に比べてやや高かったものの、他領域（速度や濃度）の課題については非発言者も発言者と同様に理解を深化させていた。このことは、授業で発言しない者の中にも「自己内対話」を通じて主体的に概念的理解を深めている者が多いことを示している（分析の詳細については、藤村・太田（2002）、藤村（2012）を参照）。

以上の分析から、非定型問題に対する子どもの多様な思考を引き出し関連づける「協同的探究学習」は、協同探究場面での多様な知識の関連づけや本質追究を介して、

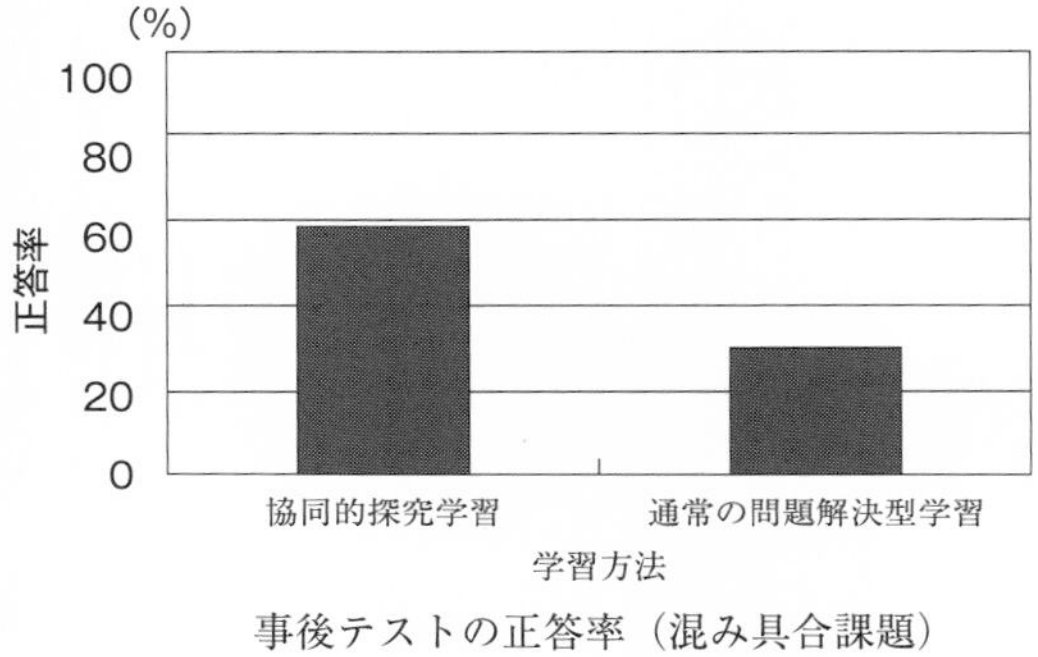

図7－2　学習の効果の比較（協同的探究学習と通常の問題解決型学習）

（藤村・太田、2002 をもとに作成）

児童の概念的理解の深まりという「わかる学力」の向上に対して有効性を持ち、クラス全体の協同探究場面の非発言者でも、他者が示した解法の意味を理解して自身の解法に利用することで、授業後の概念的理解が深まると考えられる。

協同的探究学習による授業は、概念的理解の深まりに加えて思考の広がりという点ではどのような効果をもつのだろうか。また、日常的事象とより直接的に関連づけることで、概念的理解の深まりに効果がみられるのだろうか。次項では、小学校中学年算数の「分数」の導入についての協同的探究学習の授業をもとに、以上の課題を検討しよう。

日常的事象と関連づけた「協同的探究学習」による思考の広がりと長期的効果

子どもにとっての分数の理解の難しさは、分母の数が大きくなると数全体の大きさが小さくなることにある。一方で、「分ける人数が多くなると一人分は少なくなる」という配分に関する定性的知識は、日常経験を通じて漸進的に発達してきていることが想定される。分数の表記（事実的知識としての「できる学力」）の導入前に子ども自身が日常的事象と関連づけて均等分割に関する理解を高める時間を設定し、後続の授業でその理解と分数の表記を関連づけることで、分数に関する概念的理解を促進できるのではないかと考えられる。

分数の単元は、通常、①分けた数の大きさの表し方→②分数の大きさの表し方→③分数の加減法→④まとめのように構成されている。日常的事象に関して子どものもつ多様な既有知識を活性化し関連づけさせるために、①の前に、「一つのものを分けるときの比べ方」に関する「協同的探究学習」による授業を一時間、設定した。そして、その時間に子どもが考案した多様な方法（問題解決方略）を①以降の授業の意味づけに用いることとした。

授業の概要　協同的探究学習による小学校三年生算数の分数単元の導入授業では、日常的事象として「フルーツゼリーを分ける」ことをテーマに、①導入問題（三人で分ける場合と四人で分ける場合の比較）の提示と個別探究、②導入問題の協同探究（クラスでの多様な解法の発表と関連づけ）、③展開問題（2人で分ける場合と3人で分ける場合の比較）の個別探究によって構成される授業が実施された（藤村 2014b）。

具体的には、まず、均等配分に関する既有知識を活性化するために、「10個のあめを2人で分けたら1人分は何個になるか」についてクラスで確認した後、事前に作成された正方形型のトレイに入れられたフルーツゼリーが示され、導入問題として「一つのフルーツゼリーを3人で分けるのと、4人で分けるのとでは、1人分はどちらが大きいでしょう?」という課題が提示された。各児童にはフルーツゼリーの代わりに、一辺が12㎝の正方形の厚紙（裏面に1㎝ごとに格子状に線が引かれている）とワークシートが配布され、個別探究場面では、各児童がワークシートや厚紙を用いて自分の考えをまとめた。その際の適切な問題解決方略としては、主に以下の三種類がみられた。

①**区分方略**：正方形を縦に3等分した長方形と縦に4等分した長方形を比較し、前者の方が横の長さが長いことを、図で、あるいは裏面のマスの数（横4マスと横3マス）で示す。

②**計数方略**：裏面のマスの数が、正方形を縦に3等分した長方形では（12×4で）48個、正方形を縦に4等分した長方形では（12×3で）36個で、前者の方が多いことを示す。

③**余剰方略**：正方形を田の字型に4等分した図を二つ描き、3人で分ける場合の1人分が正方形を4等分してできる小正方形一つ分と残りの一つの小正方形をさらに縦に3等分した長方形一つ分とをあわせたものになるのに対して、4人で分ける場合の1人分は同じ小正方形一つ分になることから、前者の方が大きいことを示す。

また、その他の方略として、正方形を縦に3等分した長方形と、正方形を田の字型に4等分した小正方形との比較を試みる方略や、区分や計数の途上の方略、判断のみを示す方略などがみられた。なお、どちらの方が1人分が大きいかについての判断は、上記の①②③とその他の方略をあわせて、九四％（36名中34名）の児童が正しく行っていた。

クラス全体の協同探究場面では、①②③の問題解決方略が4人の児童によって発表され、クラス全体で共有されたうえで、多様な方略の違いや共通点が話し合われた。（①については、上記の方略のほか、正方形を縦に3等分した長方形と正方形を田の字型に4等分した小正方形とを比較し、後者を縦に3等分した長方形三つを並び替えると前者より小さくなることを示す方略も発表された。）協同探究の後、展開問題として、「一つのフルーツゼリーを2人で分けるのと、3人で分けるのとでは、1人分はどちらが大きいでしょう?」という課題が提示され、ワークシートと正方形の厚紙をもとに児童は個別探究を行った。

授業を通じた問題解決方略の変化　導入問題から展開問題にかけての変化を図7-3（左半分）に示す。導入問題で①②③以外の問題解決方略を利用していた児童（全体の四一%）の七五%が協同探究を通じて展開問題では適切な方略（①②）を用いるようになった。また、導入問題で適切な方略（①②③）を利用していた児童（全体の五九%）の七一%には、導入問題とは異なる種類の適切な方略を展開問題で用いる「多様化」がみられ、残りの二九%にも同一の方略ではあるが表現の精緻化がみられた。さらに、判断のみを示す方略は導入問題から展開問題にかけて減少した（一九%→○%）。以上の結果は、多様な方略の協同探究を通じて個人の問題解決方略が内容や表現の面で精緻化し、多様化すること、すなわち数学的思考の深まりと広がりを示している。

授業の長期的効果　日常的事象に関連づけた協同的探究学習の長期的効果を検討するために、分数に関する概念的理解を測る評価課題を単元末に実施した。配分の等価性に関する課題では、「1

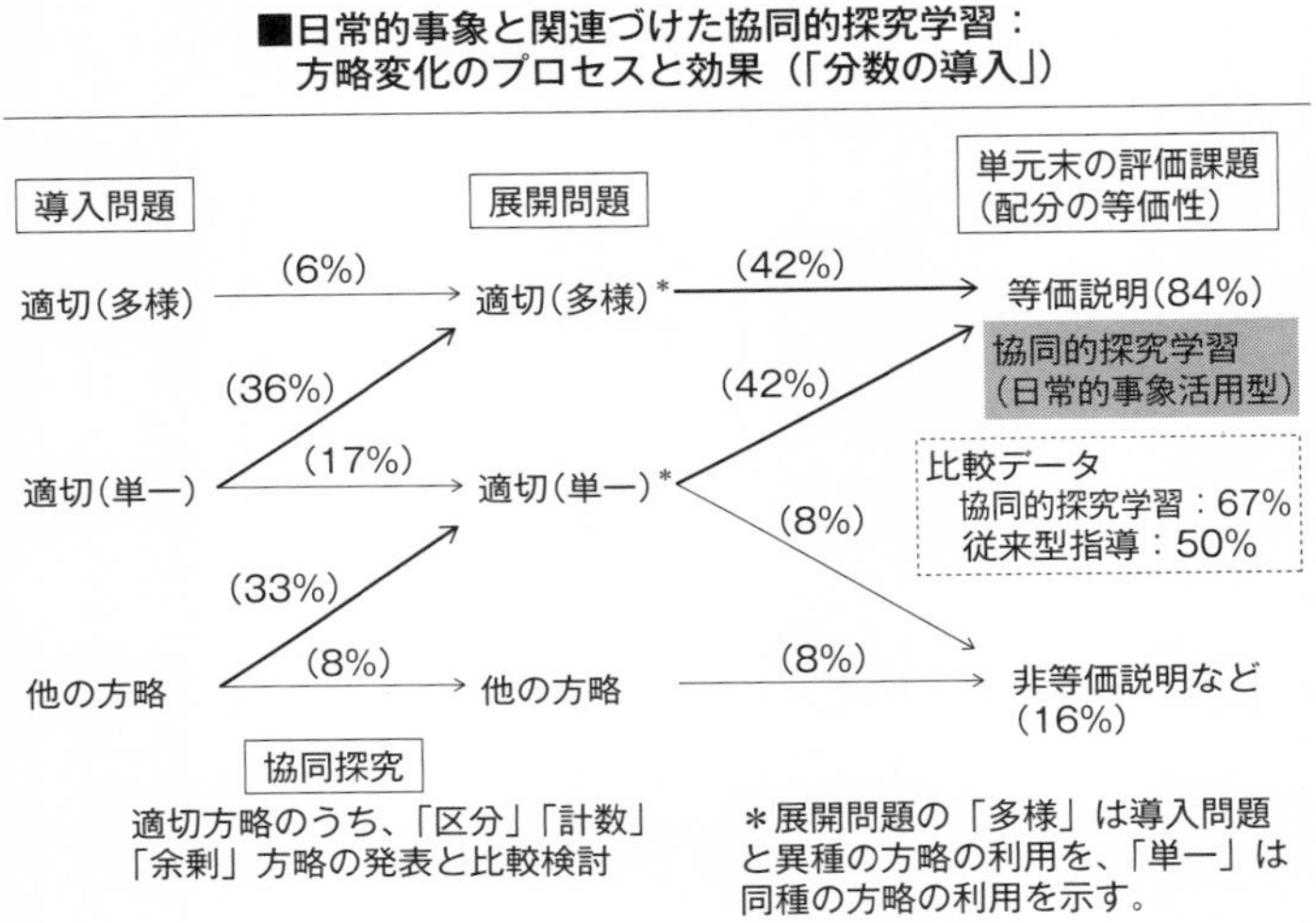

図7－3　日常的事象と関連づけた協同的探究学習のプロセスと長期的効果

このりんごを2人で等しく分ける場合と、2このりんごを4人で等しく分ける場合では、一人分のりんごはどちらが多いか、それはどうしてか」が尋ねられた（「一人分の量は同じ」が正しい判断である）。その結果、上記の日常的事象に関連づけた協同的探究学習を経験した児童の八四％が正しく判断して言葉や図で適切に理由づけを行っていた（図7－3の右半分）。同一の評価課題を同一学年・時期に実施した他の調査では、通常の協同的探究学習を実施していた学校の正答率が六七％、従来型の算数指導を行っていた学校の正答率が五〇％であったことを考慮すると、日常的事象に関連づけて多様な既有知識を活性化し関連づける協同的探究学習は、分数の概念的理解に対して長期的効果を有すると考えられる。

以上に示したのは、それぞれ小学校算数の単元導入時の「協同的探究学習」の具体例と各児童の「わかる学力」の形成に及ぼす効果であるが、単元や学年を通じて協同的探究学習による授業を実施することが、小学校～高校の各教科の概念的理解の深まり（「わかる学力」の形成）や、「理解・思考」型学習観（思考のプロセスや意味の理解、他者との協同を重視する学習観）（藤村、2008）の形成に寄与することが、各学校段階の教員との実践共同研究の成果として示されてきている（藤村ほか 2008；藤村 2012；藤村ほか 2018 など）。

4　学習内容と教師の教育観を問い直す——社会生活に活きる力の育成をめざして

本章の2、3では、日本の子どもが苦手としている「わかる学力」（非定型問題の解決力）を高めるための教育を、授業過程の構成という学習方法の側面から提案してきた。本節では、何を学ぶかという学習内容や、何を目標とするかという教育目標の側面から、「わかる学力」を高めるための教材構成やそれを進める教師の教育観に迫りたい。その際に、国際比較の観点から、二〇〇〇年頃から学力上位国として知られ、近年では社会生活に活きる力の育成を目標と掲げているフィンランドに着目しながら、学習内容と日常をつなぐ手がかりを探ることにしよう。

国際比較調査などにみられるフィンランドの児童・生徒の特徴

フィンランドはＰＩＳＡ２０００年調査の頃より学力調査の上位国として知られてきた。現在も欧米諸国の中では上位を保っているものの、国際比較調査へのアジアの参加国・地域の増加とともに平均得点や参加国中の順位は緩やかに低下してきている（例えば、第五章で紹介したＰＩＳＡ二〇一八年調査の平均得点は、数学的リテラシー：五〇七点、科学的リテラシー：五二二点、読解力：五二〇点であった）。その背景には、移民・難民の児童・生徒の増加、教育費の削減にともなう一学級あたりの児童・生徒数の増加などが想定されるが、ＰＩＳＡ等の国際比較調査における公開問題の分析からは、調査問題自体の傾向の変化（定型化）の可能性も推測される（藤村・鈴木 2015；藤村 2017）。一方で、幅広く調査指標を検討したり、調査問題を小問別に分析（第五章参照）を行ったりすると、平均得点や順位からは見えてこない、アジアの国々とは異なるフィンランドの特徴も見えてくる。

生活満足度と読解力の同時達成　その一つの特徴が、**生徒の生活満足度の高さ**である。ＰＩＳＡなど最近の国際比較調査では、学力やリテラシーに加えて、生活満足度や主観的幸福感など、情意的側面の評価も行われるようになってきている。図７‐４にＰＩＳＡ２０１８年調査における読解力と生活満足度の関係に関する各国の分布を示す（国立教育政策研究所 2019a）。

図７‐４には、読解力は低いが生活満足度が高い中南米等の国々と、反対に読解力は高いが生活満足度の低い日本を含む東アジアの国々といった全般的傾向がみられるが、フィンランドは読解力、

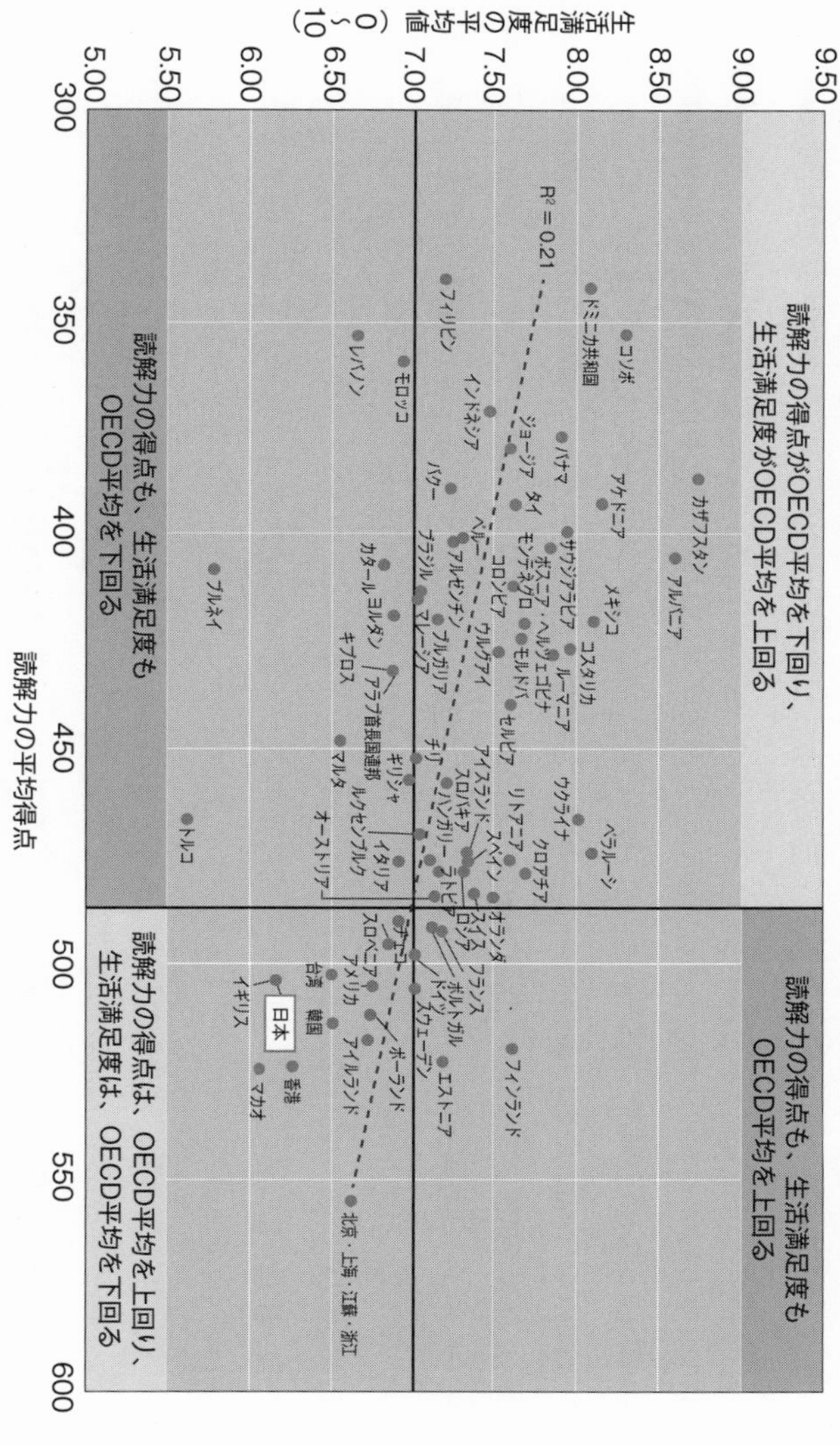

図7－4　各国の読解力と生活満足度（PISA2018年調査）（国立教育政策研究所、2019a）

生活満足度ともに高いという他国と異なる特徴を示しており、フィンランド教育省などもその成果を主張している。

読解力と生活満足度の高さが同時に実現されている背景については、今後、詳細に検討する必要があるが、ＰＩＳＡ２０１８年質問紙調査の結果（肯定的に答えた生徒の割合）を分析すると、フィンランドは日本と比べて、困難を解決可能と考えており（フィンランド八四％、日本五九％、ＯＥＣＤ平均八四％）、失敗への不安が低い（フィンランド五〇％、日本七七％、ＯＥＣＤ平均五六％）など、自己への信頼感が高いことがうかがえる。また、学校環境に関する意識（ＰＩＳＡ２０１５年『生徒のwell-being』報告書：https://www.nier.go.jp/kokusai/pisa/pdf/pisa2015_20170419_report.pdf）では、フィンランドは日本と比べて、友人を早く形成でき（フィンランド八〇％、日本六九％、ＯＥＣＤ平均七八％）、他の生徒が自分に対してよい感情を持ち（フィンランド八二％、日本七四％、ＯＥＣＤ平均八二％）、学級では互いに協力する（フィンランド七〇％、日本六四％、ＯＥＣＤ平均六二％）（本項目のみＰＩＳＡ２０１８年調査）と考えるなど、友好的・協調的な人間関係を形成していることが推測される。（上記のＰＩＳＡ２０１８年質問紙調査については、（フィンランド）https://www.oecd.org/pisa/publications/PISA2018_CN_FIN.pdf、（日本）https://www.oecd.org/pisa/publications/PISA2018_CN_JPN_Japanese.pdf を参照。）

以上より、一つの可能性ではあるが、学校における友好的・協調的な関係などの要因が、周りの環境との関わりでの自己に対する信頼感や肯定感を高め、生活満足度を向上させているのではないかと推測される。また、授業時間数が国際平均に比して少ない（国立教育政策研究所 2019a）フィンランドにおいて、自己信頼感の高まりにつながるような教育の質が、読解力の育成にも寄与している可能性も推測される。少人数の児童に対する個別インタビュー研究ではあるが、フィンランドの児童は小学校高学年になると、他者との協同について、協同自体の楽しさに加えて他者の考えを知り、自分の考えを表現できるという意義を認識するようになり、また、自分の将来への有用性などの点から思考の結果よりも思考のプロセス（判断の理由や根拠）を重視するようになることが示唆されている（藤村 2017）。そのような信念（学習観）の形成につながるような教育（子どもの主体性を育む教育）が、結果的に生徒の読解力と生活満足度の両者を高めている可能性が推測される。

日常的事象に関わる非定型問題の解決　フィンランドの児童・生徒にみられる別の特徴が、日常的事象に関わる非定型問題の正答率の高さや、無答率の低さである。二〇〇〇年以降の国際比較調査の分析から、先述のように国別の平均得点は低下傾向にあるものの、フィンランドの児童・生徒は、多様な考えが可能な非定型問題に対して何らかの考えを記述しようとし、また、日常的事象と関連づけられた非定型問題に対しては一定の概念的理解の深まりを示すという傾向を維持している（藤村 2014a；藤村・鈴木 2015）。

前者に関して、例えば、第五章で検討したPISA2012年調査の「帆船」の問題について、フィンランドの正答率（一六％）は日本（一九％）と大きく変わらないが、無答率（二七％）が日本（三八％）よりも一〇％以上、下回っていた（国立教育政策研究所 2013b）。非定型問題の無答率が低いという同様の傾向は他年度のＰＩＳＡ調査においてもみられている（藤村 2017）。

また後者に関しては、例えば、ＴＩＭＳＳ２０１１年調査（国立教育政策研究所 2013a）における小学校理科の「体積と重さ」の問題（正答率：フィンランド七一％、日本四二％、国際平均四二％）や、中学校理科の「地形図と等高線」の問題（正答率：フィンランド八四％、日本五二％、国際平均三八％）、ＴＩＭＳＳ２０１９年調査（国立教育政策研究所 2021）における小学校理科の「砂漠地域の生物と無生物の特定」（正答率：フィンランド四九％、日本三七％、国際平均四五％）や「月の満ち欠けによる変化」（正答率：フィンランド六一％、日本五一％、国際平均三七％）の問題のように、日常経験を生かしながら、また複数の教科・領域（上記の例では理科と算数、地学と地理、生物と地学など）に関連する知識を利用して考えられる非定型記述型問題に対して、フィンランドの子どもは概念的理解の深さを示している。

同様の傾向はフィンランドの小学生に対する個別インタビュー研究（藤村 2017）でもみられている。例えば、数値設定や文脈は若干異なるが、第六章２で紹介した調査課題と類似した速度比較課題や濃度比較課題において、フィンランドの小学校五年生は、日常的知識を生かして自身で構成した「個別単位方略」や、日常的事象に関する多様な知識を関連づける「詳細な説明」型の方略を多く用いていた。

一方で、フィンランドの児童・生徒の学力にも課題があることに留意する必要がある（詳細は、藤村（2017）などを参照）。一つは、特に中等教育段階において、中高難易度の定型問題の正答率がシンガポールや日本などに比べると低く（例えば、五章で紹介したＴＩＭＳＳ２０１９年調査の「比の計算」の問題の正答率は五二％（国際平均は五四％））、ＴＩＭＳＳ調査等における平均得点や順位の低下の一因となっていることである。もう一つは、先述の「帆船」の問題のように、非定型問題の無答率が低い一方で正答率が必ずしも高くないなど、日常的事象と直接関連しない非定型問題も含めた概念的理解には向上の余地があることである。

次項では、以上のようなフィンランドの児童・生徒の特徴をもたらすようなフィンランドの教育について、カリキュラム、教科書、授業過程の側面から検討しよう。

フィンランドのカリキュラム、教科書、授業過程に見る学習内容の特徴

ＰＩＳＡ２０００年調査以降、国際比較調査で高い順位を保ってきたことなどからフィンランドの教育が注目され、教育制度、教育課程、学校外環境などの分析が行われてきた。そこでは、教員が大学院修士課程を修了しており「教師の質」が高いこと、カリキュラム編成の裁量権が自治体や学校にあること、図書館などの環境が充実していること、ワークライフバランスがとれており保護者の在宅時間が長いこと、総合単元が設定されていること、日常生活と関連した内容が扱われていることなどが指摘されてきている（庄井・中嶋 2005；ヘイノネン・佐藤 2007；Jakku-Sihvonen & Niemi 2006；熊倉 2013 など）。

将来の課題に個人が対応できるためのカリキュラム

フィンランドでは従来から将来の社会生活に

対応できる児童・生徒を育てることが目標とされてきたが、さらに二〇一六年から新しい教育課程基準（OPS2016）によるカリキュラムが実施されている。そこでは「将来の課題に対応するために、教科を越えた横断的（汎用的）な能力と活動を重視する」方針（Halinen 2018）のもとに、思考力や学習力、他者との相互作用や自己表現、自律性など、今後の持続可能な生活に必要な「汎用的コンピテンス」の育成が目標とされ、①問題解決力を高めるための現実生活の問題と学習内容の関連づけや、協同での解決方法の探究、②理解を深めるための複数の教科の知識の関連づけなどが重視されている。また、その一環として、子どもにとって興味深い社会的事象やトピックについて複数の教科を連携させて学習する事象学習（phenomenal learning）が導入されているが（渡邊 2017; Lonka 2019）、合科などとは異なった、教科を基軸としながら連携させる学習と考えられ、また、導入形態や実施頻度などが各学校・教員の自律性に任されているという特徴がある。

多様な視点から構成され日常と関連づけられた教科書　フィンランドで用いられている教科書については、国語や理科を中心に翻訳も行われ、ウェビングなど多様な発想を引き出す方法が紹介されている（鈴木 2007 など）。算数・数学教科書については、難易度の異なる練習問題や宿題用の問題が多く含まれていること、説明―例題―練習の順になっていること、日常生活と結びついた問題が多いことなどの特徴が指摘されている（熊倉ほか 2009; 山口 2010）。また、算数教科書の学習内容を認知心理学的な観点から分析した研究では、①日常性（日常的事象との関連づけ）、②テーマ性（同一テーマについての一連の問題）、③多様な視点から設定された定型問題、④緩やかなスパイラル

（問題間の関連）といった特徴が明らかにされている（藤村 2014a）。日常的事象との関連づけや、掲載されている問題の多様性などの特徴が、フィンランドの子どもの思考の特質と関連している可能性が推察される。

フィンランドの算数・数学教科書に掲載されている問題は先述のようにほとんどが定型問題であるが、単元の導入箇所の一部には、解や表現方法が多様な非定型問題も含まれている（図7－5A、7－5B）。図7－5Aは、小学校三年生の分数の導入場面（等分割）で、ピザの図で二等分、三等分、四等分が導入された後、二等分、三等分、四等分されている図形をそれぞれチェックする、複数の解が想定される問題である（教師用の指導書であるため、正答にはXが付されている）。また、図7－5Bは同じ内容に関わる宿題用の問題で、（1）では各図形を四つの等しい部分に分割し、そのうちの一つを示すことが求められている（指導書のため、正答例が分割線と着色で示されている）。（2）も同様で、三等分してその二つを示す問題である。図形の分割方法（軸の取り方）が多様な非定型問題であると同時に、円や正方形といった典型的な図形以外の多様な図形が用いられていることも特徴的である。（なお、TIMSS2015年調査には、円周上に円周を一二等分する点が番号で示され、それらの点を結んで辺の長さがすべて同じ三角形を円の中に描くにはどの点を結ぶかを答える非定型問題（正答が四通り存在する）が含まれており、フィンランドの小学校四年生の正答率は七六％（国際平均五八％）で四九か国・地域中で一位であった）。

また、二〇一六年の教育課程基準の改訂に対応して、フィンランドの教科書出版社でも、日常的事象と関連づけた問題設定、協同解決場面の想定、学習内容を生かして探究するための発問などを意識した教科書の構成が行われている（筆者が実施した複数の教科書編集者に対するインタビュー）。図７-６Ａ、７-６Ｂは、教育課程基準の改訂後に出版された小学校四年生算数の教科書（英語翻訳版）に掲載されている問題の例である。図７-６Ａは「正負の数」の活用問題で、六つの日常場面と６種類の温度の対応を考える。図７-６Ｂは「小数の加減法」を天秤のつりあい場面に活用する問題で、どの二つの箱を左右で入れ替えるとつりあうかを考える。正解は一通り（ａは1.5と1.2、ｂは2.1と1.2）であるが多様な解法が可能な非定型問題と考えられる。（いずれの問題でも理由や解法の記述は求められていない。）

以上のように、フィンランドの算数教科書には、定型問題が中心であるがタイプの異なる多様な問題が設定されており、また多様な日常的事象と関連づけられていること（図７-５Ａ、７-６Ａ、Ｂ）から、日常的知識や他教科に関する知識を含む多様な既有知識が活性化されるのではないかと考えられる。また、少数ではあるが、解が多様な問題（図７-５Ａ、Ｂ）や多様な解法が想定される問題（図７-６Ｂ）も含まれている。それらの非定型問題を題材として、（教科書では指示されていないが）仮にそれぞれの解や解法を導く思考のプロセスや判断の理由を問い、それらの解や解法の間の差異や共通点などを探究するとすれば、多様な知識が相互に関連づけられて概念的理解が深まる可能性があるのではないかと推察される。

多様な学習内容が含まれる授業過程　以上のような算数教科書にみられる特徴はどのように授業過

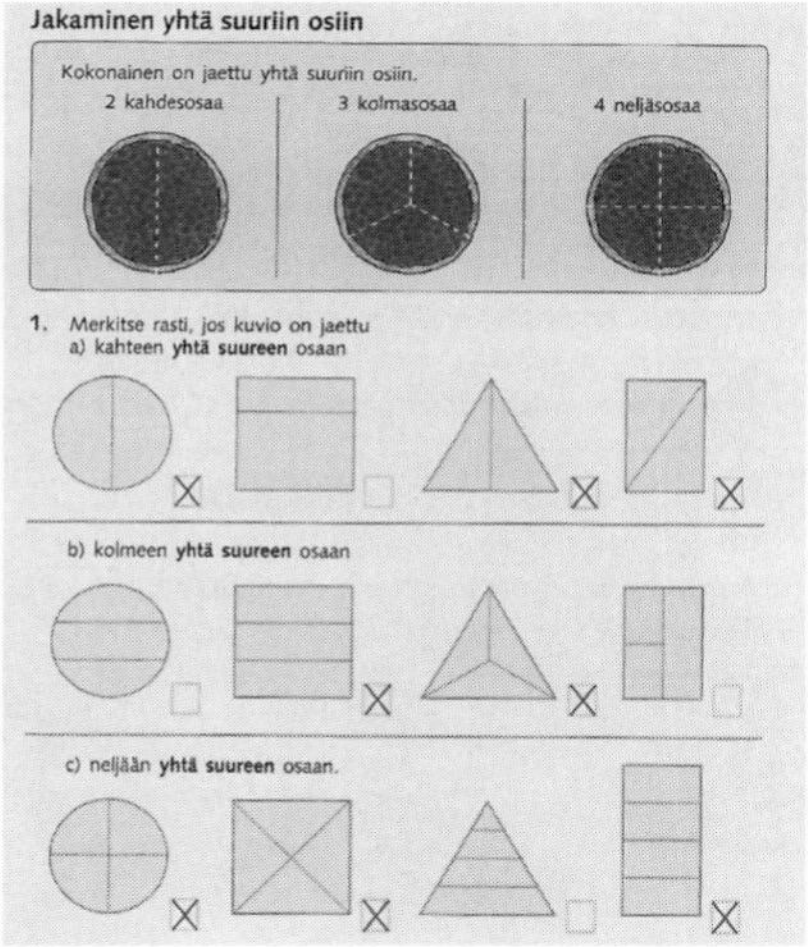

図７－５A　分数の導入（等分割）場面の問題
（小学校算数教科書 Mattika 3 年下巻）

（出典）Rinne et al. (2011)

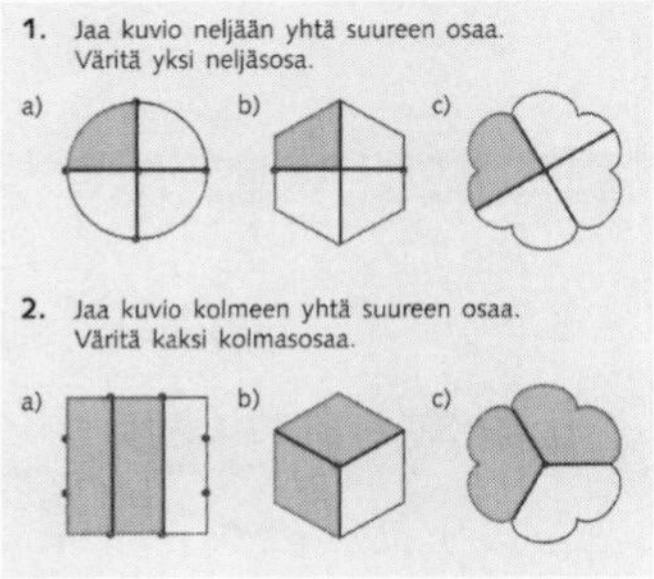

図７－５B　分数の導入（等分割）場面の 自宅学習用問題
（小学校算数教科書 Mattika 3 年下巻）

（出典）Rinne et al. (2011)

図7－6A　正負の数の活用問題（“Use your skills”）
（小学校算数教科書 Star Maths 4 年下巻）

（出典）Kiviluoma et al.（2016）

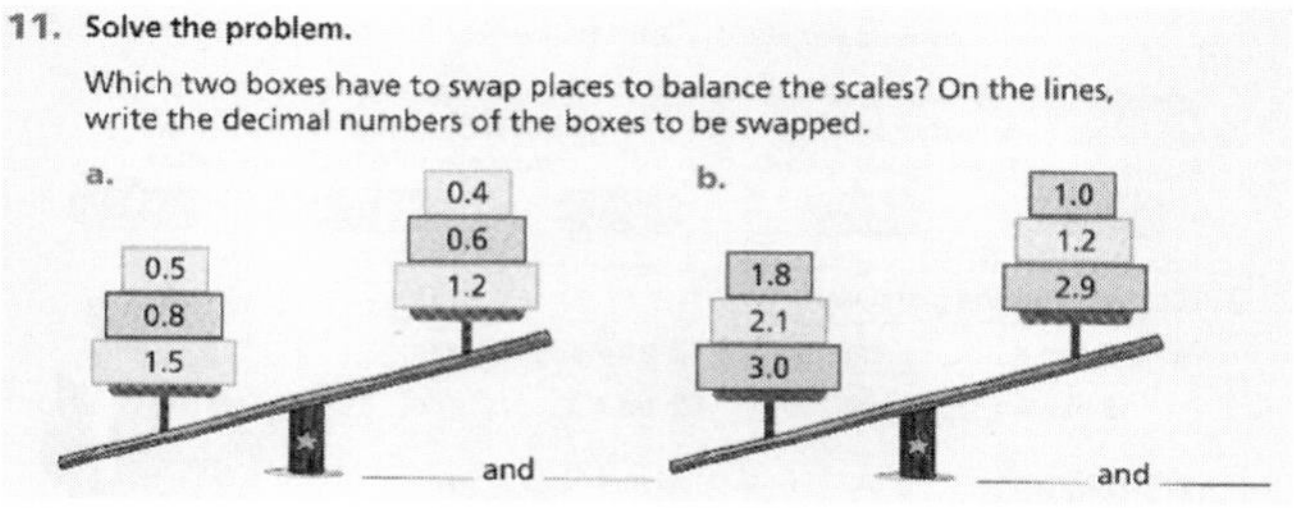

図7－6B　小数の加減法の活用問題（“Use your skills”）
（小学校算数教科書 Star Maths 4 年下巻）

（出典）Kiviluoma et al.（2016）

程に反映されているのだろうか。フィンランドの小学校や総合学校（小中一貫校）で行われている算数の授業過程の観察が行われ、一単位時間（四五分）の授業における教師の発問や児童の発話や活動が心理学的に分析された（藤村 2014a）。その結果、全般的な傾向として、（a）一単位時間に多様な学習内容が組み込まれ、その多くが様々なタイプの定型問題で構成されていること、（b）多くの教材が日常的事象と関連づけて構成され、児童に思考を展開させるきっかけを与えていること、（c）思考のプロセスや理由を問う教師の発問に対して児童が自分のことばで説明を行っていること、（d）ペアやクラス単位の話し合いもみられるが、その生起は発問の性質や教師の意図により左右されること、（e）多様な解法や解が想定される非定型問題の頻度は低く、提示される場合は教科書に依らず主に教師によって発案されていることが明らかになった。（a）（b）は先述の算数教科書の特徴①②③に対応しており、ほとんどの教師の授業に共有されていたが、（c）（d）（e）の出現頻度は教師や学習内容により異なっていた。教科書に沿った（a）様々なタイプの定型問題の提示と後続する個別演習という展開が、先行研究（熊倉ほか（2011）、熊倉（2013））の指摘と同様に多くの授業で観察されたが、定型問題（例題）の手続きをクラス全体で構成するための（c）思考のプロセスや理由を問う発問も、適宜、教師の判断でなされていた。また、（e）の非定型問題が教師により提示される場合には、例えば、10個入りの卵パックを利用した、繰り下がりのある減法の学習のように、（b）日常的事象との関連づけや、（c）プロセスや理由を問う発問が同時に生起する傾向がみられた。以上の特徴は、藤村（2014a）以降、五年以上にわたり筆者が観察してきているフィンランドの算数・数学等の授業にもほぼ一貫してみられる傾向である。

これらの授業展開、特に（b）日常的事象と関連づけられた教材や、教師の判断で行われる場合がある（c）思考プロセスや理由を問う発問、（d）少人数やクラス全体による協同過程、（c）非定型問題の提示が、前項で示したフィンランドの子どもの非定型問題に対する「思考プロセスの表現」（第五章で述べた非定型問題解決の第一段階）や、日常的事象に直接関連する問題における「概念的理解の深まり」（非定型問題解決の第二段階）に寄与している可能性が示唆される。日常的事象と関連づけたテーマ性のある学習は、日本の数学教育でも試みられている方向性でもあるが（新井 2006；清水 2006 2007 など）、日常的知識を含む多様な既有知識を活性化することが非定型問題の解決に一定程度、寄与することが予想される。

一方で、子どもの「わかる学力」を高める点では、フィンランドの授業の構成にも課題がある。それは、算数や数学の授業における非定型問題の提示の頻度や時間的割合が低く、非定型問題が扱われる場合でも、その問題に対する多様な考えがクラス全体で関連づけられる過程や、その関連づけを個人の非定型問題の解決に生かす過程がほとんど見られないことである。本章2で述べたことと関連するが、以上に述べたような授業構成上の課題が、前項で指摘したような、フィンランドの児童・生徒が日常経験と直接結びつかない場合も含めて概念的理解を全般的に深化させるには至らないことの背景として推察される。

子どもの非定型問題の解決力（わかる学力）を概念的理解の全般的な深まりの水準にまで高める

には、**学習内容**の面で、フィンランドの教科書や授業過程にみられるように、多様な日常的事象と関連づけて教材を構成すると同時に、**学習方法**としては、本章2、3で明らかにしたように、非定型問題に対する個別探究過程と協同探究過程を関連づけて授業過程を構成することが有効ではないだろうか。

それでは、フィンランドの教師自身はどのような**意図**でそのような教材や授業過程を構成しているのだろうか。そこに日本との違いや共通点はあるのだろうか。

教師の教育観：フィンランドの教師は何を目標として授業や教材を構成しているか

フィンランドの教師がどのような意図で授業や教材を構成しているか、その背景としてどのような目標を想定しているかを明らかにするために、協同的探究学習による日本の算数授業のビデオを視聴材料として、フィンランドの小学校教師を対象に学習内容や学習方法に関わる質問紙調査とグループインタビューを実施した（藤村・鈴木 2015）。具体的には、フィンランドの小学校・総合学校各一校の教師八名が、各学校において、インタビューアー（筆者）および通訳者とともに、本章3で紹介した日常的事象（フルーツゼリーの配分）と関連づけた協同的探究学習の算数授業（分数の導入）のビデオを視聴した。視聴後に各教師は、視聴した授業についての印象、フィンランドの授業との共通点と相違点、リテラシーを高めるための授業のあり方の三点について質問紙に自分の考えを記述し、さらにその三つのテーマについて教師2～3人のグループでお互いの考えを話し合った。フィンランドで行われている授業や教材について教師が話した際には、どのような意図や目標でそれらを構成しているかについてインタビューアーが尋ねた。なお、視聴した算数授業の指導案等は英訳した資料を視聴時に配付し、また、授業のビデオ映像中の教師や児童の発話や、グループインタビュー時のフィンランドの教師とインタビューアーのやりとりについては、通訳者によりフィンランド語と日本語の同時通訳がなされた。

質問紙に対する記述内容としては、まず視聴した日本の協同的探究学習の算数授業とフィンランドの算数授業の共通点として、現実場面の日常的な素材が問題事象として扱われていること、児童が多様な方法で問題について考えていることが指摘された。一方で、相違点として、フィンランドでは一単位時間（四五分）の中に複数の活動が含まれており、現実的な問題で導入を行った後、すぐに計算練習等に移行すること、個人で問題を解決する時間にペアやグループで取り組む場合もあることが述べられていた。視聴した日本の授業で日常的事象との関連づけが重視されていたこともあり、教師が共通点や相違点として指摘した前記の内容は前節で検討したフィンランドの授業の特徴とおおむね一致していた。

さらにグループインタビューで、それらの授業の構成や児童の活動の意図や背景について尋ねた結果、教師が授業過程や教材の構成に際して依拠していると考えられる三つの信念（教育観）が明らかになった（教師の発言や記述内容の詳細については、藤村・鈴木（2015）を参照）。

第一は、児童自身が発見した考え方や方法を様々な日常場面の問題の解決に用いることが、①問題解決力（活用力）の育成、②理解の深まり、③数学的方法の必要性や有用性の認識につながるという信念である。例えば、グループインタビューの場面でみられた、「計算だけで数学（算数）の力をつけるのではなく、考える、実際の問題解決に用いる能力が数学だと思っている。自分で見つけた考えをいろいろなところで使ってみる、これではどうだろう、次はどうだろうというふうに利用して確かめていくという授業が有効だと思う」という教師の発言や、「フィンランドでは自分の生活、身近なところで例題を設定するとか、そういうところで問題を解決することでより深く理解する」という別の学校の教師の発言にその信念が表れていると考えられる。

第二は、それぞれの子どもの関心、理解度、社会性などに対応することで、個々人の理解が深まり、技能が獲得されるという信念である。例えば、「子どもたちを見ていると、実際の生活で何が必要か、何に役立つかということに関心を持っていると思う。それに応えるためには、視聴した授業（フルーツゼリーの配分）のような生活に密着したものはとても使いやすいと思う」という教師の発言は、第一の信念とも関連して、前述の信念を表現している。また、「子どもたちの安心感というか、「ここまでだったらわかる」というところまで戻って（から前に進むことを）繰り返していくことで、結果的に深い理解につながる」という別の学校の教師の発言もこの信念に対応しており、教科書分析で指摘したスパイラルの問題構成にもつながると考えられる。

そして、第三は、子どもたちが相互に考えを共有して協同解決を行うことで、達成感が得られ、社会で有用なチームワークが可能になり、社会性が育つという信念である。例えば、「実際には社会に出たらチームワークということなので、チームワークをしやすいような環境に年少の頃から慣らしていく」という教師の発言や、「一人でやるよりも一緒に勉強する方が楽しいという、そういう社会性を育てるために、算数でもそうであるし、学校生活の中でチームで取り組むことを、個人は尊重される一方で、行うということがある」という別の学校の教師の発言は、この信念を表現していると考えられる。

以上の分析から、フィンランドの教師は、現実場面での問題解決力やそれにつながる教科内容の深い理解や有用性の認識、他者と協同で問題解決に取り組む力といった「将来の社会生活に活きる力」を一人ひとりが獲得することを教育の目標としており、そのための学習内容や学習方法として、①日常的事象を題材とした問題の構成、②個々の児童・生徒の興味関心・理解度・社会性やそれらの個人差への対応、③仲間との協同過程の組織などを重視していることが推察される。そのような教育観が先述の教科書や授業過程の構成にも反映されていると考えられる。また、個々人の「将来の社会生活に活きる力」を育成することをめざす教育観がフィンランドの教師に共有されていることが、他の様々な社会的要因の影響も考えられるが、生徒の読解力と主観的幸福感が同時に実現される一因となっているのかもしれない。

また、フィンランドの教師が示している前記の目標の内容は、第五章で検討した知識基盤社会で必要とされる力として主張されている内容と重なるところが多いが、特に、「現実の社会生活における問題解決力やそれにつながる教科内容の深い理解や有用性の認識の育成を目標として、授業場面では多様な日常的事象を題材とした問題を構成する」という視点は、教材や発問といった学習内容（コンテンツ）をどのような視点で構成するかを考えるうえで、今後の日本の教育にも参考になると考えられる。

5　これからの時代の子どもの学力の形成
――非定型と多様性の教育的・発達的意義

本章では、これからの時代に必要な学力として、非定型問題の解決力としての「わかる学力」（非定型問題に関する思考の構成・表現や深い概念的理解）に焦点をあてて、その形成のための教育について考えてきた。認知心理学的知見にもとづいて考えると、また、日本における問題解決型の学習の成果と課題をふまえて考えると、一人ひとりの子どもの「わかる学力」の育成に必要なのは、**非定型問題に対する探究と協同を重視した学習**であり、言い換えれば、非定型問題をベースに個々の児童・生徒の多様な既有知識を活性化し、関連づけて本質を追究する学習である（本章1、2）。そのような学習は、第六章でみてきたようなアジアにおける日本の子どもの思考の特質（思考の多様性や日常的知識を利用する傾向）が生きる学習であり、実際に上記の特徴をもつ「協同的探究学習」による授業が一人ひとりの「わかる学力」の形成などに有効であることについて算数科を中心に明らかにしてきた（本章3）。また、子どもの「わかる学力」の育成には、上記の学習において子どもの多様な知識を活性化して関連づけるために、**日常的事象と関連づけられた多様な学習内容の構成**が有効であり、それは、フィンランドの子どもや教師を対象とした研究などから、これからの時代に重要となる「社会生活に活きる力」の育成にもつながることをみてきた（本章4）。そのような日常的事象との関連づけという方向性に対しても、日本の子どもの思考の特質やそれを促してきた日本の教育の利点が生かされるだろう。

以上に主張してきたような教育は、「学力の形成」という視点から考えると、子どもの思考の多様性を生かし、社会とのつながりのもとで多様な「開かれた知識」を関連づけて**非定型の問題**を解決し、諸事象の本質的理解を深めることをめざす教育と特徴づけられるであろう。その教育は同時に、「人格や社会性の発達」という視点から考えると、様々な考えが対等に認められる**非定型の場面**で一人ひとりの多様な発想が尊重され、他者とのつながりのもとで自分の考えや思いがそれ自体として認められることで、一人ひとりの自己肯定感、すなわち、今のままの自分を受容し肯定的に価値づける感覚や意識と、それを基盤としたこれからの学びへの意欲が育つことをめざす教育でもある（詳細については、藤村（2018）を参照）。多様な他者と関わりながら、それぞれの考えや思いを尊重しながらともに社会をつくっていく発達主体を育てるという視点からも、これからの時代の学力の形成を考えていくこと、すなわち、**学力形成と発達支援を同時に実現する教育**の提案が重要になってくるのではないだろうか。そして、そのような教育の実現が、教育の質の向上と平等性を同時に実現するという国際的課題にも応えることにつながるのではないかと考えられる。

第Ⅱ部　参考文献

天野清・黒須俊夫（1992）．『小学生の国語・算数の学力』秋山書店

新井　仁（2006）．「スギ花粉飛散量予測を題材とした関数領域の指導について」『日本数学教育学会誌（数学教育）』88（11），11-18.

Cai, J. (2000). Mathematical thinking involved in U.S. and Chinese students' solving of process-constrained and process-open problems. *Mathematical Thinking and Learning*, 2, 309-340.

Clement, J. J. (2013). Roles for explanatory models and analogies in conceptual change. In S. Vosniadou (Ed.), *International handbook of research on conceptual change* (*2nd edition*). New York: Routledge. pp. 412-446.

藤村宣之（1990a）．「児童期における内包量概念の形成過程について」『教育心理学研究』38, 277-286.

藤村宣之（1990b）．「児童期の内包量概念の形成過程に関する縦断的研究」『発達心理学研究』1, 70-78.

藤村宣之（1997）．『児童の数学的概念の理解に関する発達的研究——比例、内包量、乗除法概念の理解を中心に』風間書房

Fujimura, N. (2001). Facilitating children's proportional reasoning: A model of reasoning processes and effects of intervention on strategy change. *Journal of Educational Psychology*. 93, 589-603.

藤村宣之（2004）．「児童の数学的思考に関する日中比較研究」『教育心理学研究』52, 370-381.

Fujimura, N. (2007). How concept-based instruction facilitates students' mathematical development: A psychological approach toward improvement of Japanese mathematics education. *Nagoya Journal of Education and Human Development*. 3, 17-23.

藤村宣之（2008）．「知識の獲得・利用とメタ認知」三宮真智子（編著）『メタ認知——学習力を支える

高次認知機能』北大路書房　pp. 39-54.
藤村宣之（2012).『数学的・科学的リテラシーの心理学――子どもの学力はどう高まるか』有斐閣
藤村宣之（2014a).「フィンランドの児童の思考の特質とそれに関連する環境要因――小学校における算数授業過程の分析から」『東京大学大学院教育学研究科紀要』53, 273-283.
藤村宣之（2014b).「教科教育に対する心理学的アプローチ――発問をどのように構成するか」日本教育心理学会第五六回総会研究委員会企画シンポジウム「教科教育に心理学はどこまで迫れるか(4)――教育目標をどう扱うべきか」発表資料
藤村宣之（2017).「フィンランドの児童の数学的思考と学習観に関する発達的研究」『東京大学大学院教育学研究科紀要』56, 495-504.
藤村宣之（2018).「一人ひとりの学びと育ちを支えるために」藤村宣之・橘春菜・名古屋大学教育学部附属中・高等学校（編著）『協同的探究学習で育む「わかる学力」――豊かな学びと育ちを支えるために』ミネルヴァ書房、211-222.
藤村宣之・今村敦司・藤田高弘・嘉賀正泰・水谷成仁・加藤直志・福谷敏（2008).「教科連携型協同学習を通じた「ことばによる思考力」の育成」『第二回博報「ことばと文化・教育」研究助成研究成果論文集』（財団法人博報児童教育振興会）pp. 31-46.
藤村宣之・太田慶司（2002).「算数授業は児童の方略をどのように変化させるか――数学的概念に関する方略変化のプロセス」『教育心理学研究』50, 33-42.
藤村宣之・大田正義（1996).「ティームティーチングが児童の算数理解に及ぼす効果」『教育方法学研究』21, 127-137.
藤村宣之・鈴木豪（2015).「フィンランドの児童の思考に影響を及ぼす環境要因の検討――フィンランドの教師の授業観の分析」『東京大学大学院教育学研究科紀要』54, 459-476.

藤村宣之・橘春菜（2013).「協同による問題解決過程」中谷素之・伊藤崇達（編著）『ピア・ラーニング――学びあいの心理学』金子書房、123-138

藤村宣之・橘春菜・名古屋大学教育学部附属中・高等学校（編著）(2018).『協同的探究学習で育む「わかる学力」――豊かな学びと育ちを支えるために』ミネルヴァ書房

Griffin, P., McGaw, B., & Care, E.（Eds.）(2012). *Assessment and teaching of 21st century skills.* Springer. ／P・グリフィン・B・マクゴー・E・ケア（編）三宅なほみ（監訳）益川弘如・望月俊男（編訳）(2014).『21世紀型スキル――学びと評価の新たなかたち』北大路書房

Halinen, I. (2018). The new educational curriculum in Finland. In Matthes, M., Pulkkinen, L., Clouder, C., & Heys, B. (Eds.), *Improving the quality of childhood in Europe* (*Volume 7*). Brussels, Belgium: Alliance for Childhood European Network. Foundation. pp. 75-89

ヘイノネン・オッリペッカ・佐藤学（2007).『「学力世界一」がもたらすもの』日本放送出版協会

Inagaki, K., Morita, E., & Hatano, G. (1999). Teaching-learning of evaluative criteria for mathematical arguments through classroom discourse: A cross-national study. *Mathematical Thinking and Learning*, 1, 93-111.

Jakku-Sihvonen, R. & Niemi H. (Eds.) (2006). *Research-based teacher education in Finland: Reflections by Finnish teacher educators.* Finnish Educational Research Association.

Kenney, P. A., & Silver, E. A. (Eds.) (1997). *Results from the sixth mathematics assessment of the National Assessment of Educational Progress.* Reston, VA: National Council of Teachers of Mathematics.

Kiviluoma,P., Nyrhinen,K., Perälä,P., Rokka,P., Salminen,M., & Tapiainen,T. (2016). *Star Maths 4b.* Otava Publishing Company.

国立教育研究所（1996）.『小・中学生の算数・数学，理科の成績――第３回国際数学・理科教育調査国内中間報告書』東洋館出版社
国立教育政策研究所（編）（2013a）.『算数・数学教育の国際比較（国際数学・理科教育動向調査の２０１１年調査報告書――TIMSS2011）』明石書店
国立教育政策研究所（編）（2013b）.『生きるための知識と技能５　ＯＥＣＤ生徒の学習到達度調査（PISA）２０１２年調査国際結果報告書』明石書店
国立教育政策研究所（編）（2016）.『生きるための知識と技能６　ＯＥＣＤ生徒の学習到達度調査（PISA）２０１５年調査国際結果報告書』明石書店
国立教育政策研究所（編）（2017）.『TIMSS2015 算数・数学教育／理科教育の国際比較（国際数学・理科教育動向調査の２０１５年調査報告書）』明石書店
国立教育政策研究所（2019a）.『生きるための知識と技能７　ＯＥＣＤ生徒の学習到達度調査（PISA）２０１８年調査国際結果報告書』明石書店
国立教育政策研究所（編）（2019b）.『教員環境の国際比較――ＯＥＣＤ国際教員指導環境調査（TALIS）２０１８報告書――学び続ける教員と校長』ぎょうせい
国立教育政策研究所（編）（2021）.『TIMSS2019 算数・数学教育／理科教育の国際比較（国際数学・理科教育動向調査の２０１９年調査報告書）』明石書店
熊倉啓之・吉田明史・長尾篤志・國宗進・川合公孝（2009）.「教科書と授業からみるフィンランドの数学教育」『日本数学教育学会誌（数学教育）』91（7），36-45.
熊倉啓之・國宗進・吉田明史・相馬一彦・柗本新一郎・松島充（2011）.「フィンランドの算数教育――フィンランドの算数授業」『日本数学教育学会誌（算数教育）』93（10），18-23.
熊倉啓之（編著）（2013）.『フィンランドの算数・数学教育――「個の自立」と「活用力の育成」を重

視した学び』明石書店

Linn, M. C., & Hsi, S. (2000). *Computers, teachers, peers: science learning partners*. Mahwah, NJ: Lawrence Erlbaum Associates.

Lonka, K. (2019). *Phenomenal learning from Finland*. EDITA Publishing OY.

Mullis, I. V. S., Martin, M. O., Beaton, A. E., Gonzalez, E. J., Kelly, D. L. & Smith, T. A. (1997). *Mathematics achievement in the primary school years: IEA's Third International Mathematics and Sciences Study*. Chestnut Hill, MA: TIMSS International Study Center, Boston College.

名古屋大学教育学部附属中・高等学校（編著）(2013).『協同と探究で「学び」が変わる――個別的・ドリル的学習だけでは育たない力』学事出版

日本数学教育学会出版部（編著）(1992). 問題解決『新訂　算数教育指導用語辞典』教育出版　pp. 298-299.

OECD (2014), *PISA 2012 Results: What students know and can do (Volume I, Revised edition): Student performance in mathematics, reading and science*. PISA, OECD Publishing.

Posner, G. J., Strike, K. A., Hewson, P. W., & Gertzog, W. A. (1982). Accommodation of a scientific conception: Towards a theory of conceptual change. *Science Education*, **66**, 211-227.

Rinne, S., Salonen, M., Sintonen, A., & Uus-Leponiemi, T. (2011). *Matikka 3 Kevät* (*Opettajan Kirja*). WSOYpro Oy.

Rittle-Johnson, B. & Star, J. (2007). Does comparing solution methods facilitate conceptual and procedural knowledge? An experimental study on learning to solve equations. *Journal of Educational Psychology*. 99, 561-574.

清水宏幸（2006).「日常の場面で一次関数を活用させる指導――ガス料金について考えさせる指導」

『日本数学教育学会誌（数学教育）』88（7），2-9.

清水宏幸（2007）．「日常の場面で関数を活用させる指導――売上金額の一番多いTシャツの値段を設定しよう」『日本数学教育学会誌（数学教育）』89（11），2-9.

志水宏吉・伊佐夏実・知念渉・芝野淳一（2014）．『調査報告「学力格差」の実態』岩波書店

清水美憲（2002）．「国際比較を通してみる日本の数学科授業の特徴と授業研究の課題――TIMSSビデオテープ授業研究の知見の検討」『日本数学教育学会誌（数学教育）』84（3），2-10.

Sawyer, R. K. (Ed.) (2014). *The Cambridge handbook of the learning sciences (2nd edition)*. New York: Cambridge University Press.

Siegler, R. S. (1996). *Emerging minds: The process of change in children's thinking*. New York: Oxford University Press.

Siegler, R. S., & Alibali, M. W. (2020). *Children's thinking (5th edition)*. Pearson.

Smith, J. P., diSessa, A. A., & Roschelle, J. (1993). Misconceptions reconceived: A constructivist analysis of knowledge in transition. *The Journal of the Learning Sciences*, 3, 115-163.

Stevenson, H. W. (1995). Mathematics achievement of American students: First in the world by the year 2000? In C. A. Nelson (Ed.) *Basic and applied perspectives on learning, cognition, and development*. Mahwah, NJ: Lawrence Erlbaum Associates. pp. 131-149.

Stigler, J. W. & Hiebert, J. (1999). *The teaching gap : Best ideas from the world's teachers for improving education in the classroom*. New York : Free Press. ／スティグラー・ヒーバート（湊三郎訳）（2002）．『日本の算数・数学教育に学べ――米国が注目するjugyou kenkyuu』教育出版

庄井良信・中嶋博（編著）（2005）．『フィンランドに学ぶ教育と学力』明石書店

鈴木豪（2013）.「小・中学生の学習観とその学年間の差異――学校移行期の変化および学習方略との関連」『教育心理学研究』61, 17-31.
鈴木誠（編著）（2007）.『フィンランドの理科教育――高度な学びと教員養成』明石書店
橘春菜・藤村宣之（2010）.「高校生のペアでの協同解決を通じた知識統合過程――知識を相互構築する相手としての他者の役割に着目して」『教育心理学研究』58, 1-11.
渡邊あや（2017）.「転換期の「教育立国」フィンランド――高学力の背景と次の一手」『児童心理』71（3）, 49-53.
山口武志（2010）.「フィンランドの算数・数学教科書」『日本数学教育学会誌（算数教育）』92（6）, 4-8.

第Ⅲ部　二一世紀型教育を「授業」する

恒吉　僚子

第八章　日本の教育モデルを用いた海外の実践から考える

1　モザイクの中の日本のモデル

先進性と後進性

第Ⅰ部では、国を越えて提唱される二一世紀型教育、レトリックでは同じような言葉で表現されているものが、実践ではどのように固有性を帯びるのかを各国で研修に使われている実践モデル例等を通して考えてきた。そして、非定型型の教育としての共通項と、それぞれの社会的「文脈」による変容、政策と実践のズレについて考えた。そして第Ⅱ部は認知のレベルにまでそれをつなげようとした。

これまでの章で検討してきた二一世紀型教育の抽象的な次元でのイメージは、日本のみならず、中国、シンガポール等でも方向性が共通していた。考える力の育成、グローバルな変化に合わせた先の見えない未来への柔軟性を持つ対応ができるようになる等のおおよその部分においては共通した非定型的な資質・能力の育成を目指していた。同時に、「グローバル」に対して極めて「ナショナルな」、○○国民としてのアイデンティティや価値観を育成する意図もまた国によって見られた（第Ⅰ部）。つまり、抽象的な議論においては共通しているように見えたとしても、各々の社会的文脈に降りた時には、例えば、話し合いの時間を区切るか否かに至るまで、どの程度効率性や処理能力を重視するのかとか、かなり違った資質・能力を育成していることが実践レベルでは示唆されていた。

さらには、国際的な教育改革言説の中で西欧を起源とするモデルが支配的な中で、アジアからの教育モデルとして、シンガポール発のシンガポール数学のモデルや日本発のレッスン・スタディのモデルやTokkatsuモデルが国をまたいで参考にされる国際モデルとして登場し、その特徴や意味についても考えてきた。

本章ではさらに、以下に、国際的に見た日本の教育を考える上で、日本のモデルを取り入れた外国への視点を通して、違う角度から日本の教育のあり方を考えたいと思う。日本の教育は、植民地支配を受けずに（支配した方であり）、戦後の国際社会の中ではアジアの先進国として経済発展をした国の教育として評価されてきた。近代化の過程において西欧のモデル、特に戦後はアメリカの教育モデルに影響されながらも、自国の教育のパターンを保つことを状況的に許された。

それがおそらく大きな要因であろうが、西欧のモデルが「国際スタンダード」になることが多い今日の国際的な教育モデル環境の中で、独自性の強いモデル、例えば、Kosen（高等専門学校）、Kominkan（公民館）や教育実践で言うとレッスン・スタディやTokkatsuのような西欧モデルと違う性質（例：より協働的性格が強い、行政の役割が強い等）を持つモデルを出してきた。それらは日本語のベールに覆われて国外には見えないことが多いわけだが、何かのきっかけで国際的に見えるようになった時には、「国際スタンダード」との違いが認識されて代替モデルとして登場しうる。特に開発途上国支援等を背景にした時には採用する動機づけも強い。

こうして、一方では、西欧発の教育モデルが国際スタンダード化する中で、違う発展ルートをたどった日本のモデルがそのスタンダードからはずれながら、その時点で国際的に求められるものを持っているにもかかわらず、西欧モデルがそれをしてこなかったか相対的に後発だったり不得意な場合は、日本モデルが先進的なものとして認識されうる。他方では、独自性が高いが西欧等に遅れていると認識されるものは（例：「外国人」移民の受入れ）、後進的とうつる。前者は自己モデルでもって世界に発信をして国際的に認められうるが、後者の状況での独自モデルの発信は逆の結果を生みやいと思われる。

国際モデルとしての日本の教育モデル

当たり前の話だが、ある国が他の国から学ぼうとする時、相手の国が不得意なものから学ぼうとするのではなく、相手が先進的なものを学ぼうとする。よって、国際モデルとして通用している日本の教育モデルの話をすれば、自ずから日本の教育の中で国際的に評価されているか、されうるものの話をすることになる（Tsuneyoshi et al. eds. 2020）。

今日、国際社会において求められ、日本の教育の経験が長いものとして、全人的な枠組みからの教育、非認知的なスキルの育成が代表的なものだと思われる。今日、世界的な流れ、グローバル・フローの中で、国際社会においても子どもの認知的な側面（思考力等）だけでなく、非認知的な側面も（協働性とか）育成する必要性、全人的な枠組み（holistic）の教育の必要性が唱えられるようになった。そもそも、子どもの知性のみならず、心の育成とか、身体的健康とか、自分だけでなく皆のことを考えられる子どもがよいとかは常識的な内容かもしれない。だが、目指すべき子ども観が変われば、カリキュラム、教材や教授法、教師の養成内容にまで変化が起き、学校教育にとっては大きな変化である。

数学の点数は１００点かもしれないが、周囲に暴力を振るう、差別的行動を行う。学力テストではトップをとるが、自尊感情が低くて先に進めなくなる、極端な思想にはしる。これは教育的な意味での成功ではないということである。いくら認知的な能力に優れていても、それがバランスされた人間形成の一要素でなければ、その個人は自分のためにも、周囲のためにも、社会にとっても幸せな存在にならないという、ある意味、当たり前のことが自覚されるようになっている。それが、西欧モデルで言うところの社会情動的な学習（social and emotional learning, SEL）の台頭に象徴されている。ＳＥＬはアメリカでかつては考えられないような注目を浴び、国際機関、ＯＥＣＤやユネスコ等でも盛んに唱えられるようになっている。

しかし、非認知的教育の領域は、長らく西欧モデルの公の学校の教育では軽視されてきたものである。認知的スキルに重きを置いた学校教育の中で、非認知的な面は主として家庭や地域、教会等が育成するものとされてきた。

アメリカを例にとると、非認知的なスキルの重要性が唱えられるようになった今日でも、日本のようにカリキュラムの中で位置づけられているわけではなく、多くは興味のある学区、学校、教師が取り上げるような性質のものとなっている。基本的に数学や国語のように国民教育の中で「必然」とされているわけではない。

その意味では認知的スキルや教科も、非認知的なスキルの育成に重要な役割を果たす教科以外の時間も、同じカリキュラムに入れ、どの子どもも経験するものとされていること、非認知的スキルを含めて、子どもの学びの読み取り方を協働的に教師が取り組んできた（レッスン・スタディ）蓄積がある日本の教育モデルは今の国際的な状況の中で独特の強さはある。

異なる角度から見える日本の教育

Tokkatsu が国際モデル化する中で、国際協力機構（ＪＩＣＡ）の支援のもとに、政府によって全国的規模でこのモデルが受け入れられていった最初の事例がエジプトである。二〇二二年現在、既に、第一フェーズが終わり、第二フェーズに入っている。また、インドネシアでの取り組みは、民レベルの取り組みによって続いている。(1) マレーシアにおいては官と民の動きが見られる。(2)

これらは、グローバル・フローとしての前記の大きな流れ、国際社会によって支持されるような非定型型の流れに沿うと同時に、それぞれに独自の社会的文脈を持っている。第Ⅰ部では国際的に発信されている日本の教育モデルの特徴について考えたが、ここではさらに、外国において受け入れられた日本の教育モデル（Tokkatsu）を垣間見ることを通して、二一世紀型教育とその中の日本の教育のあり方について考えることとする。

特に、エジプトは両国政府が関わる大規模な試みであり、カリキュラム改革の際に、英米式・西欧式の改革と並行して日本の Tokkatsu モデルが制度的に導入されたという意味で、マクロの政策とミクロな実践という、第Ⅰ部で考えたつながりを通して、違う角度から日本の教育のあり方を考える材料になろう。

2　エジプトの二一世紀型教育――「教育2・0」

改革の背景

エジプトの教育制度は中東と北アフリカ（MENA）で最大であり、二五〇〇万人、五万校を越える大きな教育システムである。このことは、以下のドナーたちがエジプト支援を広報する時、しばしば力説していることである。

こうしたエジプトでは、二〇一七年、「社会的、経済的変革のための2030戦略的ヴィジョン」に沿う形で、エジプト教育及び技術教育省（Ministry of Education and Technical Education、MoETE）が教育2・0という包括的な教育改革を採用した。その背景として指摘されてきたのが、資金やキャパシティ不足、人口増加と混雑する教室、教育の質低下。前述の国際学力テストのTIMSSでも順位は下位、受験国家としての暗記本位の学びをもたらす（時代遅れの）カリキュラム、試験のための勉強、アクティブ・ラーニングの欠如、探究的学習の欠如、生涯学習や教員研修の必要性、都市と農村の格差、基礎教育における評価やモニタリングの欠如、今日の社会で活躍できるような二一世紀型スキルを学ぶ機会の不足等であった（Moustafa et al. 2022, pp. 54-56; Harvard 2020）。そうした中、「時代遅れ」の知識の丸暗記から、生徒に特定のコンピテンス、スキルを育成することに力点をシフトしたのである（Moustafa et al. 2022, p.55）。そして、改革はK‐12まで順次改革してゆくことが計画された。

「国際的スタンダード」への準拠

第Ⅰ、Ⅱ部でも見たように、二一世紀型教育への対応は色々な国で行われている。エジプトの前節の教育２・０（Ministry of Education & Technical Education Egypt 2020）は「国際スタンダード」に合わせてカリキュラム内容、学習観や教授法の改革に関わる大胆な改革として推進された（Moustafa 他 2022）。暗記、受験主導、という過去に比べ、考える力、二一世紀型のコンピテンスが唱えられ、ユネスコ、ユニセフ、ディスカバリー教育社、ＵＳＡＩＤ等の国際機関や西欧側の官民機関が関わり、エジプト・ナレッジ（知識）・バンク（ＥＫＢ）というエジプトのオンライン・データーベースも設置された。

さて、エジプトの教育２・０についての英語での出版物はあるものの、そこに挙げられるエジプトのパートナー達はほぼ国際機関、そして、同じような価値観を提示する西欧先進諸国である。国別の支援としても、何よりもアメリカのＵＳＡＩＤが注目され、そこにフランス、ドイツ等のヨーロッパ諸国の名前が加わる（ものによって日本も登場することもある）。

開発途上国支援を行う政府機関であるアメリカ合衆国国際開発庁（United States Agency for International Development, USAID）は、「二五〇〇万人を越える就学人口を抱える中東最大の学校制度」を持つエジプトで、二〇一七年に教育、技術教育省が打ち上げたのが教育２・０であり、

「丸暗記から批判的思考」へと向かう教育を自分達は教育省のパートナーとして示してゆくとしている。ＳＴＥＭ教育を推進したり、教師教育をオンライン化しようとしている教育２・０の趣旨に沿って、オンライン教師教育プラットフォームを支援する費用をエジプト政府に提供したり、いくつものプログラムを展開していると述べている（USAID 2022）。

また、開発途上国支援の主要ドナーとしての世界銀行では、「エジプト教育改革支援プロジェクト」では、就学前教育への入学増加（特に貧しい地域において）、教育のデジタル化の支援、ジェンダー視点のある教育者の育成等、教育２・０に沿った支援を行っているという（World Bank 2019）。あるいは、エジプト政府の最も重要なパートナーの一人として、ユニセフはエジプト教育省と共に歩みながら、「就学前から三学年までのスキル・ベースのカリキュラムを開発、実施」、「フランス・エデュケーション・インターナショナルと共にエジプト教育省のカリキュラム担当達を研修した」とされている（Moustafa ほか 2022）。フランス・エデュケーション・インターナショナルは、フランスの国民教育省直轄の公的機関である。

エジプトが志向した「国際的スタンダード」。それが「アメリカ」や「ヨーロッパ」のモデルとされずに、「国際的スタンダード」となっていることは、今日、国際的に入手可能な教育モデルの中でいかに西欧のモデルが相互に重なり合いながら国際的に支持され、「スタンダード化」しているかをうかがわせる。これは近代以降の国際的な教育モデルの多くに当てはまり、例えば、「近代大学」は、もともとは強制的（植民地支配）にせよ自発的にせよ、西欧から各国にトランスファーされたものであるが、世界中で単に「大学」として国際スタンダード化している。

エジプトの改革は、主として連携相手は国際的に「スタンダード化」している西欧の組織と国際機関であり、初等教育のジェネラル・技術的教育カリキュラム（ＧＦＧＴＥＣ）は中東と北アフリカを対象としたユニセフのUNICEF-MENAライフ・スキルと市民性教育（ＬＳＣＥ）フレームワークに基づいていたという（Moustafa他 2022, p.57）。

このモデルのもとでは、思考や問題解決力、創造性、楽しみながら学び、起業家精神を開拓する等の共通理念、評価は継続した形成的（formative）プロセスで行われ、新しいテクノロジーを活用し、ステップごとの構造化されたモデル、モデリング、ドラマとロールプレイ、ブレーンストーミング等のメソッドを伴っている（UNICEF 2017）。

ディスカバリー教育社が二〇一八年に新しいコンピテンシーを軸とする新カリキュラムに合わせて提供した教師教育（ワークショップ等）もまた、理念、オンラインの教師用デジタル・プラットフォーム、「プロフェッショナル学習の旅」（Professional Learning Journey, PLJ）等を伴っていた（Moufasa他 2022, p.59）。

「パートナー」たちは語る

ディスカバリー教育社の説明によれば、「デジタル・コンテンツと教師や生徒のプロフェッショナル養成」のリーダーであるディスカバリー教育社と、エジプトのデジタル・データーベース、ナレッジ・バンクが協力して理数系のＳＴＥＭ（Science, Technology, Engineering and Math）を推進してきた（Discovery 2016）。前述のエジプト・ナレッジ・バンクとは、大統領の意思により、「どのエジプト市民」にも人類の知恵を提供すべく、「世界最大のデジタル図書館」として作られ、ナショナル・ジオグラフィック、ディスカバリー、ケンブリッジ、ブリタニカ等の世界で著名な出版社の知恵が入手できると宣言されている（エジプト・ナレッジ・バンクのＨＰより、https://sis.gov.eg/section/496/4576?lang=en-us&lang=en-us, 2022.8.19入手）。デジタル化はエジプトの教育改革の一つの特徴であり、二〇一六年には既にエジプト・ナレッジ・バンク（Egyptian Knowledge Bank）は英語とアラビア語での百科事典、書物等を抱え、広く使用されることを想定していた。さらには、評価のデジタル化も目指された（Moustafa ほか 2022, p.58）。

エジプトの教育２・０（Ministry of Education 2020）では、従来のエジプトの教育が試験のための勉強、受動的であり、教師が一方的にしゃべり、「時代遅れである」という認識から出発している。受験のための勉強の克服を目指すという意味では、前に書いた東アジア受験社会のレトリックに似ている。受験、暗記本位、ドリルに頼っていたかつての教育に比べて、これからのエジプトは「理解」「知識の応用」「探究」「暗記本位からの脱却」「深く考える」ような、より高度なスキルが強調されている点は、本書で見たシンガポール等の例で見たレトリックとほぼ同じであり、国際機関によって推進される、国際的な二一世紀型教育のレトリックに沿うものである。そして、エジプトの場合は「国際的スタンダード」に則った学習者主体の教育を提供、特にデジタル・テクノロジーが中心に据えられている（Ministry of Education 2020, p.3）。

さて、本書でも見てきたように、教育は単に知識を得るだけのものではない。それは価値や態度、習慣等の広きにわたって人間形成の過程を影響する。西欧先進諸国とその価値の多くを共有している国際機関に沿ってカリキュラムや教員研修等を行う結果、その世界観をも取り入れることになる。それは、学習観、ある研究者の言葉を引用すると「よく知られた、人はどのように学ぶのかに関して西洋中心の心理ベースの教育科学の視点」（Moustafa 他、2022, p.66）に基づくようになるだけでなく、例えば、教師がどのように学ぶのかとか、教育の結果形成される子ども像にも関係してくる。

ディスカバリー教育社等が提示している新カリキュラムは、以下のエジプト・日本学校の教員のアンケートにも出てくるように、今日のグローバル・フロー、非定型型教育の流れに沿って教科横断的であり、教科と教科を結ぼうとしている。そのことによって新しい視点から自分の教科を見ることが可能になった教師の感動の声が以下にも引用されている。本来、実社会においてはつながっているはずの教科同士のつながりは、教科学習がカプセル化しているがために分離しているように見えていたものの、それが実はつながっていることを示すことが教師の視点の転換につながっていることが、限られた例からであるが、以下のエジプト・日本学校の教員の反応からもうかがえる。

海外モデル採用の意味

エジプトのように、ドナーが国際機関であろうと、西欧諸国であろうと、多くの対外的支援を受け取っている場合、どのような条件、影響がそれによってもたらされているかが自ずから問題となる。それゆえ、アメリカ的な教育モデルを受ける中でのエジプト的アイデンティティの喪失を主張する声も出されている（Sayed 2006）。

教育分野の支援は、その本質が人を育てることであるため、人が育つ社会的文脈と切り離すことはできない。基礎教育でなく、高等教育であれば、対象が人格形成期を過ぎているように見えるかもしれないし、技術や特定の教科の指導に焦点を当てれば、ある種「中立的」に見えるかもしれない。

しかし、ドナーがアメリカであろうと、ドイツであろうと、国際機関や複数のドナーの集合体であろうとも、支援の対象が技術教育であろうとも、その背後には、その社会や国際的に有力な、本書でも触れてきたような教育の理解がある。西欧のドナーたちは、広い意味での子ども観や社会観、人権、民主主義等を共有している。そして、本書で見てきたことからうかがえるように、アジアの国であろうと、エジプトであろうと、教育改革の中には「国際スタンダード」の特徴的な概念や考え方が取り入れられている。同時に、具体的にそれに沿ったとされる実践、実際に子どもたちを影響していると思われる教育場面になると、社会的文脈が色濃く反映されることを第Ⅰ部で見た。

第Ⅰ部で見たように、日本もまた、国際スタンダード化している非定型型の教育を追求してきた。それは今に始まったことではなく、特に戦後の民主化の中で自国の文脈に取り入れきた。今日の日本の教育モデルは、したがって基底において、西欧のモデルと異なるわけではない。戦前においては、集団的な活動が、全体主義のもとでの士気高揚のために使われることがあったが、戦後は教科も教科以外の学びの時間も、民主主義社会の発展のため、子どもの主体性や平等等のためにあるというような理念は、共有しているのである。

よって、ここで言う日本のモデルは、実は基底において「国際スタンダード」に沿いながらも、その上に独自性を持っている形になっている。射程が認知的な領域だけでなく、学校生活全体に広がっているような広い射程で教育の役割を捉え、そこにおける子ども像を抱く。だが、基底となる目標（例：民主主義社会の構築、グローバル市民の育成）が違うのではない。

当たり前に感じるかもしれないが、このことは確認しておく必要があろう。

日本の教育モデルの役割

さらに、では、日本の教育モデルの貢献、という観点からもう一度上記テーマを語るとどうなるのだろうか。日本は教科と教科の枠はかなりはっきりしている傾向がある。しかし、その枠を越えて教科と教科はつながる。そのつながる時に大きな役割を果たすのは何か。それは非認知的な学習をも教育の公の役割の中に入れた全人的な枠組みであろう。そこで教科が教科だけでなく、教科以外の学びともつながる。

例を挙げよう。わかりやすい例として「食育」を挙げることができる。文部科学省の『食に関する指導の手引き』（2019）には、食の指導は各教科等、給食の時間、個別的な指導に分けられ、つなげうるものに社会科、理科、生活科、家庭科、技術・家庭科、体育科、保健体育科等の教科や特別活動、総合的な学習の時間、道徳も食育の時間等が挙げられている。

そして例えば、「感謝の心（食べ物を大事にし、食料の政策等に関わる人々へ感謝する心をもつ。）」（第1章, p.18）という、諸外国では価値教育、宗教的項目として教養や価値の教育として展開されることが予想されるものでも、日本では教科と非教科、学校生活が教育の対象となっているために、教科的な知識やスキル、学校生活で養われるような資質、そして、例えば、毎日繰り返される学校給食とそこに付随する、毎日栄養素を意識したり、地域の食材を使ったり等の多面的要素が入ってくる。

説明には「人の食生活が自然の恩恵の上に成り立っていること、また、食に関わる人々の様々な活動に支えられていることに対して感謝する心が大切であるという視点である。人々の生活は昔から動植物などの自然の恩恵に支えられて成り立っていることや生産・流通・消費など食に関わる人々の様々な活動に支えられていることに気づき、環境保全や食品ロスの視点も含めて、感謝の気持ちや食べ物を大事にする心を育むことが求められている。」（文部科学省 2019, p.18）とある。全人的な枠組みからは、毎日の学校給食とそこでの食育、生産者等の食に関わる人々の活動を学ぶ社会科、環境教育、職業等をテーマとした総合とか、こうしたテーマを深化させる特別活動の学級会とか、教科と教科以外を横断してつなげることが想定されている。

こうした学校での学びの領域の広がり、そして、それを支える教師の協働的な学び（レッスン・

スタディ）を教科中心の認知的な子ども像から、教科以外の非認知をも取り入れた全人的な枠組みからの子ども像に転換してゆくにあたって、日本の教育モデルは国際的に独自の役割を話しうると思われる。

3　エジプト・日本学校の教師に聞く

前述のエジプトの二〇一八年のカリキュラム改革は、エジプトが二一世紀の教育改革を行うにあたって「国際スタンダード」のモデルと日本の教育モデル、Tokkatsu が共に取り入れられ、構想を具現化する「エジプト・日本学校」が建設された。

「エジプト・日本学校」（ＥＪＳ）は二〇一八年、当時のエジプト政府とＪＩＣＡとの間で円借款貸与契約が結ばれたのをきかっけに、エジプト各地で設置されていった公立学校である（初年度は幼稚園と小学校一年生から）。そこには、日本の「特別活動」から派生した Tokkatsu が取り入れられたことは既に述べた（JICA 2018）。筆者も前述のように Tokkatsu の当初の構想のところで関わったが、本来 Tokkatsu は日本の教科での認知的な学びと教科以外の非認知的・体験的な学びを統合した教育のあり方を示す言葉として用いられた。それゆえに、Tokkatsu のことを「日本版の全人的な枠組みからの（holistic）教育」という言い方をしばしばしてきた（Tsuneyoshi ほか 2020）。

以下に、学年の Tokkatsu 担当二人を含むエジプト・日本学校の教員にとって、二一世紀型の教育実践はどのようなものなのかの示唆を得て、日本の教育モデルについて考えようとした。それにあたって、手を挙げられた四人のアンケート例を参考した。極めて限られた例として自ずから代表的なものではない。だが、エジプト・日本学校は、日本の教育モデルを具現する学校でありながら、エジプト全体が準拠した、「国際スタンダード」の西欧モデルを教科の部分で取り入れた構造の中にいる。その中で、二一世紀型教育は何なのだろうのか。

以下のエジプト・日本学校の教師に投げられかけられた質問は以下である。(3)「最近のエジプトの教育改革で教え方をもっとも影響したもの」「どのように改革によって教え方を影響されたか」「二一世紀に生徒に求められるスキル、知識、価値は何か」「こうしたスキル、知識、価値に対応するために自分の学級ではどのような実践をなさったか、例を挙げてもらえますか」。

さて、エジプトが推進した二一世紀型の教育、教育2・0は、もともと「国際スタンダード」に沿う形で構想されたものであり、第I部で見た非定型型の国際的なレトリックと同じ論理が用いられている。それを日本の教育も取り入れてきたわけであり、抽象的な次元において大きな差はない。

回答した教師が指摘した新しいカリキュラムが要求するものとは順不同に記載があったものを羅列すると以下のようになる。「生徒がより自律的になり、創造的な形で思考し、問題を解決し、協働することの価値を理解し、型にはまらない考え方をする」「創造的な思考」「問題解決」「創造性」「起業家精神」「リーダーシップ」「グローバル市民性に関わるスキル全般、例えば、他者や多文化の尊重」「感情知数 emotional intelligence」「デジタルリテラシー」「レジリエンス」「協働性」「共感と参加」「批判的思考」「交渉力」「生産性」「自己管理」「コミュニケーション力」「責任感」。いずれも第Ⅰ部で扱った「非定型型」教育の発想である。

さらに、知識はいかにあるべきかについては以下の通りである。「現実社会につながった学習」「観察によって情報を得る」「創造性の土台となる基礎」「分析方法や科学的方法」「ＩＣＴ関連」「感染症、環境等の知識」「教科に関する知識」。

そして、価値に関しては、「協調的であること」「他者を尊重する」「多様性の尊重」「徳」（例として、インターネットでうわさを拡散したりしない）「相互に学ぶ」「創造的であること」「平和的な共存」等である。

ここでもまた、シンガポールでも中国でも使われていた同じ言葉にしばしば出合う。ユニセフの影響を色濃く受けているのであるから、この類似性は当たり前というと当たり前なのかもしれない。

少し具体的に見てみよう。

M先生（エジプト・日本学校、男性、アラビア語と宗教、四年生、Tokkatsu担当）

M先生はエジプト・日本学校の教員であり、学年の Tokkatsu 担当である。彼によると、（教育2・0にあるように）、エジプトの従来の教育は教師主導で、知識伝達であり、生徒は受動的に指導を受けるだけで、教育の目標は認知的なものであり、子どもの将来を左右する試験を通るためのものであった。

しかし、前述のように二〇一八年にエジプトでは教育２・０により新しい教育が幼稚園と一年生、一部中等教育（general secondary system）に導入され、そこに日本のTokkatsuも全ての小学校に導入されると同時に、ＪＩＣＡの後押しを受けながら、エジプト・日本学校が設立された。Ｍ先生によると、この改革は生徒、教師、保護者にとって教育を「楽しい」ものにし、教師主導から教師をファシリテーターの役割に変えたという。Ｍ先生は今は生徒を教える時に、「発見」（discover）すること、生徒が図書館やインターネット、年上の生徒へのインタビュー等、複数のソースから情報を集めて探究できるように、プロジェクトを課したりしているという。

さて、こうした探究的な学習、ファシリテーターとしての教師の役割等は日本の教育でも強調されているものであり、第Ｉ部でも見てきたように、基本的な発想は中国でもシンガポールでも日本でも共通していた。いわば、「国際スタンダード」であり、それに沿った社会化である。西欧的なモデルで唱えられている認知的な面での探究心、受験のための勉強でない思考力等は、第Ｉ部でも見た、東アジアでも対応しようとしてきた二一世紀教育の「国際スタンダード」である。

そして、Ｍ先生によると、ディスカバリー教育出版の教師用の教材で、複数の教科を統合することを通して知識のつながりを意識するようになったという。つまり、教育２・０を通して、Ｍ先生は教科が互いにつながっていることを知り、自分が担当するアラビア語を他の教科と結びつけることができたのである。例えば、四年生のアラビア語には環境や水の大切さについて話すレッスンがある。英語においても、水環境について話すところがあり、理科でも洪水や水災害に関連したところがある。こうして獲得された知識や価値は「日常に活用できる」ものであり、生徒の動機づけにつながったとM先生は考えている。

教科横断的な学習は西欧モデルにおいても二一世紀型教育として支持され、日本においても総合的な学習の時間に見られるような総合性・統合性を以前よりも重視する姿勢は、諸外国でも見られる。同時に、こうした教科と教科をつなぐのは、全人的な枠組みからの教育の一要素であるが、全てではない点は後で触れる。

いずれにせよ、学習観の転換に伴って、M先生は「協同的学習（cooperative learning）」のアプローチから学んだ小集団活動を実施している。三、四人のグループに分けてそれぞれの役割を与えて巡回したり、ペアでの学習をしたり、U字型にして議論をしやすくしたりした。様々な学習メソッド、例えば、「発見を通して学ぶ」（learning through discover）「プロジェクトに基づく学習」（project-based learning）「モデルによって学ぶ」（learning by modeling）が参考にされている。評価を複数化し、成長に合わせる評価（formative assessment）を行うようになった。

Tokkatsu の活動は教科の学習を助け、生徒の人格形成への影響を深めるという。例えば、アラビア語で学んだことを強化する学級の話し合いを行ったと言う（傍線は筆者）。

W先生（エジプト・日本学校、女性、算数、一年生、Tokkatsu担当）

W先生はやはりエジプト・日本学校において学年の Tokkatsu 担当である。W先生はM先生の書いている内容をほぼ言い換えている。

私が最も影響を受けた改革は、算数と他の教科との統合で、これは「ディスカバリー」カリキュラムに明確に示されています。

さらに、W先生は、生徒が自分達の生活と算数を結びつけ、評価を継続的に形成的（formative）に行い、学習した各段階での活動やプロジェクトによる年間を通じての生徒の取り組みが強調されるようになったことが大きな転換だと考えている。

エジプトが採用したディスカバリー教育社のカリキュラムでは、例えば、一年生には「数の言語におけるコミュニケーション」という単元があると言う。いずれも「発見」「学習」「共有する」の三段階で発展してゆく。市民性や環境等の大きなテーマにつながってゆくのである。

いずれにせよ、第I部で見た非定型型の言説に沿っていることがわかる。

R先生　多様性の尊重に関連する実践（エジプト・日本学校、女性、幼稚園）

欧米や国際機関の文脈で二一世紀型のグローバル・コンピテンスが語られる時、必ず挙げられる目標の一つに多様性の尊重がある。

それをイメージして幼稚園段階で実践に結びつけた例として、R先生は地域の様々な職業を幼児が疑似体験的に学ぶ実践を挙げている。二〇二一年度の幼稚園女性教員Rは、KG2の幼児たちが特定の職業（医師、警察、エンジニア）しか知らず、将来何になりたいかを聞いても同じ答えを繰り返していたことに疑問を持ち、以下のような実践を行ったという。

ディスカバリー教育社のテキストには色々な仕事が紹介されていた。これを活用しようと、こうした仕事に関連した服装やツールを用意し、それぞれの仕事がどのようなもので、我々の生活にとっていかに大事かを話した。

その際、ネットでも、欧米のサイトでよく出てくる「ネーム・スティック」が使われている。つまり、棒に子どものそれぞれの名前を書き、それをおみくじのように引いて、該当する子どもを特定する。それから、選ばれた子どもが色々な職業が書いたカードを選んで、カードの職業の服装を着たり、なぜその職業が地域にとって大事なのかをクラスに話したりした。こうした発表が終わった後に、筆記用具と紙を渡し、「将来何になりたいか？」を描かせたところ、農家、消防士、看護士やパイロット等、それまで登場してこなかった多様な職業が取り上げられるようになっていたという。そして、将来何になりたいかを各子どもが保護者に話し、教員は保護者に、子どもが考えを変えるような説得の仕方はしないようにお願いした。R先生によると、それは多様性を尊重し、誰もが地域で役割を担い、どの役割も平等であることを伝えるためにである。

O先生　エジプト・日本学校（女性、幼稚園）

O先生はエジプト・日本学校の幼稚園の先生である。どのような教え方をするのか、という問いに対して、O先生は新しい２・０カリキュラムはやはり、「暗記、教え込み、反復」という従来のエジプトの教育に対して、子ども主体の考えるカリキュラムに転換を促していると語っている。答えのない問い、教科の間のつながりを意識し、子どもが「探究」、思考することを助ける、教師はファシリテーターであり、子どもは自分で探究し、考える存在である。本書の非定型型で語られていた理念と基本的に同じである。

図８－１　エジプトの幼稚園のクラス

写真提供：Ｒ先生

注目すべきは、そうしたカリキュラムが様々なリソースと共に導入されていることである。もともと西欧モデルはメソッドを強調するが、ディスカバリー教育社は民間企業として消費者のニーズに対応し、ＳＴＥＭ（Science, Technology, Engineering, Math ＝科学技術工学数学）のプログラムがあり、探究的な二一世紀型とされる教育でありながら、理数系をメインにしているという意味で、新興国のニーズに合いやすい。エジプトにおいても、ＳＴＥＭ教育を軸としている。

そして、この新カリキュラムの中のTokkatsuは、エジプト・日本学校であるがゆえに強調されるものがあるとO先生は指摘する。「Tokkatsu活動は子どもの自尊感情を向上させ、学校の一日において主体的な役割を与え、受動的に受ける人ではなく、主体的である」ことを可能にする。それぞれのTokkatsu活動はそれぞれに教育2・0であげたような資質につなげられている。例えば、日直はリーダーシップの育成、掃除は場への所属感と責任感。「Tokkatsu活動は子どもの非認知的スキルの向上に関わる」。よって、統合的な人格を目指すにあたっては、2・0カリキュラムの教科面と統合する必要性が出てくる。遊びによる学びは協働性、参加、コミュニケーション、思いやり、責任感、生産性等のスキル等、「子どもの人格」を発展させ、社会に適応し、影響を及ぼすために必要である。

どのように教えるのか。ここで、多くは教授法のパッケージが提示されていることに注目する必要があろう。例えば、挙げられたものは、前述の棒に名前を書いた「ネーム・スティック（Name Stick）」以外にも、Neighbouring Colleage, Ask Three Before You Ask Me, Attracting Attention Signal, Spinning Wheel, Four Corners, Modelling, Seasons, Thinking Time, Brainstorming, Leaning and Whispering, 他沢山のメソッド例が挙げられていた。以下は「ブレーンストーミング」、「繰り返して囁く」の手法を使ったグループ活動でコミュニケーション・スキルを向上させる活動の写真である。

では、日本の教育モデルとしての Tokkatsu はどのようにここに組み込むものとして考えられているのか。朝の会や帰りの会、給食や掃除、遊びを通して学ぶ時間、教科活動の時、日直、子どもに役割を与えて自立を促す、協働的に計画を立てる、子どもを比べない、クラスの規則、等の Tokkatsu 活動において Tokkatsu の原則を守ってゆくと書かれていた。

アラビア語の実践例として出されていたのが、教科名：アラビア語の窓、テーマ：私はだれ？、レッスン名：(I am Distinguished)、で授業の目標が「考えや気持ちをはっきり表現し、人やものを表現する」というものである。活動としては、やはり「ネーム・スティック」の方法で自分の名前のカードをとってきて、最後に先生に渡して、毎日それが繰り返される。今日来た子どもたちの名前を入れた歌も作られた。

図８－２　教室の様子

あるいは、道徳的価値を扱う時間で、レッスン名：他人への尊敬で、「子どもが他の人を尊重し、それを示すことを促す」ことを目標としたものがあった。この活動では、子どもはハート型を紙から切り取り、愛情と尊敬を示す相手（母親）を選び、母親への尊敬を示すフレーズを書き、自分の名前を書いて、母親にプレゼントした。この活動では、他の人への尊敬、自分の気持ちを自由に表現することによる自尊感情、肯定的な自己像の向上等が見られたという。

4　海外の日本モデルから見た日本の教育

全人的な枠組みの可能性

もともと非西欧のイスラム社会において、西欧的な教科モデルが採用された中に日本の全人的な教育モデル（Tokkatsu）を入れたエジプトの例は、日本の教育モデルの国際的な強さと弱さの一端を見せているように感じる。

まず、日本の全人的な枠組みは、本来、教科と教科以外の時間が同じようにカリキュラムに位置づけられ、教科以外の時間と複数教科、教科以外の時間同士もつなぎ、総体として児童生徒の認知能力も非認知能力も相互に往還しながら育成できるはずの仕組みである。本来は教科以外の特別活動や総合的な学習の時間はそれ自体独立して実践されているものではなく、異なる教科同士が関連するだけでなく、教科以外の時間同士やそれと複数の教科とが結び付いて成り立っていることが必要であり、国際的に見た場合には長所であると思われる。

「国際スタンダード」化しているアメリカ（ゆるい意味での西欧）・モデルでは、長らく教科・認知的なスキルを学校教育の正当な守備範囲としてきた。学際的な学びが重要視される今日では教科横断的な学びが推奨され、教科と教科とのつながりを「発見」した語りもエジプトの教師から見られた。また、社会性と・情動的学習（social and emotional learning）、ライフ・スキル、市民性教育等も重要性が増し、その要素が教科中心のカリキュラムに入ってきつつある。しかし、もともとの西欧のモデルが認知的なスキルを中心としているために、こうしたものは＋α のものとして入りやすい。

こうした、教科・認知が中心のアメリカ・西欧的モデルが軸となっているカリキュラム、教員研修、デジタル教材等の中では、非認知的・教科以外の学びの時間は絶えず周辺部に押し込められる危険性を持っているように思う。本来、全人的な枠組みのモデルは、教科と教科、教科と教科以外の学びを包括する、教科よりも広いものであり、そうした学びを志向している日本の全人的な枠組みからの教育は、国際社会に対して問題提起するメッセージを持っていると思われる。そもそも、伝統社会では全人的な枠組みから地域共同体全体で子どもの社会化をしている例は珍しくない。しかし、同質的で伝統的な集団における全人的な枠組みからの社会化は、狭い共同体の中の序列や内向きな規則が存在する等、多様性の尊重、弱者の権利保障等の民主主義的な論理とは必ずしも相容れない。

その面において、日本の Tokkatsu モデルが国際モデル化しうる背景には、それが道徳等、特定の国民や価値体系等の固有性の高い論理から切り離され、戦後の民主化の目標のもとに、民主主義的な概念で捉えなおされたところにあるのではないかと思っている。

だが、日本の中にいると、言語の壁（つまり、日本人が日本語以外にできない傾向があるので国際発信しにくい、外からは日本語に阻まれてなかなか情報を得られない）等によって外の情報が直接入りにくく、こうした点も含め、外からの視点を獲得する機会は多くなく、国際的に見て何が日本の教育の強さで何が弱さかを実感できるようになれる機会も少ない。

ミクロ・メソッドの未発達

前節の最後で、日本人はしばしば、日本の教育の何が国際的に見て強さで、何が課題かがわかるような経験をしてこないとした。

これは、レッスン・スタディで海外からの視察団の受入れを手伝った時等に強く感じてきたことである。何がレッスン・スタディの強さなのか、何をなぜしているのかとか、何を評価しているのかとか、海外視察団が決まって聞くような質問に、「いつもやっているから」とか、日本側の教師も政策関係者も答えられないことが多かった。

今ではレッスン・スタディのステップが、ネットでも簡単に入手できるようになっている。しかし、そのほとんどが、日本人以外の人々によって、図式化されたり、ステップ化されたりしながら、日本人以外の人々に（日本語以外の言語で）向けられていることは前記の状況と無関係ではあるまい。

いずれにせよ、前記のような、教科と教科以外の学びの時間を結ぶのも、理念として今日では国際的にも求められる方向性である。しかし、日本語もわからない人が、どの教科のどこと教科以外の何を結んだのかは見ているだけではわからない。ネットを見ると、日本の学校の掃除の場面や、給食の場面などが多く見られるのは、こうした活動場面は見えやすいからである。海外はなぜ「当番ばかりに興味を持つのか」という質問を日本の教師から受けたこともあるが、それはそれらが日本の外の人にも簡単に「見える」からであり、それ以外の非認知的な学びは外への説明はほとんどなされていないのであるから、内側の論理は見えない。そもそも教科でないものと教科をつなぐという発想自体がおそらくほとんどない。

日本は、外に対しての説明、ステップやそれを使えばモデルに沿っていくような、日本の外の人が使いやすいツールが少ない。日本語という言語も世界では使われていないものであり、海外で日本語を読める人は少ない（自動翻訳が進んではいるが）。日本の中にいると経験的にわかるかもしれないが、そうでなくわからない場合でも、異質な考え方や経験をしている人に説明をしようとはしていない。

逆に、エジプトの教師の説明において印象的なのが、アメリカ・国際機関のもとで開発されているミクロ・メソッドの多さであろう。その実践に馴染みがないエジプトの教師にとっては採用しやすいことも伝わってくる。同時に、その方法を用いれば、教師の方は意識していないかもしれないが、結果として背後の子ども観、教育観に沿う行動をとることになる。

例えば、子どもの役割を指定するのに、それぞれの棒に名前を書いておみくじ的に引いていくような「ネーム・スティック」のメソッド、あるいは、同じタスクを協同作業で子どもたちができるように分業してそれぞれの子どもに「記録係」「司会」のような役割を与える協同的学習の方法を使っていることがわかる。それをエジプトの先生が小集団活動で活用している様子が回答からもわかる。

一方、日本の教育モデルは実際は授業でも授業外でも小集団を用い、どのように班を形成するのかとか、協力を促すにはどうすればよいのかとか、経験的な情報をシェアしている。日本の小集団活動ではどの子どもがどのような役割を担ってゆくのかはそれ自体が子どもにとって自分を知り、他者を知り、対人関係を築いてゆく過程での重要な学びであり、最初から特定の役割、例えば「記録係」や「司会役」を与え、その役割が相互に補完的であるために必然的に皆ですることが協同的になってゆくのは、対人関係の中で切磋琢磨しながらもお互いを知り、自分を知って役割を担ってゆくような学びの機会を減らしてしまうとおそらく考えられるであろう。

「ネーム・スティック」のメソッドも、個々が他の人と相談することなく不可抗力的に決まるものであり、個人主義的な発想に基づく。さらに、自ずから活動を成り立たせる単位が個人ベースとなってゆく。

つまり、そのメソッドを用いれば、「国際スタンダード」の教育実践を遂行できる。そうしたミクロレベルでのメソッドが西欧モデルではたくさん用意されている。そして、注目すべきことは、その背後には例えば、「分業的協働」というような西欧的な大きな理念が想定されていることであろう。したがってこうしたミクロ・メソッドは、日本の教育モデルに基づいて行われているとされる小集団活動にも利用されているが、実際は分業論理によって支えられている。本来の日本のモデルでの小集団活動の論理とは異なっている。だが日本版のミクロ・メソッドは外の人がわかるような形ではなかなか存在しない。もしかすると、作る必要性さえも感じられていない。

それは、日本の教育が日本の外に対して説明しようとしたり、暗黙の内にわかるような人々でない、異なる文化的背景、異なる論理を持つ人々に対して、どのように伝えるのかを工夫する必要性にあまり直面してこなかった、文化的多様性に対する経験や意識が浅いことと関係しているのではないか、とも思われる。

第九章　コロナ後の学校教育とは

1　グローバル・パンデミックの経験

コロナ禍

本書では今まで、国際比較の中から「国際スタンダード」化した非定型型教育、そして、それを具体的な教育実践にした時の個別性、日本式の教育モデルについて、そして、海外でモデルを採用した例から海外での日本式教育の展開を通して日本の教育の特徴を考えてきた。本書では、コロナ禍という、非常事態における日本の教育モデルを通して、その方向性を考えてみたいと思う。

さて、世界的に長らく各国の教育改革は「グローバル化」を自明の前提としてきた。

だが、グローバル化がますます加速をしそうな気配を見せていた時、この路線は二〇二〇年、二〇二一年、そしてそれ以後まで、新型コロナウイルスのパンデミックという「試練」に直面した。世界中で学校の臨時休校が行われ、各国社会は混乱した（UNESCO 2020a）。国境をまたいだ人々の移動は厳しく制限され、かつて自由に世界を舞台に駆け回っていた「グローバル・エリート」のイメージに、パソコンの前で画面に向き合う「テレワーク」ワーカーのイメージが加わった。教育分野でも対面での授業が制限される中、対面でこそ成し遂げられていた学校の機能、例えば対面のふれあいによって育つ社会性が、皮肉にも再評価された。本書で指摘してきたＳＥＬの隆盛も、こうした状況に後押しされている。

本書で我々が見てきた、二一世紀型の教育が手放しに称えられ、自明化していった時代の次に、その最大の特徴の一つであった国境を越えた人や情報、モノの移動自体が阻害される時代が訪れることを予想した人はどれほどいたのだろうか。むろん、安易なグローバル化礼賛を思いとどまらせるようなことは以前からあった。そこには、暴力でさえも国境内に閉じ込めることが困難になったことを感じさせる〝テロのグローバル化〟や、二酸化炭素の排出等によって世界的な気候変動がもたらされていることも含まれよう。しかし、二〇二〇年にはそこに感染症のグローバル化もまた加わった。

感染症が人の移動によって世界的に広がり、グローバル化の時代には、それを一地域にとどまらせることができなくなったのである。そして、各国は国境を閉じ、国際的な交通網は混乱した。日本の街からも外国人観光客の姿が消え、留学生でさえも長い間入国することができなくなった。外国人労働者が消えた日本社会では、彼らに頼っていた産業の苦境が報道され、多くの日本人は自分が想像していた以上に日本の社会が「外国人」の労働力に依存していることを知ったに違いない。そして、パンデミックの前に既に表面化していた所謂、「権威主義的」と「民主主義的」な社会の間の対立は、二〇二二年二月、ロシアによるウクライナ侵攻によって、欧米はもとより日本のお茶の間にも映像となって毎日届くようになった。(西欧的に言えば)グローバル化によって世界にくまなく広まるはずであった「民主主義」や「人権」というような価値観が、皮肉にもグローバルに毎日踏みにじられている姿を見ることになったのである。

本書では色々な意味で「つなぐ」ことを意識してきた。マクロな政策や国際社会における教育改革のレトリック、それと各国の社会的文脈における教育実践、そして、それとミクロな生徒の認知心理学レベルにおける受け止め方。それを考えるために、粗削りであるが、教育トランスファーや国際学力テスト等のグローバルな装置を手掛かりにした。さらには、日本の教育の国際的に見た強さとして、認知的な学習と非認知的な学習とをつなげていることに触れた。

二〇二〇年以後の、ナイーブなグローバル化に水を差すような世界的変化の中で、日本の教育の方向性を、国際と国内、グローバルとローカルをつなぐ、という観点から二つのテーマに関連づけて考えてみる。一つが世界的現象としてのオンライン化であり、二つ目はパンデミックによってより世界的に浮彫りにされた格差問題である。

世界の教育のオンライン化

パンデミックが強いた一つの変化に世界の教育のオンライン化の加速化がある。パンデミックによって世界の多くの就学人口が影響を受け、パンデミックが流行する中で学校を休校する国も少なくなかった。各国で、パンデミックがおさまると学校が再開され、再び対面式の授業が行われるようになったかと思えば、感染再流行によって学校が休校するというサイクルが繰り返される場合もあった。

しかしながら、パンデミックだけでなく、災害や戦争等でいったん学校が中断した時に教育に起きる変化は、学校が再開したからと言ってゴムのようにもとにもどるわけではない。しかも二〇二〇年のパンデミックは、二年以上にわたり継続され、多くの国で学校が再開されてからも、社会的距離をとって感染を防ぐことが意識され続けていたり、変種が登場して対応を迫られたり、それまで対面で行われていた作業が、オンラインに切り替わる等、変化は継続された。

欧米に比べて教育のデジタル化が著しく遅れていると言われた日本であるが、パンデミックはある意味では否応なしに教育のデジタル化を推進する契機ともなった。コロナ禍前からデジタル化を意識していた政府の政策は、ある意味、正当性を得たのである。

感染症が問題になり始めた二〇二〇年、休みを前倒しにする形で安部元首相のもとで臨時休校が推奨された。同じ時期、アメリカは大学を含めて一斉にオンライン化に転換した。アメリカに留学していた指導生からは、一瞬にして講義がオンライン講義になってゆく様子が伝わってきた。

一方、日本の教育は大学のレベルでさえも、当時は一部の学部や先生を除いてデジタルに不慣れであり、今までオンラインで教えるとも思ったことがない教員が講義をオンラインで急に教えることになっていた。アメリカのような、いつものオンライン講義の延長上にあるような感じでオンライン化している風では当初はなかった。オンラインの講義を通常用意していれば、講義のデジタル化を支援するスタッフがいればさらにだが、自ずから画面の前でしゃべっているだけでなく、動画を入れたり、工夫をするようになる。しかし、日本では当初、何をダウンロードすればいいのか、どのサービスを使うのか、「練習してみましょう」、というような混乱が、少なからずの大学で起きていたと思われる。デジタル化が進んだ地域でさえも、小学校の教員が同じような状況を抱えていたことが以下の例からもうかがわれる。

学校教育においては

さて、前述のように、長らく日本の教育のデジタル化は大きく他の先進国に遅れてきたと言われてきた。OECDのTALIS2018年の結果によると、生徒にデジタル機器をプロジェクトやクラスワークで用いさせるという中学校の教員の割合は、調査されたOECD諸国の中で二〇%を唯一割った日本が最下位であった（Schleicher 2020, p.17）。そもそもデジタル競争力そのものが問題だとされ、二〇二〇年のデジタル競争力ランキング（ＩＭＤ）では、一位のアメリカにアジアの国としてシンガポールが続くものの、日本は二七位である（総務省 2021, p.18）。

日本の学校の幼稚園から小学校の実践は特に、対面で社会性を育成しながら子どもの様々な面を教科的な力と一緒に育ててゆくノウハウが非常に優れている。それが国際的にモデル（Tokkatsu）にもなっている状況は、前述した。

日本の学校が休校した期間は国際的に見ても極めて少なかった。すぐ再開した学校では、コロナがなくならない中で、確かに、社会的距離をとりながら運動会のダンスをしたり、工夫をしながら教科以外の活動を続けた実践も多く、感心するようなものが多かった。

一方、臨時休校期間中には、実際はその時点では再開したとしてもいつまた休校を求められるかわからない状況であったにもかかわらず、一部の学校や地域を除いて、前述の非認知的・教科以外の時間においては、個人的には公立小学校ではオンライン対応が当初は進んでいるように見えなかった。「ネットにアクセスできない子どももいるから」不公平になる。タブレット等が学校で行き渡っていない時期ではよく聞かれた説明である。平等主義の日本の学校では、ネット環境が子どもによって整っていないことは殊更重く受け止められた。

コロナ禍が始まった頃、ＯＥＣＤから出ていた、各国のコロナ禍におけるオンライン等を活用した教育を紹介するプロジェクトがあり、様々なオンライン等の取り組みが紹介されていたが、日本ではどのようなものがあるのか紹介することになった。そのため、「特別活動」が日本に特徴的なものであるということで、そのオンライン化の特徴的な取り組みをさがしていたが、日本の先生方の多くが最初からオンラインでの非認知的学習に積極的に取り組もうとしたようには見えなかった。個人的な印象では、日本が国際的に注目される、非認知的な、教科以外の領域での教育のオンライン化はなかなか進まないうちに日本は幸いにして臨時休校の時間が短く、学校は再開になった。いったん開くと、今まで立ち止まっていたように見えた先生方が、コロナのリスクをおさえながらいかに勉強だけでなく、社会的距離をとりながら社会性を育てるか、勉強の中でもいかにリスクを減らしながら学べるか、といつも以上に工夫を始められた。これは私の個人的印象であるので、違うかもしれない。しかしながら、もともとオンライン化が進み、それをすぐ活用していたアメリカの学校に比べると、日本は対面での社会性の育成とか、協働的な活動とかを重視し、他方ではデジタルが遅れていた分、当初は模索期間が多かったのだと思われる。

だが、それから二年余り、学校に行くと、以前よりもはるかにネット環境も整い、オンラインが活用されるようになっている。オンラインの工夫をしながら全人的な枠組みからの教育を追求する様々な実践が積みあがっていけば、それは国際的にも通用するものとなっていくと思われる。

2　コロナ禍のオンライン非認知的教育

以下に例として挙げているのは、コロナ禍の開始当初、前述のように筆者がＯＥＣＤのコロナ禍においても学びが続くプロジェクトで紹介した日本のデジタルを用いた例である（Tsuneyoshi 2020, 2022）。

先述のように、コロナのパンデミックが始まり、学校が臨時休校になる中、以前の章で見たような、日本が国際的に見ると強いとされる非認知的な学習、Tokkatsu モデルがコロナ禍の間どのような形になるかを紹介しようとした。確かに、特別活動は特に、「なすことによって学ぶ」体験重視であるゆえに、「直接体験」が重視されるものの、それを充実するためのＩＣＴ活用は奨励されている（文部科学省　2018）。そこでどこでどのようにＩＣＴを活用するかが問題となってくるのである。コロナ禍開始直後に試行錯誤をしていた例を挙げて、日本が国際的に強い非認知的教育、そして、教科以外の学びをも含む全人的な枠組みからの教育とＩＣＴ利用について、小学校を例に見てみたいと思う。

日本の小学校の実践例：コロナ禍でＩＣＴを利用して

二一世紀型の教育実践例は多様である。そして、ＩＣＴの利用はどの国でも二一世紀型の教育の要素として取り上げている。それはまた、パンデミックのもとでは世界的に対面に代わって用いられたツールであった。

ＩＣＴを用いた教育の必要性は、既に経済等のグローバル競争が激化する中、わかりやすいスキルとして、各国の非定型的な教育改革案に取り込まれてきた。日本でもＧＩＧＡスクール計画等が出され、政府の改革案は他の諸外国同様、ＩＣＴの教育が謳われていた。

しかし他方では、前述のように日本は先進国の中で際立ってデジタル化が進んでいない社会として知られていた。これは学校においてだけでない。

そして、このような状況の中、新型コロナウイルスのパンデミックが起きた。日本においても一時的に学校が臨時休校し、諸外国においては学校は閉まったり、開いたりをしばしば繰り返した。その結果、世界的にオンライン教育が小学校から大学まで進むという、異例の事態が起きた。

コロナ禍の中、日本でオンラインを工夫しながらコロナに対応している例をＯＥＣＤのコロナ禍における各国の実践紹介のプロジェクトに出すことになり、以下の熊本市立帯山西小学校の例を紹介した（Tsuneyoshi 2020, 2022）。

（1）熊本市立帯山西小学校のＩＣＴ利用（小学校）

求める児童の姿

「日本式」教育の大きな特徴は目指そうとする児童の姿を教師が共に考えるところから出発することである。

帯山西小学校でも、新型コロナウイルスがパンデミック化する直前の二〇二〇年度に就任した平野修校長先生のもとで帯山西小学校では以下のように考えたという。

「これからの社会を生き抜く児童にとり、既成概念に囚われず、自分たちの生活をよりよく創り出す力が必要である。一人一人の児童、教職員がやりたいことができる学校、それを支える仲間がいる学校、児童がわくわくする学校を、みんな一緒に創っていきたい」（平野 2020, p. 3）。それは、この学校の教員が子どもたちをどのような方向に育成したいかを考えながら、児童が指示待ちである、自ら行動する力に欠けると教師が分析したことから引き出された。

そこで、たどり着いたのが、

（めざす児童の姿）自分たちの生活をよりよく創り出す児童
（めざす学校の姿）児童のやりたい、教職員のやりたいことを実現するわくわくする学校

という目標であった。

パンデミックでも

ところが、この目標を追求するはずであった二〇二〇年二月二六日、新型コロナウイルスのパンデミックによって学校は臨時休校が決まり、三月一〇日から休校となった。そして、休校中も学びを止めないために、先生方の間でＩＴの活用が検討された。

熊本市はもともと熊本地震の被災地であり、その経験から早くからＩＴ化に力を入れ、タブレットもかなり配られていた。熊本市は前にも災害があったため、全国的に見るとオンライン化が進ん

表9－1　児童の学びを継続する主な手段のプラス面・マイナス面

方法	プラス面	マイナス面
電話による支援	細やかな対応が可能である。	個別対応になり、大量の時間を要する。
安心安全メール Microsoft Form	学級毎に送信できる。PDFデータを添付して送信できる。アンケート機能が使える。	添付したデータの印刷が難しい。保護者のスマートフォン等に配信され、保護者の協力が必要である。
課題プリント 問題集	全ての教科において、大量の課題を用意できる。どの学年も容易に用意ができる。	課題に取り組む、丸付け、やり直しなど、個人差が大きく、保護者にゆだねる部分が大きい。受け渡しが困難である。新しい学習を進めることが難しい。
ロイロノート（タブレット端末）	手軽に情報の送受信ができる。個別に対応でき、質問にも答えられる。児童のやる気を高められる。	個別に対応し教師の労力が大きい。タブレット端末数に限りがある。通信状況で送受信できないことがある。
YouTube配信	児童の実態に応じて作成できる。身近な教職員が登場し、児童のやる気を高められる。	制作に時間と労力を要する。著作権に配慮が必要である。
Zoomによる 遠隔授業	対面の学習で、即時の対応ができる。分かりやすい授業を行い、児童のやる気を高めることができる。新しい学習を進めることができる。	タブレット端末等の機器が必要で、全児童分の整備がされていないため、他学年、中学校との時間調整が必要である。準備に時間と労力を要する。
テレビ番組	各研究会で制作した良質の内容である。	放送時間が決まっており、全員が見るとは限らない。

（平野 2020，p. 2）

でいる地域であったと言えるであろう。しかし、それでも早くからオンライン化が進んでいたアメリカ等と異なり、当初はそれでもオンライン化に苦戦したという。タブレットは一定数配られていたものの、それを活用しないといけない動機づけは弱かった。むしろ、休み中の児童の学びを保障するために、どのような遠隔教育がありえて、それぞれの長所短所は何なのかを学ぶところから始まったのである。前頁の表9－1は、教師たちがそれぞれの装置を比較したものである。

しかしながら、遠隔授業を行うにせよ、既に先生方がコロナ禍前に設定していた目指す児童の姿、目標を具現化した「わくわく」がなくなったわけではなく、いかにそれをオンラインも活用しながら実現できるのかの議論になった。

本校がめざすのは、教師から児童へ一方通行の教師主導の授業ではなく、児童が自ら考えたい、解決したいという思いがあふれる授業、教師と児童が双方向にかかわる授業、児童同士がつながり学びあう授業である。休校中においても、本校がめざす「自分たちの生活をよりよく創り出す児童」を育み、児童も教職員もわくわくする学校づくりをめざしたい。（平野 2020, p.2）

そして、以下の研究の視点を立てることになった。

視点1．学びのスイッチを入れる

教師が同じ空間にいない家での学習だからこそ、児童の「学びたい」という意欲が重要となる。保護者の協力を得ながら生活習慣を整え、学習意欲を高める課題提示と視覚的に分かりやすい情報提示に努め、学びのスイッチを入れ、児童の学びの継続に取り組む。

視点2．児童同士がつながり学び合う

児童がそれぞれの家で学習しても、一人だけで考えて解決するのでなく、友達の考えと関連づけることで、自分の考えを深めることが大切である。教師の働きかけの工夫や、ＩＣＴの機能を利用し、児童同士がつながり学び合い、児童の学びの継続に取り組む。

視点3．教師と児童が双方向にかかわる

学校と家を結んでの学習においても、教師からの一方通行の情報発信でなく、児童の様子をみながら即座の支援を行ったり、児童が困ったこと、気づいたことに対応したりするやりとりが大切である。メールやタブレット端末等のＩＣＴを効果的に活用して情報を送受信しながら、教師と児童が双方向にかかわり、児童の学びの継続に取り組む。

視点４．教職員が連携し、全学級で学びを継続する

校長を中心に、ＩＣＴ担当、学年主任、研究部をはじめ全職員がそれぞれの持ち味を発揮して対応する。教職経験やＩＣＴスキルの差を互いの補い、教職員が一丸となり、学年や学級の差がない状態で、児童の学びの継続に取り組む。（平野、2020、p.3）

こうした教科と教科以外をつなぎ、結果的に認知的領域と非認知的な学習領域をつなぎ、協働的に教師が目標や過程を体系化することは、全人的な枠組みからの教育を方向づける羅針盤となっていることは国際的には意識することが必要であろう。

「視点」の実現

そして、ここでは踏み込まないが、それぞれの視点を活かすための実践が工夫されている。例えば、視点１の学びのスイッチを入れるための手立てとしては、「（１）生活習慣を整えて学びのスイッチを入れる」、「（２）遠隔授業で学習意欲を高めて、学びのスイッチを入れる」が設定され、（１）の生活習慣を整える方では、休み中であっても一定のペースを守れるように学年ごとの「お休み中のおすすめの時間わり」（Zoom での時間も含む）が示された。こうした、本来コロナ禍でなければ対面で、集団で、行われたであろう学校生活によって身につく時間の管理能力や所属感等を、家庭で時間割を作り、オンラインの学級会とかと組み合わせることによってこの学校では実現しよ

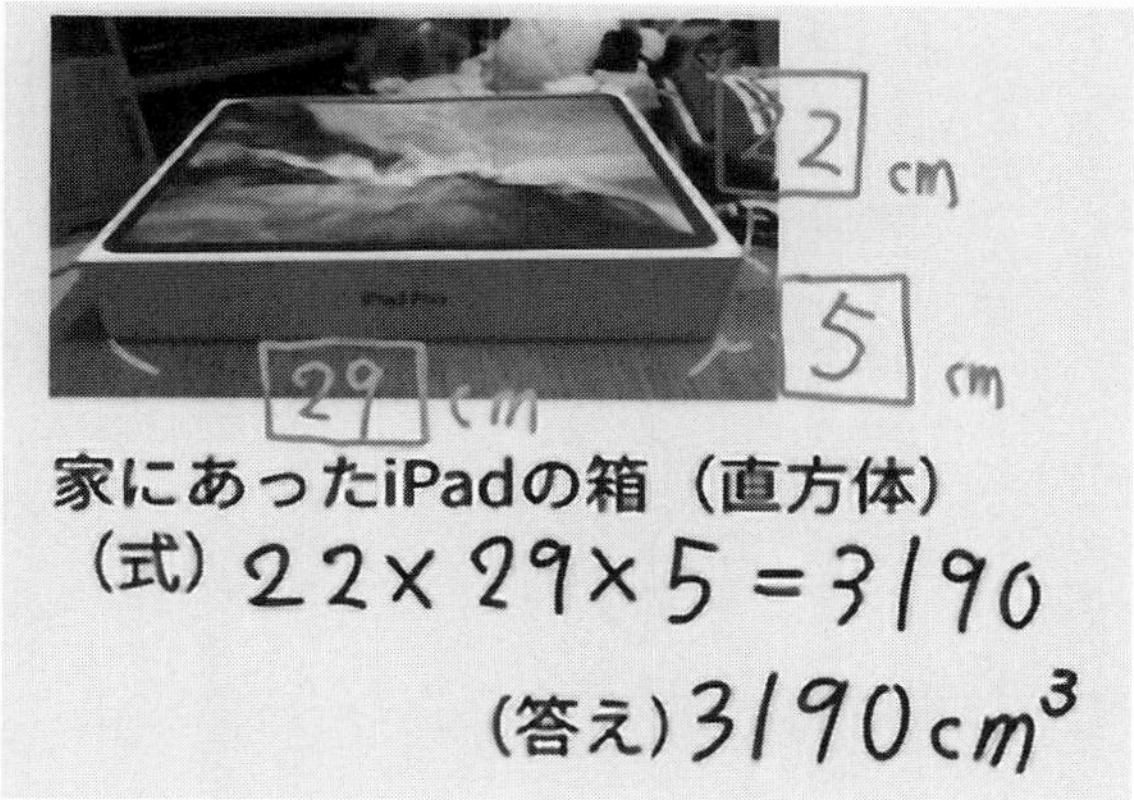

図９－１　５年生算数のオンライン授業の画面（平野 2020, p. 8）

うとしたのである。

（２）では、遠隔授業で学習意欲を高めて、学びのスイッチを入れることが目指され、遠隔の学習でも児童が関われる工夫がされた。

例えば、五年生算数「体積」では、前もって子どもたちは家の中の立方体と直方体をみつけることを指示され、オンライン授業では、自分が見つけたものを画面で見せながら、立体の特徴を説明して議論し、立体の定義について考えを深めた。後で、自分が用意したものの体積を求めた。

家からのオンラインであるため、家にあるものを使うことが可能になっていた。

委員会活動

授業だけでなく、コロナ禍でなければ対面で行われていた委員会活動等の特別活動にもオンラインの学習を進めたことが本校では特に注目できよう。

まず、学校が臨時休校の間に、委員会の六年生の委員長が話しあいをZoomで行い、学校目標である「わくわくする」ということはどのようなことなのか、委員会は何をすべきなのか等が話し合われた（平野 2020, p.8）。

学校が再開すると、オンラインで話したことの延長上で委員会の話しあいは進んでいった。また、同じ画面に複数人が書き込める機能を使ったり、一年生に学校を紹介したり、探究心を刺激するような活動を、教科関連の動画と共にYouTubeで発信したり、その時々によって媒体の特徴をいかしながら、双方的、「わくわく」するような授業・活動を実現しようとした。

（2）国際学級会から考える

今後、日本の教育のオンラインの活用はいっそう盛んになるであろう。そして、日本が国際的に強いとされてきた非認知的な学びにおいても、オンラインを工夫した実践は増えると思われる。その中で、オンラインは距離的に離れた人々をつなぐことができるという点で、国際色の強い実践において独特の強さを持っていることにここでは注目したいと思う。

日本の学校ではそもそも対人関係の中で切磋琢磨することを求める。学級のまとまりを土台とした学級会もまたその表れである。そこにＩＣＴを活用しようという発想は以前から唱えられてきた。例えば、文部科学省の遠隔教育の推進に向けたタスクフォース（2018）が「少子化や過疎化が更に進み、小規模校が増加することが予想されるが、小規模校では、個別指導が行いやすいなどの利点もある一方、社会性の育成に制約が生じる」、「ICTの強みの一つとして、距離に関わりなく相互に情報の発信・受信のやりとりができる（双方向性を有する）」の有効性を指摘している（p.2）。

大学教育においては国際交流の道具として、遠隔教育はその可能性が度々議論されてきた。筆者自身、オーストラリアの大学と自分の講義とを結び、一対一で学部生がペアになり、共同発表内容を議論したり等を行ったりした。つまり、実際に旅行をしなくとも、オンラインは画面を通してではあるが、国際交流を可能にする。

こうしたオンラインによる国際交流、国際理解教育は高等学校以下でも行われている。大学教育以上に接続の問題や、年齢が小さければ小さいほど画面を通した交流では集中力が持たない、共通言語や通訳の問題が大学段階以上に大きい等多くの課題があるが、身近な対象として異なる文化的背景を持つ相手を感じるツールとしての可能性をこうした実践は持っている（杉田ほか 2022）。

大きな問題として国によってオンラインの環境が整っていないことが挙げられる。また、まだ自動通訳や画面上での発言の翻訳の正確性やスピードに難があり、交流するのが年齢が下がると、対話を必要とするものは難しくなる。これは日本の教師と諸外国の教師との交流においても言えることであり、こうした国際交流では共通語になりがちな英語に対する拒否反応が強く、自動通訳等がまだ充分でない中では日本の教師と諸外国の教師との情報交換、意見交換が阻害されていると言えよう。さらにテクノロジーが発達し、言語の壁を越えての議論が難なくされるようになった時、英語圏でなく、英語が日常語として使われていない日本のような国は利するものが多いであろう。

共感と体験

さて、オンラインを使って、高校とかで共通テーマ（例：環境問題）で海外の生徒と日本の生徒が意見交換したり、発表をし合うのは、比較的多く見かけるものである。シンポジウム形式である。これは欧米でもなじみ深く、共通テーマがたてやすい。この場合、話し合い、議論は「教科の勉強」の延長上にあり、発表される内容にも教科知識やそこで養われた思考力等が大きく反映される。こうして、タイムリーな世界的話題に対して議論する場合、「勉強」に近く、ある意味、学校的な意味での「学力」とのリンクがあるように個人的には感じてきた。

では、オンラインを使って国を越えたやりとりを、特別活動の学級会として成り立たせることはできるのだろうか。こうしたシンポジウム形式から日本式の学級会形式にシフトしてみる。そうすると、学級で持ち上がった、生活の中の共通課題を解決する話し合い等、フォーカスされるものが変わってくる。そこでは、体験から来る意見、共通課題の解決が浮かび上がり、特定の環境問題に関する知識や課題を抽象的に論じるのとはまた違うものが問われるのではないかと思われる。

例えば、体験する中で実感すること、困っていること、そこからスタートした場合、体験している人とそうでない人との間には差が出てくる。知識と論理で意見を述べた時には、体験的な話し合いの中では言葉で言っているだけに聞こえる。私は日本の小学校、中学校は共感と体験による教育がとても多いと思っている。それがうまくいった時、相手の立場になって考えたり、体験と教科を結びつけられる子どもが見えてくる。

同時に、共感しにくい人、例えば、かなり異なる文化的背景からくる、はどうするのか。全然体験を共有せず、全く逆に近い場合はどうなるのか。それでも教科における体験、例えば、理科の実験が日本は多いと言われるが、こうした教科に結びついた体験は授業によっては対応しやすい。問題はもともと日本の特徴であり、西欧モデルでは学校の「教育」に含まれないような学校における「生活」の部分はどうなるのかということである。「非認知的スキル」「社会・情動的な教育」の領域である。

グローバルな共通体験としてのコロナ

筆者が現在勤務している大学の系列の文京学院大学女子中高等学校では、コロナ禍における学校生活そのもの、その変化を伝えあうようなオンラインの国際学級会をしている(1)。相手は宗教的・文化的にもかなり違うイスラム圏のエジプトの学校（高校）やマレーシアのイスラム系私立中高である。ここでは前者のエジプトの高校との国際学級会を例にする。

新型コロナウイルスはグローバルに広がったために、それによる学校生活の課題には似たようなものが出てくる。例えば、感染を拡大させないために菌を洗い流す必要性、社会的距離を確保する必要性等である。通常の学校生活が新型コロナウイルスに対抗する似たようなニーズで圧迫された時、どのような対応がなされたのか。双方で学校生活の変化について発表しあい、意見交換した。

この時点ではまだ、共通課題に対してそれぞれの国・学校でとられた対応策が紹介された段階で

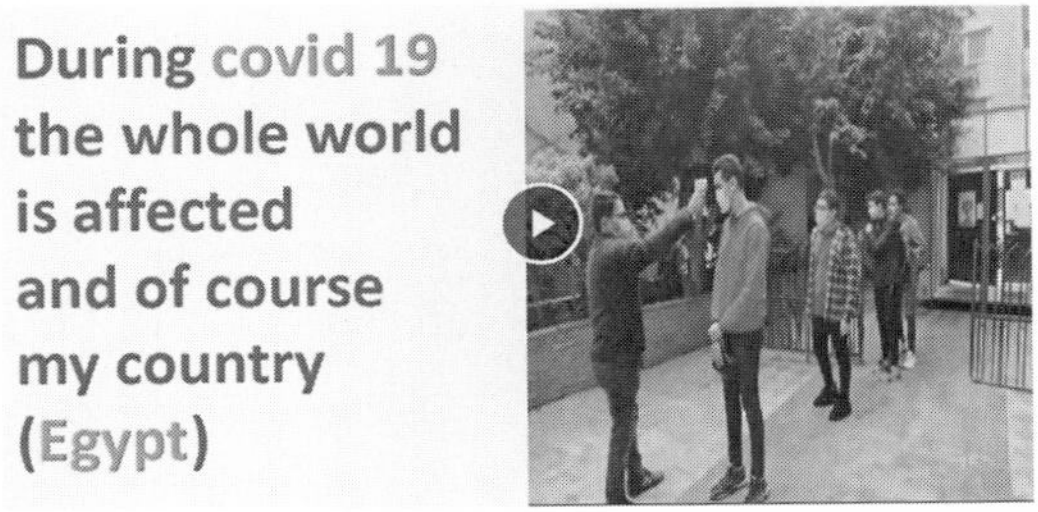

図9－2　エジプトの高校の実践例①

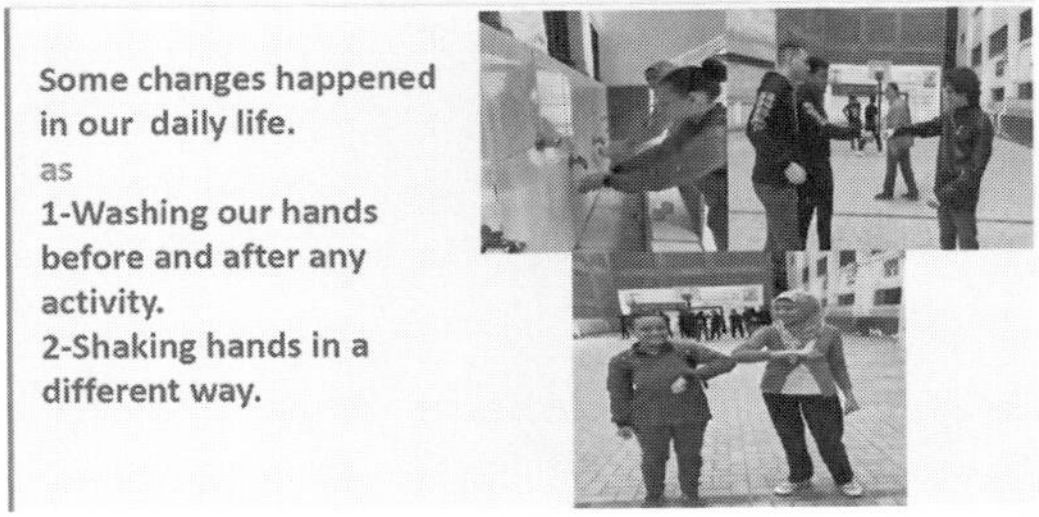

図9－3　エジプトの高校の実践例②

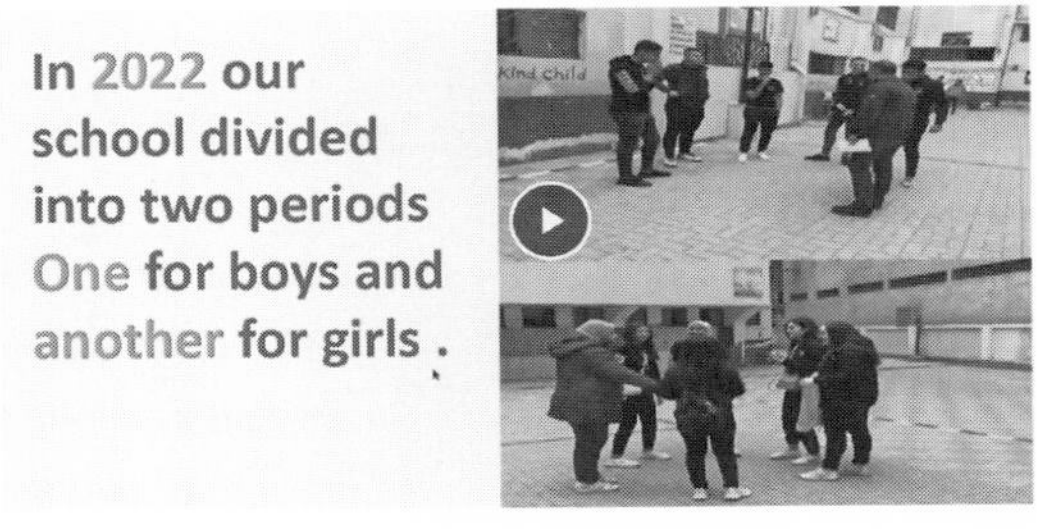

図9－4　エジプトの高校の実践例③

図９－５　エジプトの高校の教室の様子

ある。しかしそこでも、共通性の中でも、文化や論理の違いを感じさせるものが出てくる。こうしたものを取り上げて理解するだけでも国際理解になる。

認知的なテーマ（教科、ないし教科横断的な）だけでなく、学校の中の体験的課題、それをどう解決してゆくかを取り上げることによって、世界とつなげて自分たちの学校での生活を取り上げることができること、共通課題を設定した時（例：コロナに対応しながらいかに対面式で学ぶのか）、そこに体験的に多くの生徒が語ることのできる可能性があることはうかがえる内容となっている。

日本式の学級会は、学級の生活の上に、そこで成立する人間関係を前提としている。お互いを知り、支え合うような集団による活動が組まれ、互いに切磋琢磨、支えながら、成長するプロセスを大切にする。つまり、互いに意見を戦わせる、主張するだけであるならば、こうした生活を共にしたような相互の共感はいらない。知らない者同士の言葉による理解や説得は、接点のない他者でも論理的には行いうる。

何度も同じエジプトの学校と話し合いをする。一対一で生徒同士がインフォーマルにも友達になるようにつなぐ等。電波の強さや言葉の問題もあろうが、技術も進歩しつつあり、ヴァーチャルに行き来したような状況を作り、共感の教育が国を越えて成立しやすくする試みは「日本式」の延長上でもできよう。日本は移民社会ではなく、友達に移民が多いわけでもない。「宗教」「民族」「人種」等、世界的には重要課題でありながら、日本の多くの子ども（大人も）が、実感できない、以前筆者が「ピンとこない」（恒吉・額賀 2021）と言った状況を、共感によって「自分事」として感じるのにこうした（日本式の）学級会の土台である学級に類似した、国境を越えた学級コミュニティを作れるのか。同時に、共感の教育だけでは、批判的な視点が弱くなる。特定の価値基準（例：民主主義、人権）に照らし合わせた批判的思考がなければ、何でも受け入れる結果とならないのか。両国（ないし複数国）の教師が話し合えば、それは教師にとっての国際理解ともなる。

こうした、認知と非認知をつなぎながら、児童生徒の生活の課題を協働的に話し合って解決に導くいわゆる「日本式」が、国境を越えて自分たちの身近な問題だけでなく、異なる文化を持つ人々の問題が「自分事」になるにあたって、オンライン活用は一つの有望な装置であろう。なお、国内においても、例えばエスニック・コミュニティとも、同じような発想は応用しうる。

グローバルを共通体験する

前述のように、新型コロナウイルスのパンデミックは、世界中の学校を休校へと追い込んだ。世界的規模で特定の地域を越え、先進国も開発途上国も、西欧も非西欧も、幼稚園も大学も同時に、しかも二年以上の期間にわたって継続的に影響を及ぼした（現時点では進行形）という意味で、世界中の子どもにとって皮肉にも「共通体験」であり、前節で見たように、学校の生活の中で対応を求められ、どうすればよいのか問題解決のために話し合えるような共通話題となった。

同時にそれは、限定された地域だけでは見えにくかったことを、全世界の前に曝け出した。まさに、グローバル化されたパンデミックは、グローバルに格差を見せたのである。その意味で、それはグローバルな格差とローカルな格差とをつなげて批判的に思考しうるテーマともなった。

インターネットへのアクセスという段階から問題は世界的である。

前述のように欧米先進諸国と比べると教育におけるデジタル化が遅れているとされていた日本であるが、開発途上国と比べるとその状況は恵まれている。JICA（2021）の二〇二〇から翌年にかけてのベトナム、インドネシア、インド等の開発途上国調査によると、新型コロナウイルスのパンデミックでこれらの国が痛手を受けている状況を日本の民間技術が貢献しうる領域として、オンライン、教員の研修等が挙げられている。

世界の教育の同時オンライン化はまず、国際的な教育格差に対しての再認識を促す結果となった。例えば、コロナ禍における教育格差に早くから警鐘を鳴らしてきたユネスコ（UNESCCO 2020a）では、世界の九〇パーセントを越える就学人口がコロナによる教育の中断を経験し、その結果世界中で教育のオンライン化が進んだにも関わらず、先進国と開発途上国との間にはインターネット・アクセスの格差があり、特にサブサハラ・アフリカでは九割近い学習者が家にコンピュータがなかったことを指摘した。

また、インターネットへのアクセスの有無だけが教育格差に影響するのではなく、その根底には貧困の問題、そして、コロナによってより、経済的に影響を受けた層が多い地域の人々がより大きな困難に直面したという事実がある。新型コロナウイルスは世界中で経済を影響し、ユネスコの推測によると、二三八〇万人に上る子ども・若者（就学前―高等教育）が教育にもどらない危険性があると警告し、それは国際的格差を映し出してサブサハラ・アフリカにて顕著であった（UNESCO 2020b）。

教育格差はまた、同じ社会の中でも露呈した。例えば、裕福な先進国アメリカにおいても、アフリカ系アメリカ人、先住アメリカ人等の人種・民族的マイノリティの多い低所得者層の地域においては、インターネットへのアクセスが中産階級に比べて少ないことが改めて実感された。また、学校に頼ることが多い困難な状況にある子どもにとって、給食がなくなることは栄養のある食事がなくなること、学校での教育機会を失うこと。裕福な家庭の子どもよりも代替するもの（例：オンライン環境の整備）が少なく、不利であること等が問題視され、日本でも類似した議論が展開された。

職業的にも「エッセンシャルワーカー」というカタカナ用語が日本でも流行ったように、感染症だからと言って家でテレワークをしていればよいような仕事内容でない人々、前線で感染症と闘わないといけない人々の境遇が問題となり、それはそれぞれの社会において顕著に格差と結びついている属性、階層差、人種・民族の違い、ジェンダー、地域差等の問題と絡められて世界的に議論の対象となったのである。

そして、外国人労働者がシンガポール、ドイツ等でもクラスターとなり、国際的な格差の中で、社会的距離をとれない住環境で働く人々に焦点があたったり、難民キャンプでのクラスターとか、グローバルとローカルにまたがって、「クラスター」を招く条件を通して格差が露わになった。日本のような高齢化社会においては、高齢者施設におけるクラスターが問題になり、その対応の仕方をめぐって、ヨーロッパ等との比較で、議論された。日本においては、子どもの貧困との関係で子ども食堂や学校に行けない中での学び等も話題になったが、こうした議論も類似した形でグローバルに展開されている。

生徒が世界的に共通体験をした、そして、前述の学校内の生活において生徒が経験して実践したコロナ対策に対して、国境を越えた格差問題は、おそらくより社会科等の教科の知識を動員し、調べものをするようなものになろう。しかし、そこにおいても、認知と非認知、教科と教科以外の学びをつなぎ、日本の教育の国際的な長所を活かしながら、日本の教育の課題である国際化・グローバル化・多文化化等に関連した教育の弱さ、「他人事」として海外や国内の異なる文化的背景の人々の話題が認識される傾向に対して、「他人事」を「自分事」にしてゆきたいものである。

以上の問題提起をして終わりたいと思う。

第Ⅲ部　注・参考文献

第八章

注

（1）インドネシア教育大学 Tatang Suratno 准教授が支援する学校は、Tokkatsu をモデルとしながらかなり長きにわたって民の取り組みとして実践してきた。草薙佳奈子（当時東京大学、一般社団法人グローバル多文化社会研究所主任研究員）、が支援してきた。

（2）筆者がマレーシア国際イスラム大学で"Tokkatsu"というモデル名を使ってイスラム教の教師に向かって講演をしたのが二〇一三年である。

（3）恒吉僚子「マレーシア、インドネシアのローカルな文脈と日本の教育モデルとのインタープレイ分析」二〇二二年度科学研究費助成（補助）金（研究種目　基盤C）２０Ｋ０２５５７。情報の提供にあたって、国際コンサルタント会社パデコ瀬戸口暢浩様とＪＩＣＡトッカツを中心とした日本式教育モデル発展・普及プロジェクト現地専門家／アインシャムス大学教育学部博士課程学生 Mr. Mohamed Abdelmeguid、日本式教育モデル発展・普及プロジェクト現地専門家／カイロ大学人文学部日本語学科助教授 Dr. Safaa Mahmoud Mohamed Nour に協力のお礼を申し上げる。

参考文献

Discovery Education（2016）. Discovery education leads innovation in Egypt's educational system.（Press release, 2016, Sept. 30）.
Harvard Graduate School of Education（2020）. Education 2.0: A vision for educational

transformation in Egypt.
https://src.gse.harvard.edu/files/src2020/files/edu_2.0_poster.pdf（二〇二二年一〇月入手）

JICA（2018）.『「エジプト・日本学校」三五校が開校――日本式教育をエジプトへ本格導入』（2018.10.4）、https://www.jica.go.jp/press/2018/20181004_01.html. Retrieved, Aug. 2022.

Ministry of Education &Technical Education Egypt（2020）.（Transforming Teachers）*Education 2.0 teachers: A new cadre of educators.*

文部科学省（2019）.「食に関する指導の手引き――第二次改訂版」。https://www.mext.go.jp/a_menu/sports/syokuiku/1292952.htm. Retrieved, Oct. 2022.

Moustafa, N., Elghamrawy, E., King, K., Hao, Y.（2022）. Education 2.0: A vision for educational transformation in Egypt. In: Reimers, F.M., Amaechi, U., Banerji, A., Wang, M.（eds）*Education to build back better: What can we learn from education reform for a post-pandemic world.* New York: Springer. https://doi.org/10.1007/978-3-030-93951-9_3 Retrieved, Aug. 2022.

Sayed, F. H.（2006）. *Transforming education in Egypt: Western influence and domestic policy reform.* Cairo and New York: The American University in Cairo Press.

Tsuneyoshi, R. , Sugita, H., Kusanagi, K.N.& Takahashi, F.（2020）. *Tokkatsu: The Japanese educational model of holistic education.* Singapore: World Scientific.

UNICEF（2017）. *Reimagining life skills and citizenship education in the Middle East and North Africa: A four-dimensional and systems approach to 21st century skills.* Conceptual and Programmatic Framework. https://www.unicef.org/mena/media/6151/file/LSCE%20Conceptual%20and%20Programmatic%20Framework_EN.pdf%20.pdf. Retrieved, Aug. 2022.

USAID（2022）. Basic education. April, 2022. Fact sheet（2 pages） https://www.usaid.gov/sites/default/files/documents/OEH_Sector-Basic_Education_EN_2022.pdf. Retrieved, Oct. 2022.

World Bank, The. (2019). Improving teaching and learning conditions in Egypt's public schools. August 6, 2019. Infographic. https://www.worldbank.org/en/news/infographic/2019/08/06/improving-teaching-and-learning-conditions-in-egypts-public-schools. Retrieved, Oct. 2022.

第九章

注

（1）パデコをコーディネーター役とする、EDU-Portのプロジェクト「オンライン特活による公衆衛生・SDGs課題解決教育モデルの開発」の一環である。パデコ教育開発部、清水直樹校長先生、島田美紀副校長先生、丸山香奈先生にお礼を申し上げる。

参考文献

平野修（2020）「児童も教職員も『わくわく』する学校づくり――コロナによる休校中におけるＩＣＴ等を活用した児童の学びを継続する取り組みから」（熊本市立帯山西小学校）公益財団法人中電教育振興財団、「第一九回ちゅうでん教育大賞（優秀賞）」pp.1-20. https://www.chuden-edu.or.jp/oubo/oubo2/archives/pdf/main2020-03.pdf（二〇二二年三月入手）。

文部科学省、遠隔教育の推進に向けたタスクフォース（2018）.「遠隔教育の推進に向けた施策方針」https://www.mext.go.jp/a_menu/shotou/zyouhou/detail/__icsFiles/afieldfi

le/2018/09/14/1409323_1_1.pdf.（二〇二二年一〇月入手）。

国際協力機構（JICA）(2021).『教育・社会保障分野におけるCOVID-19を受けた途上国における民間技術活用可能性に係る情報収集・確認調査　業務完了報告書』株式会社コーエイリサーチ&コンサルティング、二〇二一年三月。https://libopac.jica.go.jp/images/report/1000045026.pdf.（二〇二二年五月入手）。

Schleicher, A. (2020). *The impact of COVID-19 on education: Insights from education at a glance 2020*. https://www.oecd.org/education/the-impact-of-covid-19-on-education-insights-education-at-a-glance-2020.pdf, August 11, 2022.

総務省（2020）『令和三年　情報通信白書』。

杉田洋・脇田哲郎・平野修（2022）「コロナ禍で見えてきた特別活動の可能性——予測困難な時代を生きる子どもたちに、必要な力とは」（最終回、パネリスト）『みんなの教育技術』二〇二二年一月一七日。https://kyoiku.sho.jp/120841/?msclkid=ae42a80fa74d11ec8ec840608d6ad1a3（二〇二二年三月入手）。

恒吉僚子・額賀美紗子編（2021）『新グローバル時代に挑む日本の教育——多文化社会を考える比較教育学の視座』東京大学出版会。

Tsuneyoshi, R. (2020). Japan: Tokkatsu or student-led collaboration online, Education continuity stories series, OECD Publishing, Paris.

UNESCO (2020a). COVID-19: *A global crisis for teaching and learning*, https://unesdoc.unesco.org/ark:/48223/pf0000373233.

UNESCO (2020b). UNESCO *COVID-19 education response: How many students are at risk of not returning to school?* Advocacy paper. https://unesdoc.unesco.org/ark:/48223/pf0000373992.

Tsuneyoshi, R. (2022). Japan: Tokkatsu, or student-led collaboration on Line. Vincent-Lancrin, S., C. Cobo Romaní and F. Reimers (eds.), *How Learning Continued during the COVID-19 Pandemic: Global Lessons from Initiatives to Support Learners and Teachers* (pp. 225-230). OECD Publishing, Paris, https://doi.org/10.1787/bbeca162-en.

あとがき

本書で最初に取り上げた国際共同プロジェクトは、当時東京大学大学院教育学研究科の同僚であった執筆者の恒吉僚子と藤村宣之、そして本書協力者の秋田喜代美（現学習院大学教授）が関わっていた。それは、対象としたシンガポール、中国、アメリカ、そして日本において、非定型型・再構築型の二一世紀型の教育が構想されたり、強力に推し進められていた時期と重なっていた。

その後も、本書の協力者でもあるキャサリン・ルイス（二〇二三年現在、世界授業研究学会会長）、前述のチームが東京大学に客員で招聘することによってレッスン・スタディと出会い、推進をされていったクリスチャン・リー（当時シンガポール国立教育学院ＮＩＥ所属）等の国際的な出会いが加わっていった。

こうした展開は、本書でも扱っている、国際的に通用している日本の経験からうまれた教育モデルの生成ともつながりながら、非定型化する世界の教育の流れと日本の教育モデル、日本の教育の方向性を見直す機会ともなった。

そして、コロナ禍から世界が抜け出しつつある二〇二三年に本書は刊行される。第Ⅲ部は、二一世紀型教育の前提となっていた「グローバル」な国際社会の従来のあり方、従来の学校教育の価値と課題が問われる中での考察となっている。

アドヴァイスをいただいた勁草書房編集部の藤尾やしお氏、当初、本題材を提案くださった松野菜穂子氏に心から感謝する。長きにわたって待っていただいたことによって、当初考えた日本の教育の方向性を少しでもより多面的に見られたならば、幸いである。

二〇二三年九月

恒吉　僚子
藤村　宣之

執筆者紹介

恒吉 僚子（つねよし りょうこ）［はしがき，第Ⅰ部，第Ⅲ部，あとがき］
文京学院大学副学長，外国語学研究科特任教授，東京大学名誉教授。プリンストン大学大学院社会学研究科博士課程修了。Ph.D.（社会学）。文京女子大学専任講師，東京大学総合文化研究科助教授，東京大学大学院教育学研究科教授を経て，2021年４月より現職。東京大学総長補佐，東京大学教育学研究科附属学校長，中央教育審議会委員などを歴任。専門は社会学，比較教育学，教育の国際比較研究，多文化教育。『人間形成の日米比較』（中公新書），『「教育崩壊」再生へのプログラム』（東京書籍），*The Japanese Model of Schooling: Comparisons with the United States.*（Routledge Falmer），『子どもたちの三つの「危機」――国際比較から見る日本の模索』（勁草書房），*Minorities and Education in Multicultural Japan*（共著，Routledge），*Tokkatsu: The Japanese Educational Model of Holistic Education*（共著, World Scientific）など。

藤村 宣之（ふじむら のぶゆき）［第Ⅱ部］
東京大学大学院教育学研究科教授。京都大学大学院教育学研究科博士後期課程学修認定退学。博士（教育学）。埼玉大学教育学部講師，助教授，名古屋大学大学院教育発達科学研究科助教授，准教授，東京大学大学院教育学研究科准教授を経て，2011年10月より現職。専門は，教育心理学，発達心理学，教科教育。主な図書に『数学的・科学的リテラシーの心理学――子どもの学力はどう高まるか』（有斐閣），『児童の数学的概念の理解に関する発達的研究――比例，内包量，乗除法概念の理解を中心に』（風間書房），『発達心理学（第２版）――周りの世界とかかわりながら人はいかに育つか』（編著，ミネルヴァ書房），『協同的探究学習で育む「わかる学力」――豊かな学びと育ちを支えるために』（共編著，ミネルヴァ書房）など。

人名索引

ワ 行

事項索引

サ　行

タ　行

ナ　行

ハ　行

マ　行

ヤ　行

ラ　行

ワ　行

国際的に見る教育のイノベーション
日本の学校の未来を俯瞰する

2023年11月20日　第1版第1刷発行

著者　恒吉僚子
　　　藤村宣之

発行者　井村寿人

発行所　株式会社　勁《けい》草《そう》書房
112-0005 東京都文京区水道2-1-1　振替 00150-2-175253
（編集）電話 03-3815-5277／FAX 03-3814-6968
（営業）電話 03-3814-6861／FAX 03-3814-6854
堀内印刷所・松岳社

ISBN978-4-326-29933-1　Printed in Japan

恒吉僚子　子どもたちの三つの「危機」　国際比較から見る日本の模索　四六判　二四二〇円

横井敏郎編著　教育機会保障の国際比較　早期離学防止政策とセカンドチャンス教育　A5判　四四〇〇円

耳塚寛明ほか編著　学力格差への処方箋　［分析］全国学力・学習状況調査　A5判　三一九〇円

園山大祐監修・監訳　教師の社会学　フランスにみる教職の現在とジェンダー　A5判　五五〇〇円

鈴木悠太　学校改革の理論　アメリカ教育学の追究　A5判　四一八〇円

豊永耕平　学歴獲得の不平等　親子の進路選択と社会階層　A5判　五九四〇円

数実浩佑　学力格差の拡大メカニズム　格差是正に向けた教育実践のために　A5判　三九六〇円

佐藤隆之・上坂保仁編著　市民を育てる道徳教育　A5判　二五三〇円

小玉重夫　教育政治学を拓く　18歳選挙権の時代を見すえて　四六判　三一九〇円

松下佳代・前田秀樹・田中孝平　対話型論証ですすめる探究ワーク　B5判　一九八〇円

＊表示価格は二〇二三年一一月現在。消費税10％が含まれております。